Eine unmögliche Geschichte

Als Politik und Bürger Berge versetzten

Eine unmögliche Geschichte

Als Politik und Bürger Berge versetzten

Fritz Pleitgen

HERDER

Keyser

Für Gerda, Christoph, Vanessa, Frederik,
Benjamin und die Enkel!

Inhalt

TEIL 2
Eine andere Welt: Die USA (1982–1989)

TEIL 3
Die Zeit der Wende

Anhang

Nichts ist unmöglich. Auch nicht das Gute!

Im Oktober 2019 wurde ich von Ulrich Deppendorf, dem langjährigen Leiter des ARD-Hauptstadtstudios, zu einer Podiums-
diskussion ins Deutsche Historische Museum eingeladen. Es
ging um „30 Jahre nach dem Mauerfall". Mit von der Partie waren Rudolf Seiters, während des Mauerfalls Chef des Bundeskanzleramtes, der frühere Ministerpräsident von Brandenburg,
Matthias Platzeck, und der Schauspieler Jan-Josef Liefers, aufgewachsen in der DDR. Nach der öffentlichen Diskussion setzten wir unseren Gedankenaustausch im kleinen Kreis fort. Hier
ging es nicht um die große Politik, sondern um private Erfahrungen. Es kam allerhand zusammen, was mich auf die Idee
brachte, meine persönlichen Erinnerungen als Buch zum bevorstehenden 30. Jahrestag der Deutschen Einheit beizusteuern.

Wenige Wochen später wurde ich von der Universität Hildes-
heim um ein Zeitzeugengespräch gebeten. In vier Sitzungen hat
Oliver Dürkop mit mir über meine Beobachtungen im deutsch-
deutschen Verhältnis gesprochen. Er hat sich viel Mühe gegeben, aus meinen Ausführungen ein vernünftiges Transkript
herzustellen. Für meine Buchidee war das Frage-und-Antwort-
Spiel allerdings kein passender Ersatz. Ich nahm mit meinem
früheren Stammhaus Kiepenheuer & Witsch Kontakt auf und
bekam eine freundliche Absage. Für die Herbstplanung käme
mein Vorschlag zu spät.

Ulrich Deppendorf stellte daraufhin eine Verbindung zu
Detlef Prinz vom Keyser Verlag her. Wir kannten uns gut aus
meiner Korrespondentenzeit in der DDR. Detlef Prinz war Mitglied des Rundfunkrates des Sender Freies Berlin. Der SFB war
zusammen mit dem NDR und WDR verantwortlich für das
ARD-Studio DDR. Der Sender an der Masurenallee war mir

sehr vertraut, im Gebäude des SFB ging ich täglich ein und aus. Hier war der Schneideraum des ARD-Studios DDR untergebracht. Detlef Prinz fühlte sich in besonderer Weise für unser Wohl und Wehe verantwortlich. Zusammen mit seinem Kollegen Professor Huhn überraschte er mich mit dem Vorschlag, für das Intendantenamt seines Senders zu kandidieren. Für mich kam das Angebot ein bisschen früh, ich wollte lieber noch eine Weile Journalist bleiben. Zu meiner Freude fand Detlef Prinz, ein Mann von ansteckender Vitalität sofort Gefallen an meinem Buchvorschlag.

Wir einigten uns schnell über die Rahmenbedingungen. Bis Ende Juli wollte ich das Manuskript abgeliefert haben. Da ich kein Tagebuch geführt hatte, brauchte ich zur Auffrischung meiner Erinnerungen unbedingt die Unterstützung der Senderarchive. Diese Hilfe habe ich in höchst kollegialer Weise erfahren, sonst hätte ich erst gar nicht anzufangen brauchen. Trotz starker Arbeitseinschränkungen wegen der Corona-Pandemie haben mich Gerrit Freitag und Johanna Kinzl von ARD-Aktuell sowie Frank Dürr, Katja Nosseck und ihre Chefin Petra Witting-Nöthen mit Listen meiner Beiträge, einzelnen Berichten und Manuskripten aus ihrem jeweiligen Home Office kontinuierlich versorgt. Die Zeit war knapp, aber abgesichert durch die kollegiale Hilfe konnte ich befreit loslegen.

Großen Dank bin ich meiner Lektorin Kerstin Lücker schuldig. Nachdem sie bereits mein Buch Frieden oder Krieg, das ich zusammen mit Michail Schischkin geschrieben habe, lektorierte, hat sie sich zu einem weiteren Buchabenteuer mit mir überreden lassen. Mit großer Geduld, viel Sachverstand und sicherem Sprachgefühl hat sie mir zur Seite gestanden, insbesondere in den schwierigen Zeiten meiner Krebserkrankung, die mich Ende Mai böse überraschte.

Auf die Chronologie der deutschen Wiedervereinigung, die in vielen Werken längst für die Ewigkeit festgehalten wurde, habe ich nicht immer geachtet. Für mich war wichtiger, meine Erinnerungen eindeutig zu belegen. Die Recherche der verschiedenen Episoden dauerte unterschiedlich lange, was das Verfassen meines Textes fast so beeinträchtigte wie meine Krebsoperation.

Meine Erinnerungen an eine ebenso mitreißende wie auch wichtige Zeit unserer deutschen Geschichte ergänze ich um zwei Kompaktinterviews, die ich mit Roland Jahn, dem Bundesbeauftragten für die Unterlagen des Staatssicherheitsdienstes der ehemaligen Deutschen Demokratischen Republik, und Jochen Staadt vom Forschungsverbund SED-Staat der Freien Universität Berlin geführt habe. Aus ihren Forschungen geht hervor, dass eine freie Presse für autokratische Staaten eine existentielle Bedrohung darstellt.

Mit Roland Jahn hatte ich während der Zeit des Mauerfalls und der Vorbereitung der Deutschen Einheit eng zusammengearbeitet. Er gehörte dem Team des SFB-Chefredakteurs Jürgen Engert an. Jochen Staadt hat für die ARD untersucht, inwieweit der Staatsicherheitsdienst der DDR den Rundfunk in der DDR und auch in der Bundesrepublik Deutschland unterwandert hatte.

Mein Blick zurück erstreckt sich über den Zeitraum von 1977 bis heute. Es beginnt mit meiner Korrespondentenzeit in der ARD (1977 bis 1982) und setzt sich im zweiten Teil fort mit meiner Zeit als Leiter des ARD-Studios in den USA (1982 bis 1988), von wo meine Berichterstattung über Themen wie Wettrüsten und Friedensbewegung mit dem Geschehen in beiden deutschen Staaten eng verbunden blieb.

Der dritte Abschnitt handelt nach meiner Rückkehr aus Amerika von meiner Berichterstattung über den Zusammenbruch der DDR und den Vollzug der Vereinigung der beiden deutschen Staaten. In meiner Schlussbetrachtung bilanziere ich über die Erfahrungen, die ich als Autor mehrerer Filme über ostdeutsche Regionen und als häufiger Gast in Ostdeutschland gemacht habe.

Der Blick zurück erwies sich für mich als ein faszinierendes Erlebnis. Während wir uns damals, in der Zeit der Teilung Europas und Deutschlands, im Schneckentempo durch das Minenfeld der Ost-West-Konfrontation und des Wettrüstens voran quälten, ohne zu ahnen, was die Zukunft bringen könnte, raste aus heutiger Sicht die Deutsche Einheit, die wir bis kurz vor dem Mauerfall noch in fernster Ferne wähnten, mit kosmischer Geschwindigkeit auf uns zu und traf uns völlig unvorbereitet. Dies mag erklären, warum die Deutsche Einheit bis heute nicht frei von Unebenheiten ist. Wenn ich Willy Brandt und Helmut Kohl, den beiden größten Autoritäten der Deutschen Einheit, 1980 erzählt hätte, wann und wie sich die Wiedervereinigung der Deutschen vollziehen wird, hätten sie mich für einen Träumer gehalten und das spätere Szenario für unmöglich erklärt.

Die Welt befand sich damals auf einem gegenläufigen Trip. Ost und West hatten sich in einen hemmungslosen Rüstungswettlauf verbissen. Auf beiden Seiten des Eisernen Vorhangs bildeten sich Bürgerbewegungen, die zu hunderttausenden gegen den Rüstungsirrsinn protestierten. Dann kam der Russe Michail Gorbatschow. Ganz allein hat er die Kehrtwendung des Weltgeschehens herbeigeführt. Seine Vorstellungen von einer Welt mit weniger Waffen, Freiheit und Selbstbestimmung wurden von den Massen begeistert aufgegriffen. In der DDR standen die Menschen gegen das Willkür-Regime der SED auf und erzwangen friedlich die Öffnung der Mauer, was bis dahin für unmöglich gehalten wurde. Und es war eine berauschende Zeit. In Mittel- und Osteuropa befreiten sich die Menschen von autokratischen Regierungen. Politik und Bürgern gelang es gemeinsam, Berge zu versetzen. Seitdem wissen wir: „Nichts ist unmöglich". „Auch nicht das Gute!" Für die Politik von heute eine ermutigende Erkenntnis!

TEIL 1

Als Korrespondent in der DDR (1977-1982)

Von Moskau nach Ost-Berlin

Der 22. Dezember 1976 war ein hübscher Wintertag in Moskau. Ein bisschen Schneefall, kein Wind, etwas Sonne, leichter Frost. Schöne Aussichten für Weihnachten! Ich war Korrespondent in der Sowjetunion. In dem atheistischen Staat waren natürliche Weihnachtsbäume nicht zu erwerben. Die Jolka, der Tannenbaum, wurde nur in Plastik verkauft. Nichts für meine Familie! Die schwedische Botschaft bot Hilfe an. Sie importierte jede Menge Christbäume für Diplomaten und westliche Korrespondenten. Auch ich durfte mich bedienen. Meine Frau war mit dem Ergebnis zufrieden.

In meinem Büro klingelte der Nachrichtenticker. Eilmeldung. „ARD-Korrespondent Lothar Loewe von DDR ausgewiesen." „Idioten!", dachte ich und ahnte nicht, dass die Folgen der Loewe-Ausweisung mein Leben drastisch verändern würden. Es klingelte wieder. Der Text, den Loewe am Vorabend in der *Tagesschau* gesprochen und der zu seiner Ausweisung geführt hatte, wurde nachgeliefert:

„Die Menschen in der DDR verspüren die politische Kursverschärfung ganz deutlich. Die Zahl der Verhaftungen aus politischen Gründen nimmt im ganzen Land zu. Ausreiseanfragen werden immer häufiger in drohendem Ton abgelehnt. Hier in der DDR weiß jedes Kind, dass die Grenztruppen den strikten Befehl haben, auf Menschen wie auf Hasen zu schießen."

Wahrheitswidrig waren die Sätze nicht, der Korrespondent konnte nur nicht die juristischen Nachweise liefern. Wahrheitswidrig war hingegen die Begründung des Regimes, Loewe sei die Akkreditierung wegen gröbster Diffamierung des Volkes der DDR entzogen worden. Die ostdeutschen Bürgerinnen und Bürger haben die Worte des westdeutschen Fernsehkorrespondenten sicher für zutreffend gehalten.

Ich versuchte, meinen geschassten Kollegen in Berlin zu erreichen. Vergeblich. Am ersten Weihnachtstag hatte ich schließlich Erfolg. Er hatte seinen Platz in Ost-Berlin bereits geräumt. Nachdem wir uns über die Engstirnigkeit von Autokraten hinreichend ausgetauscht hatten, machte ich Lothar Loewe einen Vorschlag. In wenigen Monaten stand der Besuch des westdeutschen Außenministers Hans-Dietrich Genscher in Moskau an. Ich lud Loewe ein, die Berichterstattung über das sowjetisch-deutsche Treffen zu übernehmen. Er nahm das Angebot gerne an.

Loewe hatte als Mitglied der Pressebegleitung unseres Außenministers keine Probleme, in die Sowjetunion zu gelangen und anschließend über Genschers Gespräche mit dem russischen Außenminister Andrei Gromyko in der *Tagesschau* zu berichten. Ost-Berlin hatte ihn ausgewiesen, aber aus Moskau durfte er senden. In Ostdeutschland verstanden die Menschen die unausgesprochene Botschaft des Berichts: Die Macht ihrer mediokren Autokraten reichte für die DDR, aber nicht für den „großen Bruder" Sowjetunion. Das war unser kleiner Triumph. Aber an der Sache änderte sich nichts. Das Regime in Ost-Berlin nahm die wütenden Proteste von Politik und Medien aus dem Westen dickfellig hin, bis sich die Empörung legte, was schnell der Fall war. Wie üblich!

Seit Dezember 1970 lebte ich mit meiner Familie als Fernsehkorrespondent in der Sowjetunion. Die ersten fünf Jahre waren fürchterlich. Viel zustande bringen konnte ich nicht. Ich hatte keinen eigenen Kameramann, damit stand ich quasi unter

КОРРЕСПОНДЕНТ

ФРИЦ ПЛЯЙТГЕН
RETOUR МОСКВА 70-е ГОДЫ
RETOUR MOSKAU 1970 **FRITZ PLEITGEN**

КОРРЕСПОНДЕНТ

Abb.: Erstes Überfallinterview mit Sowjetführer Breschnew vor dessen Treffen mit Frankreichs Staatspräsident Georges Pompidou in Saslavl (Weißrussland im Januar 1973)

Zensur. Da in der Sowjetunion alles staatlich war, brauchte ich nahezu für jeden Beitrag eine Genehmigung des sowjetischen Außenministeriums. Dann kam 1975 die Europäische Sicherheitskonferenz (KSZE) in Helsinki, sie brachte menschliche Erleichterungen (Korb 3 des Abkommens) in den Beziehungen zwischen Ost und West. Auch wir Auslandskorrespondenten profitierten davon. Die Presseabteilung des sowjetischen Außenministeriums (MID) bestellte mich ein, um mir offiziell mitzuteilen: ich könne die Akkreditierung eines Kameramanns meines Senders beantragen. Der WDR schickte mir Jürgen Bever. Als Kameramann erhielt er in Moskau den historischen Presseausweis „Kino-Operator 001". Wir nannten ihn den „Geist von Helsinki". Gemeinsam konnten wir endlich eine unabhängige Berichterstattung aufbauen.

Was vorher nicht möglich war, holten wir nach. Endlich konnten wir die Bürgerinnen und Bürger ohne staatliche Genehmigungen auf der Straße befragen. Nun brauchten wir weniger das sowjetische Außenministerium als gute Kontakte zu interessanten Menschen. Wir fanden sie vor allem in der Kunst-und Kulturszene, der Germanist Lew Kopelew, ein enger Freund von Heinrich Böll und Andrej Sacharow, half uns bei der Vermittlung. So stellten wir unserem Publikum in Deutschland die Schriftsteller Juri Trifonow und Valentin Rasputin, die Dichter Andrej Wosnessenskij und Bella Achmadulina, die Dichter und Sänger Wladimir Wyssotzkij und Bulat Okudschawa, die Maler Boris Birger und Oskar Rabin, Ilya Kabakov und Wladimir Nemuchin mit ihren nonkonformistischen Freunden vor, und aus der Wissenschaft die Regimegegner Andrej Sacharow und Juri Orlow.

Wir Korrespondenten erlebten seinerzeit im damaligen Ostblock zwei gegenläufige Entwicklungen: Während sich unsere Arbeitsbedingungen in der Sowjetunion deutlich verbesserten, wurden sie in der DDR im gleichen Maße schlechter.

Was Anfang 1977 hinter dem Eisernen Vorhang im Osten geschah, interessierte im Westen wenig. Unsere Politik richtete den Blick über den Atlantik hinweg auf Amerika, wo mit Jimmy Carter ein neuer Präsident ins Weiße Haus gewählt worden war. Er war ein frommer Mann. Würde er die Realpolitik seiner Vorgänger Nixon und Ford fortsetzen? Würde er auf Verständigung mit den Gottlosen im Kreml setzen? Das waren die Fragen, die uns im Verhältnis zum kommunistischen Osten interessierten. Die DDR war da nur eine kleine Nummer. Im Übrigen hatten wir heftige Probleme im eigenen Staat, der von Terroranschlägen der Roten Armee Fraktion (RAF) heimgesucht wurde.

Dennoch verloren die Verantwortlichen der ARD die Frage nicht aus den Augen, wer auf Loewe folgen sollte; insbesondere der damalige WDR-Intendant Friedrich-Wilhelm von Sell klemmte sich dahinter. Aus gutem Grund! Der Westdeutsche Rundfunk war zusammen mit dem Norddeutschen Rundfunk und dem Sender Freies Berlin (SFB) für die Besetzung und den

Betrieb des ARD-Studios in der DDR zuständig. Die drei Intendanten ließen das DDR-Außenministerium nicht vom Haken. Obwohl sich die deutsch-deutschen Beziehungen längst beruhigt hatten, verlangten sie für die Loewe-Ausweisung nun die Akkreditierung von zwei Fernsehkorrespondenten, gewissermaßen als Schmerzensgeld.

Die DDR-Führung gab tatsächlich nach. Der erste Kandidat war mit Lutz Lehmann schnell gefunden. Genau die richtige Wahl! Lehmann, Redakteur des angesehenen Politmagazins *Panorama*, hatte sich große Meriten als investigativer Journalist erworben. Er war nicht nur ein penibler Rechercheur, sondern auch ein versierter Filmemacher mit exzellentem Sprachgefühl. Überdies hatte er bei Recherchen zur deutschen Zeitgeschichte viel Erfahrung mit DDR-Behörden erworben.

WDR-Intendant von Sell war mit der Wahl von Lutz Lehmann zufrieden, aber noch nicht am Ende seiner Überlegungen. Gebraucht wurden zwei Korrespondenten, die zueinander passten. Nach seiner Meinung sollte ein Journalist mit Moskauerfahrung die Studioleitung übernehmen, da sich die DDR im völligen Abhängigkeitsverhältnis zur Sowjetunion befand. So kam ich ins Spiel. Von Sell machte sich bei den anderen ARD-Intendanten für seine Idee stark und traf auf keinen Widerstand. Ein Korrespondent, dem in Moskau mehrere Überfall-Interviews mit dem allmächtigen Parteichef Breschnew gelungen waren und der gleichzeitig gute Kontakte zu Andersdenkenden unterhielt, müsste sich auch in einem kleineren Willkürstaat gut behaupten können, so das Kalkül der ARD-Oberen. Von all dem wusste ich nichts, als ich im April 1977 zum Gespräch mit der WDR-Führung nach Köln gerufen wurde.

Unser Intendant kam ohne Umschweife zur Sache. Er wisse, dass ich in der Sowjetunion für die ARD nach fünf Jahren unter miesesten Arbeitsbedingungen eine akzeptable Fernsehkorrespondenz aufgebaut hätte. Er verstünde, dass ich nun die Früchte

Abb.: Pleitgen im Gespräch mit Sowjetführer Leonid Breschnew und US-Präsident Richard Nixon (Juli 1973 in San Clemente, Kalifornien)

meiner Bemühungen ernten wolle. Aber ewig könne ich nicht in Moskau bleiben. An der Kremlmauer wolle ich wohl nicht begraben werden. Von Sell sparte weder mit Sarkasmus noch mit Lob. Das Studio Moskau habe gegenüber den etablierten Plätzen im Westen stark aufgeholt. Ich sei nun reif für eine andere anspruchsvolle Aufgabe. Nach von Sells taktischer Einleitung war ich auf das Schlimmste gefasst. Und so kam es auch.

Die Leitung des ARD-Studios in der DDR sei eine der wichtigsten Aufgaben, die der WDR zu vergeben habe, erfuhr ich von unserem Intendanten. „Und eine höchst unsympathische", ergänzte ich. „Wieso?", fragte von Sell zurück. Ich erzählte ihm von einem Berlinbesuch im Herbst 1956 samt einem Abstecher auf eine Kirmes im Ostsektor, was damals noch problemlos möglich war. Obwohl noch im jugendlichen Alter, erfuhren mein Freund und ich viel unangenehme Aufmerksamkeit von Schnüfflern des Geheimdienstes. Sie umschwirrten uns wie Motten das Licht. Jahre später, berichtete ich von Sell, hatte sich das nicht geändert.

Durch die DDR: Streng beobachtet

Als Fernsehkorrespondent in der Sowjetunion gönnte ich mir die Extravaganz, die Strecke Köln – Moskau im Auto quer durch Mittel- und Osteuropa zurückzulegen. Wenigstens zweimal im Jahr! Auf dem Hinweg nach Moskau voll beladen mit Defizitwaren wie Babynahrung, Windeln, Kosmetika, Waschmitteln, Kinderkleidung bis hin zu Blumenerde. Leer nach Köln zurück. Jeweils 2.125 Kilometer vom Kölner Dom bis zum Moskauer Kreml oder umgekehrt.

Die Straßenverhältnisse waren außerordentlich schlecht, Tankstellen auf sowjetischem Territorium Raritäten. Ohne Zusatzkanister ging es nicht. Im Winter konnte man auf den spiegelglatten Straßen in Russland leicht im Graben landen oder jäh von einer Schneewehe gestoppt werden. Im Sommer musste man im Dämmerlicht auf Personen achten, die den warmen Asphalt nach ein paar Gläschen Wodka zum Ausschlafen nutzten. Die Straßen in Polen waren etwas besser, aber alles andere als ideal. Die ganze Tour war eine anstrengende Sache. Heute bin ich für die Erfahrung dankbar. So weiß ich durch eigenes Erleben das Privileg zu schätzen, in einem längst vereinten Europa zu leben.

Die unangenehmste Passage war der Transit durch die DDR. Für uns im Westen prägten die Aufdringlichkeit und Allgegenwart des Staatssicherheitsdienstes im Laufe der Jahre den Charakter und das Wesen der DDR als heimtückischen Polizeistaat. Der Reisende, der sich auf das Territorium der Deutschen Demokratischen Republik traute, bekam gleich beim Eintritt eine Kostprobe staatlicher Wachsamkeit verpasst. Ich auch.

Wenn ich von Köln Richtung Moskau fuhr, war der Grenzübergang Helmstedt-Marienborn mein erster Stopp. Auf westdeutscher Seite ging es ganz fix, dann rollte ich durch einen links und rechts mit Betonwänden abgesicherten Straßenkanal auf die DDR-Grenzanlage Marienborn zu, wo alle Freundlichkeit aufhörte. Die Passkontrolle dauerte ewig. Mein Fall war ungewöhnlich. Ich wollte weder in die DDR fahren noch nach West-Berlin, sondern die DDR nur so schnell wie möglich bis zum Kontrollpunkt Frankfurt (Oder)-Slubice an der Grenze zur Volksrepublik Polen durchqueren.

Das Transitabkommen zwischen Bundesrepublik und DDR ersparte mir die Durchsuchung meines Autos. Dennoch wurde ich auf einen Zollparkplatz gelotst, auf dem ich samt Fahrzeug ungefragt mit harten ionisierten Gammastrahlen durchleuchtet wurde, um eine eventuell versteckte Person aufzuspüren. Da die Reisenden nicht wussten, was ihnen geschah, konnten sie sich nicht dagegen wehren. Wie tückisch das Verfahren für die Gesundheit sein konnte, kam erst nach dem Mauerfall heraus. Schäden habe ich offensichtlich nicht davongetragen.

Als ich endlich weiterfahren konnte, hatte ich Stunden in der Grenzübergangsstelle Marienborn verbracht. Doch die Stasileute ließen meinen bis unter die Decke beladenen Wagen auch nach der Abfertigung nicht aus den Augen. Im Rückspiegel stellte ich fest, dass mir die staatliche Begleitung bis an die Grenze zu Polen dicht auf den Fersen blieb.

Nicht nur diese Begebenheiten erzählte ich meinem Intendanten, sondern auch von meinem heiligen Zorn auf die Unverfrorenheit des SED-Regimes, unserem verehrten Bundeskanzler Willy Brandt den Spion Günter Guillaume in den Pelz zu setzen. Meine Argumentation lief darauf hinaus: In Sachen DDR sei ich befangen und deshalb zu sachlicher Berichterstattung nicht fähig.

Friedrich-Wilhelm von Sell, ein versierter Jurist, lächelte milde und sprach mich umgehend vom Selbstvorwurf der „Befangenheit" frei. Er sicherte mir seine persönliche Fürsorge für meine Zeit als Leiter des ARD-Studios DDR zu. Er hat sich daran gehalten. Das Rennen war gelaufen. Damals war ich kreuzunglücklich. Heute bin ich froh, dass es so gekommen ist. Die DDR-Zeit hat mir geholfen, mich zu einem gesamtdeutschen Bürger zu entwickeln. Wenn ich heute nach Ostdeutschland reise, dann betrachten mich die Menschen dort, zumindest die älteren Semester, weiter als „ihren" Korrespondenten, was ich – wie ich zugeben muss – sehr genieße.

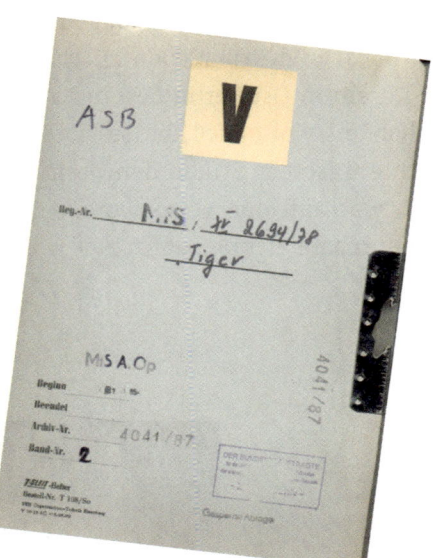

Tiger und Leopard
als Clique

Meine Frau hatte schon 1970 mit einem ermutigenden „Wir kriegen das hin" den Ausschlag gegeben, die damals weitaus schwierigere Aufgabe Moskau anzunehmen. Nun sprach sie wieder das entscheidende Wort. Diesmal hieß ihre Parole: „Machen wir das Beste daraus!" Ich traf mich mit Lutz Lehmann im Frühstücksraum des Hamburger Nobelhotels Atlantik. Er war über die Intendantenentscheidung noch entsetzter als ich. Nach seiner festen Überzeugung stand ihm die Leitung des DDR-Studios zu, die er als lange anerkannter Journalist nun mir, einem zehn Jahre jüngeren Kollegen, überlassen sollte. Sein weiteres Argument: Was war die Erfahrung mit Breschnew und Moskau im Vergleich zu Panorama! An seiner Stelle hätte ich das auch so gesehen.

Zu seiner Enttäuschung war ich nicht zu einem Tausch in der Studioleitung bereit. Beim Abschied versprach ich ihm, als Studioleiter für ein Klima zu sorgen, in dem wir uns alle trotz äußerst widriger Umstände bestmöglich entfalten konnten. „Billiger Trost", fand Lehmann, aber es hat funktioniert.

Im Grunde erstaunlich. Das SED-Regime gab sich viel Mühe, uns Beruf und Privatleben zu versauern. Es gelang nicht. Unser Dasein in Ost-Berlin bestand aus mehr Freude als Verdruss. So hat uns wohl auch die Stasi wahrgenommen, denn sie vermachte unserem Studio den positiv klingenden OPK-Titel „Clique", was auf eine verschworene Gemeinschaft schließen ließ und durchaus richtig beobachtet war. „OPK" steht für Operative

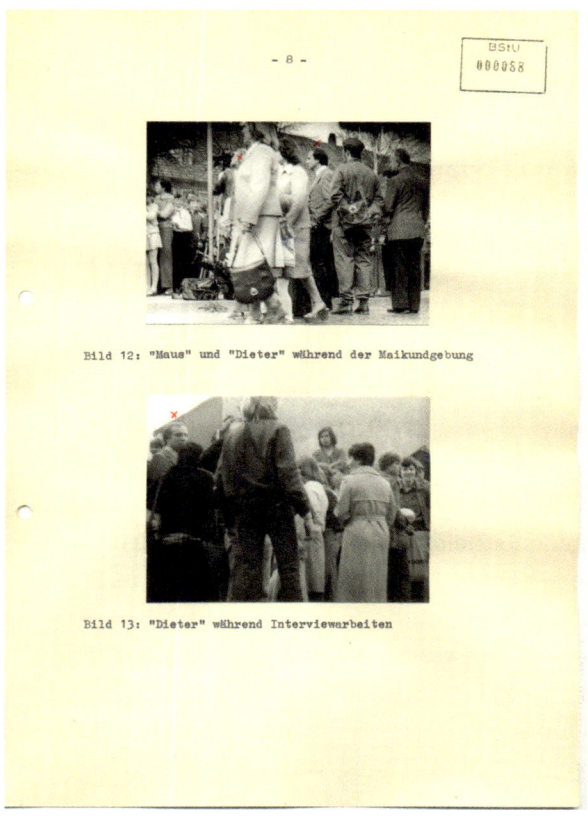

Abb.: Aus der Stasiakte von Fritz Pleitgen: Überwachung von „Maus" und „Dieter", die später die OPK-Namen „Tiger" und „Leopard" erhielten

Hauptabteilung II/13   Berlin, den o9. 12. 8o
                             schl-ki

Sachstandsbericht
zum OV "Tiger" - Reg.-Nr. XV 2694/78

Im OV "Tiger" erfolgt auf der Grundlage des Befehls 17/74 des
Genossen Minister die politisch-operative Bearbeitung des

   Pleitgen , *Fritz* (42)
   geb. 21. o3. 38, Duisburg
   wh: 1o8 Berlin, Leipziger Str. 66, Whg. 13-o1
   Beruf/ Journalist
   Tätigkeit: Leiter des ARD-Büros in der DDR
              und ARD-Fernsehkorrespondent
   Akkreditiert seit: o5. o7. 77
   Büro DDR: 1o8 Berlin, Schadowstr. 6
   Büro WB:
   Parteizugeh.: vermutlich SPD
   Familienstand: verheiratet
   Kinder: 3 (1969, 1972, 1976)
   PKW: QA 57-32, Mercedes, Farbe: ocker

1. Strafrechtliche Grundlage und Zielstellung der politisch-
   operativen Bearbeitung

Ausgehend von den bisher bekannten Informationen zu *Pleitgen* ,
im weiteren "Tiger" genannt, und den Möglichkeiten, die ihm
aufgrund seiner Akkreditierung als ständiger Korrespondent der
ARD in der DDR gegeben sind, richtet sich die politisch-operative Bearbeitung des OV "Tiger" auf die Nachweisführung strafrechtlich relevanter Handlungen gemäß den Tatbeständen

   § 97 StGB (Spionage)
   § 22o Absatz 1 und 2 StGB (öffentliche Herabwürdigung).

Neben dem Nachweis strafrechtlich relevanter Handlungen entsprechend den Straftatbeständen des StGB der DDR bildet die Doku-
mentierung von Rechtsverletzungen gegen

   die Durchführungsbestimmung zur Journalistenverordnung
   vom 11. o4. 79 sowie

   die 11. Durchführungsbestimmung zum Zollgesetz der DDR

einen Schwerpunkt bei der politisch-operativen Bearbeitung des
OV "Tiger".

Abb.: Aus der Stasiakte von Fritz Pleitgen

29

Personenkontrolle, die ausgeübt wurde, um Verdachtsmomente von Verbrechen und Straftaten aufzuspüren sowie feindlich-negative Haltungen frühzeitig zu erkennen. All das traute uns der Staatssicherheitsdienst der DDR zu, was ihn nach der Logik eines Polizeistaats berechtigte, uns mit allen Mitteln der natürlichen und technischen Überwachung zu beobachten, Telefon und Mikrofoninstallationen inklusive. Mich schmückte der OPK-Titel „Tiger", Lehmann war „Leopard". Ausgerechnet Loewe wurde nicht zu den Raubkatzen gezählt, sondern unter „Alster" geführt. Stasichef Mielke fand die Namen zu ehrenvoll. Er hätte uns lieber abfällig unter „Ratten" und „Kakerlaken" geführt, wie mir später ein Stasioffizier verriet.

Was uns heute als Ausgeburten kranker Hirne erscheint, war 40 Jahre selbstverständliche Wirklichkeit, mit der 18 Millionen unserer Landsleute tyrannisiert wurden. Von dieser Wirklichkeit wurden wir Westkorrespondenten, die auf dem Territorium der DDR als Berichterstatter unterwegs waren, auch bedroht, aber unsere Staatsangehörigkeit zur Bundesrepublik Deutschland bewahrte uns vor dem Schlimmsten.

Die Staatssicherheit des Ministers Erich Mielke wäre uns am liebsten losgeworden. Die Bevölkerung, die mehrheitlich wenig Gefallen an ihrer Obrigkeit fand, war hingegen auf unserer Seite. Das spürten wir. Lehmann und ich arbeiteten sehr effektiv zusammen. Wir wurden Freunde und erkundeten gemeinsam das Land östlich der Elbe. Den Rennsteig im Thüringer Wald haben wir auf Skiern bis zur Grenze abgelaufen. Einen besseren Partner hätte ich nicht finden können. Unter allen westdeutschen Journalisten, mit denen es Mielkes Ministerium für Staatssicherheit zu tun hatte, war Lehmann sicher einer der hartnäckigsten und kritischsten Brocken. Auch er hat unsere gemeinsame Zeit genossen.

Romantischer Abschied von Moskau

Zurück in Moskau fand ich keinen einzigen Menschen, der meinen bevorstehenden Wechsel nach Ost-Berlin als einen Aufstieg betrachtete. Ganz im Gegenteil! Alle sahen darin eher eine Strafversetzung, so jedenfalls die Reaktion meiner westlichen Kollegen, aber auch der östlichen aus Polen, Ungarn und der Tschechoslowakei. Selbst sowjetische Journalisten fragten mich, ob ich einen schwerwiegenden Fehler begangen hätte.

Objektiv betrachtet, war der schlechte Ruf, den der erste Arbeiter- und Bauernstaat auf deutschem Boden bei seinen Nachbarn genoss, nicht zu verstehen, denn die DDR war der folgsamste Verbündete der Sowjetunion. „Eben deswegen!", bekam ich zu hören, insbesondere aus dem Lager der Bruderländer. Selbst den Sowjets war diese hemmungslose Ergebenheit der ostdeutschen Parteifreunde nicht geheuer. Für Diplomaten und Korrespondenten aus der DDR, die in Moskau tätig waren, war es sicher keine Freude, dass wir Journalisten aus der BRD im Vergleich zu ihnen freundlich und respektvoll behandelt wurden, obwohl wir einen Staat repräsentierten, der in den sowjetischen Medien fortwährend als faschistisch, imperialistisch und revanchistisch bezeichnet wurde. Die D-Mark machte alles wett.

Mein Abschied aus Moskau vollzog sich in großer Herzlichkeit. Tränen wurden nicht zurückgehalten. Durch Lew Kopelew hatte ich den Theaterregisseur Juri Lubimow, den Dichter und Sänger Bulat Okudschawa und den Schriftsteller Juri Trifonow kennengelernt. Alle drei genossen in der gesamten Sowjetunion eine sagenhafte Popularität. Lubimows Taganka-Theater war einer der begehrtesten Orte in Moskau, seine Aufführungen immer ausverkauft. Den sowjetischen Sittenwächtern gefiel selten, was er auf die Bühne brachte. Entsprechend kritisch fielen die

Abb.: Fritz Pleitgen (rechts) mit Bulat Okudschawa, Juri Lubimow, Juri Trifonow

Rezensionen aus, was seine Stücke für das Publikum noch reizvoller machte. Das gesamte Programm umgab stets ein Hauch des Skandalösen. Juri Lubimow litt nicht unter Kleinmut. Er sah sich in einer Reihe mit Theatergrößen wie Meyerhold, Stanislawski, Wachtangow und Brecht. Arthur Miller, John Steinbeck, Heinrich Böll und Helene Weigel schauten bei ihm vorbei und verewigten sich mit ihren Autogrammen auf den Wänden seines Büros.

Auch Bulat Okudschawa und Juri Trifonow wurden von Millionen Sowjetbürgern verehrt. Okudschawa wegen seiner Lieder und Trifonow wegen seiner Romane. Nun luden Lubimow, Okudschawa und Trifonow mich zum Abschiedsessen in das Dom Literatorow ein. Die Küche im Haus der Schriftsteller war gut, damals eine Rarität in Moskau. Der georgische Cognac *Bagration*, dessen Namensgeber als Armeegeneral Napoleon zu schaffen gemacht hatte, brachte uns schnell in gehobene Stimmung.

Lubimow inszenierte eine internationale Pressekonferenz mit Stalin, Chruschtschow und Breschnew, wobei er alle Rollen spielte, jeweils in den passenden Stimmlagen: die drei Sowjetführer ebenso wie den Moderator und die Fragesteller aus dem Pressecorps.

Wir waren fasziniert. Die anderen Gäste waren es auch. Sie legten Messer und Gabel beiseite. Was Lubimow ablieferte, war atemberaubend. Voll politischer Anzüglichkeiten. Seine Figuren waren treffend beschrieben. Stalin mit seiner Verschlagenheit und Brutalität, Breschnew und Chruschtschow mit ihrer Schlichtheit in Denken und Sprache. Ein tolles Bühnenstück, das mit entzücktem Beifall quittiert wurde. Leider hatte ich kein Tonbandgerät dabei. Da ich direkt neben Lubimow saß, traute ich mich nicht, Notizen zu machen. Ich wollte nicht stören. So kann ich kein Protokoll des spektakulären Auftritts liefern. Zur damaligen Zeit wäre es im Westen ein großes Theaterstück geworden.

Lew Kopelew fuhr mit seiner Ehefrau Raissa Orlowa für längere Zeit zu Freunden. Vor seiner Abreise verabschiedete ich mich von ihm. Meinen Nachfolger Klaus Bednarz brachte ich gleich mit. Er war vorher Korrespondent in Polen gewesen. Die Sowjetunion war ihm vertraut. Als Stipendiat hatte er ein Semester an der Universität in Leningrad studiert. Als Mitgift hinterließ ich ihm einen eigenen Kameramann und Lew Kopelew. Klaus Bednarz hat viel daraus gemacht und das deutsche Fernsehpublikum mit inhaltsreichen Reportagen über die Sowjetunion versorgt.

Lew Kopelew hatte für meinen Kummer wenig übrig. Er war in seinem Element und deckte mich mit Ratschlägen ein, wie ich meine Zeit in der DDR nutzen sollte. Als Erstes trug er mir auf, seinen Sehnsuchtsort Weimar aufzusuchen. Danach sollte ich ihm von meinen Eindrücken berichten, denn nach Weimar wolle er unbedingt noch einmal hin. Einmal habe er es schon geschafft, mit einer sowjetischen Schriftstellergruppe. Ein unvergessliches Erlebnis! Aber jetzt als Andersdenkender und Persona non grata in der Sowjetunion sei eine Reise dorthin nahezu undenkbar. Dann legte er mir ans Herz, mich gleich nach meiner Ankunft in Ost-Berlin bei Christa und Gerhard Wolf zu melden. Zu diesem Zweck erhielt ich Adresse und Telefonnummer.

Auf alle Fälle, so Kopelew, sollte ich zwei weitere enge Freunde kennenlernen: Erwin und Eva Strittmatter. Auch von ihnen wurden mir Adresse und Telefonnummer ausgehändigt. Etwas schwieriger würde es sicher, an Konrad Wolf heranzukommen. Als erfolgreicher Filmregisseur sei er inzwischen zum Präsidenten der Akademie der Künste aufgestiegen. Um seinen Bruder Mischa sollte ich mich nicht kümmern. Der tauge nichts und sei jetzt, wie man höre, Chefspion der DDR. Die Gebrüder Wolf waren in Moskau aufgewachsen, nachdem ihr Vater, der Dramatiker Friedrich Wolf, vor den Nazis in die Sowjetunion geflüchtet war.

Was hatten sie mit Kopelew zu tun? Als die deutsche Wehrmacht im Juni 1941 die Sowjetunion überfiel, wurde Lew Kopelew in die Rote Armee eingezogen. Als Germanist kam er wegen seiner guten Kenntnisse der deutschen Sprache in eine Propagandakompanie, deren Aufgabe es war, Flugblätter auf Deutsch herzustellen, um die deutschen Soldaten zum Einstellen der Kämpfe aufzurufen. Als „Fritz Bunkerhocker" versuchte er, die Moral der deutschen Fritzen mit Spottgedichten zu untergraben. So, wie wir die „bösen" Russen alle als „Iwan" bezeichneten, waren die „bösen" Deutschen für die Russen die „Fritzen". Ob die Parodien auf klassische deutsche Gedichte die „Fritzen" zum Umdenken angeregt haben, ist nicht ermittelt worden.

Zu Kopelews Einheit gehörten Sowjetmenschen, die der deutschen Sprache mächtig waren, und auch deutsche Emigranten wie die Gebrüder Wolf. Tatsächlich lernte ich Konrad Wolf in der DDR kennen. Als er seinen Film *Solo Sunny* der internationalen Presse vorstellte, zog er mich anschließend beiseite und sprach mich auf Kopelew an. Er redete mit großer Hochachtung von ihm, obwohl Kopelew inzwischen in der Sowjetunion in tiefste Ungnade gefallen war. Er habe ein strenges Regiment geführt. Alle hätten vor den Zornesausbrüchen des „schwarzen Majors" Angst gehabt. Nicht den kleinsten orthografischen oder grammatikalischen Fehler habe er auf Flugblättern durchgehen lassen. „Die Deutschen halten uns für Barbaren, wenn wir mit Goethes Sprache schludrig umgehen. Das grenzt an Sabotage", habe er seine Untergebenen angedonnert, wenn er einen Fehler entdeckt hatte. Ansonsten sei er ein fürsorglicher Offizier der Einheit gewesen, die nicht nur Flugblätter verfasste, sondern die deutschen Soldaten auch in vorderster Frontlinie per Lautsprecher zum Einstellen der Kämpfe aufforderte.

Konrad Wolf habe ich noch ein zweites Mal getroffen, als er seinen Film *Solo Sunny* auch in Rostock vorstellte. Wieder sprachen wir über Kopelew. Diesmal lotste mich Konrad Wolf nach draußen, wohl, um den Mikrofonen des Staatssicherheitsdienstes zu entgehen. Mich wunderte seine Vorsicht. Immerhin war er Präsident der Akademie der Künste und ein international anerkannter Regisseur. Obendrein war sein Bruder der legendäre Chefspion der DDR. Wir verzogen uns nach draußen, um mit Respekt von einem in der Sowjetunion in Ungnade gefallenen Germanisten zu reden. Ich machte Konrad Wolf auf die Merkwürdigkeit aufmerksam. Mein Gegenüber schaute mich eine Weile an und meinte: „Für Sie ist das merkwürdig. Ich kann Ihnen das plausibel erklären, aber dafür reicht unser Spaziergang nicht aus."

Und noch eine Adresse samt Telefonnummer gab mir Kopelew mit: Die von Paul Wiens. Von dem Mann wusste ich wenig. Er war mir einmal in Kopelews Moskauer Wohnung in der Krasno-Armejskaja begegnet. Er sei hoher Funktionär des Schriftstellerverbands der DDR und habe angeboten, ihm eine Reise in die DDR zu ermöglichen, klärte mich Kopelew auf. Später stellte sich heraus, dass Paul Wiens Informant der Stasi war, worauf wir selbst hätten kommen müssen. Leider sind wir auf ihn hereingefallen. Gottlob ohne größeren Schaden.

Zum Abschied aus Moskau drehte ich einen Film über meine Zeit in der sowjetischen Hauptstadt, für den ich als Titel eine Zeile von Puschkin wählte: „O Moskau, Moskau" aus der Ballade Jewgenij Onegin. Inzwischen hatte ich die Episoden dafür zusammen. Mit Jürgen Bever und seiner Kamera ließen wir das Publikum in aller Herrgottsfrühe von den Leninbergen, die längst wieder Sperlingsberge heißen, auf den Moskau-Fluss und die noch schlafende Stadt blicken. Unter dieses Bild legten wir als Tonbegleitung Mussorgskis „Morgenröte über der Moskwa". Um fünf Uhr beobachteten wir den Wachwechsel am Lenin-Mausoleum. Eine einsame alte Frau fegte das Pflaster des riesigen Platzes. Von der Basilius-Kathedrale wanderten wir mit dem Dichter Andrej Wosnessenski hinüber in das frühere Kaufmannsviertel „Samoskworetschje". Juri Trifonow und Bulat Okudschawa erklärten uns anschließend das Wesen der Stadt Moskau und ihrer Menschen.

In Lubimows Taganka-Theater erlebten wir die Aufführung von *Der Meister und Margarita*. Mit Lew Kopelew besuchten wir den Deutschen Friedhof, wo am Grab von Friedrich Joseph Haass immer frische Blumen lagen, obwohl der Heilige Doktor von Moskau, der aus Münstereifel kam und sich in Russland der Sträflinge und der Armen annahm, schon weit über hundert Jahre tot war. Es war ein sehr subjektives Bild, das die WDR-Cutterin Ingrid von Lettow an einem schlichten Reporterschneidetisch in unserem Moskauer Büro mit Hingabe zu einem 45-Minuten-Feature zusammenbastelte. Nichts war falsch daran. Aber ein bisschen süßlich war der Film schon, würde ich aus heutiger Sicht finden. Vielleicht haben sich die Deutschen in Ost und West deshalb meine Erinnerungen gerne angesehen, denn Moskau galt in unserem geteilten Land eher als ein finsteres Loch. Die Zuschauerzahl ging jedenfalls in die Millionen, was damals allerdings leichter zu erreichen war als heute.

Zu Empfängen westlicher Repräsentanzen in Moskau wurde in die Valuta-Restaurants der Hotels Metropol, Nazional und Praga eingeladen. Sündhaft teuer. Gut 20.000 D-Mark Kosten, die ich dem Sender ersparen wollte. So phantasielos wollten wir uns nicht verabschieden. Meine Frau hatte kürzlich unsere Kinder mit einer Schiffspartie erfreut. „Das wäre doch etwas Originelles." Ich verstand, begab mich zum Anleger an der Moskwa und kam mit dem Kapitän eines Fahrgastschiffs ins Gespräch. Eine Flasche Wodka sorgte für ein zwischenmenschliches Klima des Vertrauens. Am Ende hatte ich die beiden letzten Tagestouren auf dem Fluss innerhalb der Stadtgrenzen gekauft und die Tickets dafür in der Tasche. Alles für einen Freundschaftspreis. Die Tickets kosteten nur ein paar Kopeken. Das Entgegenkommen von Besatzung und Kapitän wurde mit Deputat in flüssiger und hochprozentiger Form vergütet. Branntwein und Bier beschafften wir aus dem Valuta-Shop *Berioska* (Birkenbäumchen). Meine Frau sorgte mit ihren Freundinnen für schmackhafte Salate, Aufschnitt und gutes russisches Brot.

Eingeladen waren Diplomaten und Korrespondenten aus Ost und West, sowjetische Journalisten, Vertreter des Außenministeriums der UdSSR und vor allem viele Künstlerinnen und Künstler, meist kritische Geister. Der Andrang war groß, das Schiff mit mehreren Decks gottlob ausreichend geräumig. Das KGB war sicher auch gut vertreten. Es war ein milder Mittsommertag, Kreml und Basilius-Kathedrale glitten wie eine Märchenkulisse an uns vorbei. Alle an Bord genossen die ruhige Schiffspartie als ein wundervolles harmonisches Erlebnis. Es wurde musiziert und getanzt, Gedichte und Lieder wurden

Abb.: Aus der Stasiakte von Fritz Pleitgen:
Überwachung von „Maus" und „Dieter", die später die OPK-Namen
„Tiger" und „Leopard" erhielten

vorgetragen. Als Bulat Okudschawa sein Lied „Arbat" sang, standen allen die Tränen in den Augen.

Nur einer war kreuzunglücklich. Der Ehemann unserer Büro-Reinemachefrau Lucia! Sie hatte ihn verdonnert, die Alkoholvorräte zu bewachen. Nun saß der arme Schelm auf einem Stapel köstlichsten Sprits und durfte sich nicht bedienen. Für einen Alkoholiker die schlimmste Hölle.

Als die zweite Tour zu Ende ging, standen meine Frau und ich auf dem Oberdeck. Wir zogen Bilanz unserer Moskauer Zeit. „Wir können zufrieden sein," meinte meine Frau. „Es war zeitweise keine Freude, aber nie langweilig. Es gab viele schöne Erlebnisse. Wir haben zwei weitere Kinder und dazu viele gute Freunde gewonnen. Moskau werden wir nie vergessen. Die Zeit hat uns gut getan."

Die härteste Prüfung stand uns indes noch bevor. Der Abschied von Valja, unserer „Dom Rabotnitza". In all den Jahren hatte sie unseren Haushalt in Schuss gehalten. Valentina Nikolajewna Shatalowa war eine Russin wie aus dem Bilderbuch. Kräftige Gestalt, frisches Gesicht und im Wesen zupackend, frohen Mutes und mitfühlend. Unser Freund Josif Kiblizkij hat solche Frauen gemalt. Ihre Portraits haben in unseren Wohnungen, wohin wir auch zogen, immer gute Plätze gefunden, weil sie uns an Valja erinnern. Nach dem Krieg wurde sie als junges Mädchen im zerstörten Stalingrad eingesetzt, um Trümmer wegzuräumen. Ihr war keine Last zu viel. Unsere drei Kinder trug sie mühelos gleichzeitig.

Nun stand sie vor uns und weinte bitterlich. Sie konnte und wollte sich nicht von Frederik, unserem jüngsten Sohn, trennen. „Milun" nannte sie ihn, und auch er wollte sie nicht loslassen. Schließlich nahmen wir sie zum Flughafen mit. Erst im Angesicht von Zoll- und Passkontrolle fügte sie sich in ihr Schicksal.

Zu traurig, dass sie nicht mehr erlebte, dass ihr „Milun" inzwischen zu einem kräftigen, 1,98 Meter großen Mann herangewachsen ist, der als Senior International Correspondent des amerikanischen Nachrichtensenders CNN nach Moskau zurückkehrte und nun am Kutusowski Prospekt 7/4 im selben Haus wohnt wie wir früher. Nur deutlich komfortabler.

Aus Moskau brachte „Milun" damals eine Virusinfektion mit, was dazu führte, dass meine Frau mit ihm in die Kölner Kinderklinik zog. Sohn Christoph und Tochter Vanessa blieben bei den Großeltern, während ich mich nach Ost-Berlin begab, um unsere neue Wohnung in der Leipziger Straße 66 einzurichten, wo inzwischen unsere Möbel eingetroffen waren. In der *BILD*-Zeitung erschien daraufhin eine kurze Meldung mit der hübschen Überschrift. „Alle krank. Pleitgen in Ost-Berlin."

Ost-Berlin: Einstand nach Maß

So lange ich allein in Berlin war, hatte ich Zeit, mich mit den neuen Arbeitsverhältnissen vertraut zu machen. Der Unterschied war beträchtlich. In Moskau waren wir ein Miniteam, Es bestand neben mir nur aus unserer Sekretärin Natalia (Natascha) Saltykowa und unserem Kameramann Jürgen Bever. Dagegen spielte das Ost-Berliner Studio in der Schadow-Straße als großes Orchester auf: zwei Fernsehkorrespondenten, zwei Kamerateams (je drei Personen) und ein Fahrer.

Der quirlige Verein wurde von unserer Sekretärin Biggi Woyth organisatorisch zusammengehalten. Ich habe sie als schlagfertige, stets elegant gekleidete Berlinerin in Erinnerung. Zum Studio gehörten noch zwei Hörfunkkorrespondenten mit einer Sekretärin, die gleichzeitig als Tontechnikerin fungierte. Das war unsere Division Ost, und noch nicht alles. Zu unserem Studio zählten überdies zwei Cutterinnen und eine Sekretärin im Büro West, das sich im Gebäude des SFB an der Masurenallee befand.

In unserer „Weststube" nahmen die beiden Cutterinen die Endfertigung unserer Beiträge vor. Außerdem trafen wir hier unsere Absprachen mit den Redaktionen der ARD-Sender, insbesondere mit ARD aktuell in Hamburg. Wir hielten uns in der Masurenallee für abhörsicher, was ein Irrglaube war, wie wir später unseren Stasiakten entnehmen konnten. Für die Stasi müssen unsere Telefonate ein gefundenes Fressen gewesen sein, weil wir uns mit unseren Kollegen in Hamburg freimütig darüber austauschten, wie wir unsere lästigen Schatten am besten abhängen können.

Gleich nach meiner Ankunft in Ost-Berlin holte ich meine Akkreditierung beim DDR-Außenministerium (AuMi) ab, sonst

41

hätte ich Probleme bei der Ein- und Ausreise bekommen. Der Leiter der Presseabteilung, Wolfgang Meyer, wirkte auf mich locker und jovial, wie ich es von einem DDR-Funktionär eigentlich nicht erwartet hatte. Während meiner ganzen Korrespondentenzeit war Wolfgang Meyer für mich eine Ausnahmeerscheinung im Funktionärs-Apparat der DDR. Seine Souveränität und Effizienz lernte ich in den letzten Tagen des SED-Regimes schätzen. Bei meinem Antrittsbesuch im Sommer 1977 informierte ich ihn, dass die ARD in den letzten zehn Tagen des August Lutz Lehmann und mich auf einem Empfang vorstellen werde, und sprach gleich eine entsprechende Einladung aus. Er sagte seine Teilnahme zu.

Meine Berichterstattung wollte ich ab 1. September aufnehmen. Auch darüber informierte ich Meyer. Was ich ihm nicht mitteilte, war meine Absicht, mich in der Zwischenzeit mit den Verhältnissen in der zweigeteilten Stadt vertraut zu machen. In dieser Hinsicht war die Umstellung auf Berlin schwieriger als auf andere Metropolen in der Welt; Peking und Pjöngjang vielleicht ausgenommen. Um schnell Tritt zu fassen, führte ich

Abb.: Fritz Pleitgen, Lutz Lehmann

42

intensive Gespräche mit meinen Kollegen und Kolleginnen im ARD-Studio wie auch mit den anderen westdeutschen Korrespondenten in Ost-Berlin. Lutz Lehmann hatte seine Berichterstattung bereits aufgenommen.

Die Gästeliste für den Empfang erweiterte ich um die Namen, die mir Lew Kopelew ans Herz gelegt hatte. Keiner von ihnen kam. Meyer erschien auch nicht. Was sie vom Kommen abgehalten hatte, war abzusehen. Der Grund hieß Rudolf Bahro. Der Philosoph aus der DDR brachte just am Tag unseres Empfangs mit Hilfe der Europäischen Verlagsanstalt Köln unter dem Titel *Die Alternative* ein Buch heraus, das schonungslose Kritik am Sozialismus der Sowjetunion und der DDR übte. Insofern hatten wir einen Einstand nach Maß! *DER SPIEGEL* veröffentlichte vorab einen Auszug samt Interview mit dem Autor. Am selben Tag strahlten ARD und ZDF ebenfalls Interviews mit Bahro aus, die Lutz Lehmann bzw. Dirk Sager geführt hatten.

Wie mir Lutz Lehmann in unserer „abhörsicheren" Weststube anvertraute, waren die Interviews einige Tage vorher aufgezeichnet worden. Nach Absprache der Beteiligten sollten alle Interviews an einem Tag herauskommen. Wie sich später herausstellte, waren die Veröffentlichungen für die Stasi keine Überraschung; sie hatte alles mitgeschnitten, aber entgegen sonstiger Gewohnheit nicht unterbunden. Die Absichten der Stasi waren für Normalsterbliche unergründlich.

Die Veröffentlichungen riefen gegensätzliche Reaktionen hervor. Im Westen lösten sie breite Diskussionen aus. Marxistische Philosophen wie Herbert Marcuse und Ernest Mandel zeigten sich entzückt, nur Studentenführer Rudi Dutschke betrachtete Bahros Ideen als altbackenen Leninismus. Die DDR-Medien verloren kein Wort über Bahros Buch, obwohl seine Thesen in der ostdeutschen Bevölkerung, vermittelt durch die westdeutschen Fernsehsendungen, beachtliche Aufmerksamkeit fanden. Auch auf unserem Empfang war Bahros *Alternative* beherrschendes

Thema, was von Meyers Abgesandten des DDR-Außenministeriums aufmerksam registriert wurde. Sie selbst zogen nur die Schultern hoch, wenn wir sie fragten.

Anders der Schriftsteller Stefan Heym. Als einer der wenigen Vertreter der Ost-Berliner Kunst- und Kulturszene, der auf unserer Party erschienen war, beschrieb er die Reaktion der DDR-Führung unverblümt: „Honecker und seine Spießgesellen sind zutiefst beunruhigt. Sie haben gleich die Stasi losgeschickt, um kritische Geister wie mich und andere zu belagern. Vor meinem Haus hat der Staatssicherheitsdienst in besonders auffälliger Form Posten bezogen, um mich einzuschüchtern und Besucher abzuschrecken. Günter Kunert geht es genauso."

Nun wusste ich Bescheid, warum Christa und Gerhard Wolf nicht zu unserem Empfang gekommen waren. Vermutlich war der Geheimdienst auch vor ihren Türen in Stellung gegangen. Seit ihrem Protest gegen die Biermann-Ausbürgerung genossen

Abb.: Stefan Heym, Lutz Lehmann beim Empfang zum Einstand der neuen Korrespondenten Pleitgen und Lehmann in Ost-Berlin

die Wolfs Mielkes besondere Aufmerksamkeit. Warum sollten sie sich in dieser Zeit der Hypernervosität wegen eines Empfangs überflüssiger staatlicher Verdächtigungen aussetzen?

Stefan Heym zeigte sich von solchen Befürchtungen nicht im Mindesten angekränkelt. Mit sarkastischen Bemerkungen machte er sich über die Ängstlichkeit des SED-Regimes lustig, mochten die Ohren der Vertreter des DDR-Außenministeriums in der Nähe sein oder nicht. In seiner Haltung blieb Heym bis zum Ende der DDR stabil. Er suchte den offenen Kontakt zu mir. Während meiner Korrespondentenzeit war er mein wichtigster Gesprächspartner. Seine Adresse ist bis heute bombenfest in meinem ansonsten altersgeschwächten Gedächtnis abgespeichert: Rabindranath-Tagore-Straße 9.

Rudolf Bahro bewahre ich ebenfalls in ehrender Erinnerung. Sein Interview mit Lutz Lehmann hat dem ARD-Studio DDR einen gelungenen Neustart verschafft. Das SED-Regime kannte indes keine Gnade. Es ließ den Philosophen zu acht Jahren Gefängnis verurteilen. Zur Verbüßung der Strafe wurde Bahro in der MfS-Haftanstalt Bautzen eingekerkert. Heute ist sie eine Gedenkstätte. Ich habe sie mir angesehen und war entsetzt über die kriminelle Energie, mit der die Stasi Rudolf Bahro psychisch zerstören wollte. Wer eine Vorstellung gewinnen will, was ein autokratisches Regime seinen Bürgern antun kann, sollte sich die Zeit für den Besuch der Gedenkstätte in Bautzen nehmen. Leider hat Rudolf Bahro später auch in der Bundesrepublik Deutschland nicht sein Glück gefunden.

Und immer wieder durch die Mauer

Unsere Doppel-Präsenz (Produktion im Osten, Endfertigung im Westen) führte dazu, dass wir an manchen Tagen vier- oder fünfmal die Grenze überqueren mussten, was locker zu acht oder zehn Grenzpassagen führte. Bei dieser Frequenz wäre in wenigen Tagen der Pass vollgestempelt gewesen. Um das zu verhindern, wurde bei jedem Grenzübertritt eine Meldekarte in den Pass gelegt, die von den DDR-Grenzern einkassiert wurde. So behielt der ostdeutsche Staat die Kontrolle über unsere Grenzübertritte, und wir benötigten weniger Zeit, um unter dem Eisernen Vorhang, der kurz für uns angehoben wurde, die Seiten zu wechseln. Die Meldekarten bedruckten wir bereits im Büro mit allen abgefragten Angaben zur Person. So entfiel das lästige und zeitraubende Ausfüllen an der Grenze.

Das Verhältnis zwischen den beiden deutschen Staaten bestand aus lauter Nickligkeiten – großen und kleinen. Die DDR bestand darauf, völkerrechtlich anerkannt zu werden. Dies wiederum wurde von der Bundesrepublik beharrlich abgelehnt. Im Alltagsverkehr bezeichnete die DDR unseren Staat penetrant als BRD, während wir von unseren Behörden angehalten wurden, in die Spalte Staatsbürgerschaft stets den vollen Namen „Bundesrepublik Deutschland" einzutragen.

Diesem Wunsch kamen wir in patriotischer Unbeirrtheit nach, womit wir in Sachen Deutschland den Alleinvertretungsanspruch unseres Staates auch im kleinen Grenzverkehr unmissverständlich zum Ausdruck brachten. Im Grunde eine Albernheit. Das Kürzel „BRD" hatten Beamte der Bonner Regierung aus Bequemlichkeitsgründen erfunden. Als die DDR daranging, es uns als offiziellen Namen anzuhängen, wehrten wir uns dagegen. Als wirkungsvoller Beitrag zur Deutschen Einheit lässt sich unser Widerstand kaum reklamieren.

Wir westdeutschen Korrespondenten, die wir beim DDR-Außenministerium akkreditiert waren, wurden auf Grund einer Vereinbarung zwischen Bonn und Ost-Berlin bevorzugt behandelt. Unsere Abfertigung vollzog sich deshalb verhältnismäßig unproblematisch. Durchsuchungen unserer Fahrzeuge wurden nicht vorgenommen. Das war eine enorme Erleichterung. Wir sahen ja, wie die DDR-Zöllner die Fahrzeuge von Normalreisenden mit Wollust auseinandernahmen.

Mein nächstgelegener Grenzübergang lag an der Heinrich-Heine-Straße, er wurde um Mitternacht geschlossen. Wenn ich nicht früh genug kam, was nicht selten passierte, konnte ich mich über einen Klingelknopf in der Mauer bemerkbar machen. Dann schaute ein Grenzer über die Mauer, identifizierte mich und öffnete die Lkw-Spur. Ich konnte in den ersten Arbeiter- und Bauernstaat auf deutschem Boden einrollen. Stockfinster und leblos war es da, während hinter mir West-Berlin glitzerte und in Kreuzberg Straßenschlachten zwischen Polizei und Hausbesetzern tobten. Unvorstellbar, dass aus diesen beiden Gegenwelten nur zehn Jahre später ein Staat werden sollte!

Fritz Pleitgen vor dem Brandenburger Tor, 1978.

Familienalltag auf beiden Seiten der Mauer

„KZ DDR" las ich auf der Mauer, wenn ich auf dem Rückweg nach Ost-Berlin war. Keine respektable Adresse für einen Arbeitsplatz! Im Umgang miteinander schenkten sich die beiden deutschen Staaten nichts. Ein KZ war die DDR gewiss nicht, aber auch keine demokratische Republik. Ein Staat zum Wohlfühlen war sie ebenfalls nicht. Die Mangelwirtschaft vermieste den Menschen das Leben. Ständig mussten sie anstehen, ständig fehlten einfache Waren. Resigniert klingende Witze gab es hingegen reichlich. Frage eines Kunden im HO-Laden (HO stand für Handelsorganisation, ein staatliches Einzelhandelsunternehmen der DDR): „Haben Sie keine Hemden?" „Wir haben keine Schuhe. Keine Hemden gibt es nebenan." Die fehlende Meinungsfreiheit hatte ebenfalls böse Scherze zur Folge. „Mandeloperationen dauern bei uns fünf Stunden, sie müssen rektal durchgeführt werden. Bei uns wagt keiner, den Mund aufzumachen."

Meine Frau und ich lebten mit unseren vier Kindern in einer geräumigen Vierzimmerwohnung im obersten Stockwerk der Leipziger Straße 66. Der Ausblick war spektakulär. Nach hinten schauten wir auf den Platz der Akademie, der heute wieder Gendarmenmarkt heißt. Damals ein trostloser Anblick. Deutscher und Französischer Dom lagen noch in Trümmern, ebenso Schinkels Schauspielhaus, jetzt Konzerthaus. In den Ruinen spielte ich mit den Kindern Räuber und Gendarm. Die alten Häuser unserer Umgebung waren notdürftig repariert, aber noch schwer gezeichnet von den erbitterten Kämpfen, die in den letzten Tagen des Zweiten Weltkrieges in Berlin getobt hatten.

Abb.: Ausblick aus dem 13. Stock, Leipziger Straße 66, Ost-Berlin.
Fritz und Gerda Pleitgen

Abb.: Fritz und Gerda Pleitgen hängen in ihrer Wohnung in der
Leipziger Straße 66 Erinnerungen an Moskau auf

Nach vorne schauten wir über die Leipziger Straße auf die Mauer. Unverrückbar erschien sie uns. Jeden Morgen das gleiche Bild. Unsere Gespräche drehten sich immer wieder um die Frage, ob die Mauer noch in unserem Leben fallen oder wenigstens durchlässig werden könnte für die Menschen in Ost und West. Wir sahen dafür keine Chancen. Mit dem legendären SPD-Politiker Herbert Wehner sprach ich darüber und brachte dabei die Idee ins Spiel, die DDR anzuerkennen und im Gegenzug dafür die Öffnung der Mauer und der anderen Grenzübergänge zu erhalten. Wehner hatte sich in unserem vertraulichen Gespräch mir gegenüber sehr milde verhalten, aber als ich den Vorschlag vor der Kamera wiederholte, schnauzte er mich an: „Das sagen Sie mal dem deutschen Volk." Mir wurde klar: Bei uns konnte es kein Politiker wagen, eine solche Idee auszusprechen.

Die Umstellung in der Berichterstattung fiel mir nicht ganz leicht. In Moskau ging es in erster Linie um das Verhältnis zwischen den Supermächten Sowjetunion und USA. Im Vordergrund stand das Thema Abrüstung, verhandelt wurde über den Abbau strategischer Atomwaffen, die von gewaltigen Interkontinentalraketen getragen wurden und auf einen Schlag ganze Erdteile vernichten konnten. In Ost-Berlin beschäftigten mich die ebenso zäh geführten Verhandlungen zwischen den beiden deutschen Staaten über ein Veterinärabkommen, das zum Schutz von Schweinefleischtransporten aus der DDR in den Westen beitragen sollte, möglichst unter Einschluss von Berlin (West).

Um West-Berlin gab es ständig Streit. Zwischen den beiden deutschen Staaten und unter den vier Siegermächten! Für uns im Westen gehörte West-Berlin eindeutig zur Bundesrepublik Deutschland; für die DDR und ihre Schutzmacht Sowjetunion war West-Berlin eine politisch selbstständige Einheit. Das prosperierende und schillernde West-Berlin als Teil der verhassten Bundesrepublik mitten im Territorium der DDR war für das

SED-Regime eine schwer erträgliche Realität, die als Stachel im Fleisch empfunden wurde. Zu Recht! Wie hätten wir uns verhalten, wenn ein uns feindlich gesinnter Nachbar, der uns auch noch gesellschaftlich und wirtschaftlich weit überlegen war, mitten in unserem Land, zum Beispiel im Ruhrgebiet, mit einer exterritorialen Insel vertreten gewesen wäre. Rein sachlich war verständlich, dass die Machthaber im Osten alles unternahmen, um dem einzigartigen Phänomen „West-Berlin" ein Ende zu bereiten.

Aus diesem nachvollziehbaren Grund wurde der SFB nicht als Mitglied der ARD anerkannt. Mit zusammengebissenen Zähnen hatte Ost-Berlin hingenommen, dass der SFB mit seinem provokanten Namen „Freies Berlin" auch noch zusammen mit NDR und WDR Träger unseres Studios in der DDR war. Es war für uns ein ständiger Kampf, Projekte für die renommierte SFB-Sendung *Kontraste* zu realisieren. Im Laufe der Jahre wurde der Widerstand schwächer. Es gehörte zu einem meiner größten Erfolge, dass ich zum Fest der Christenheit vom Weihnachtsmarkt in Ost-Berlin live für die SFB-Abendschau berichtete.

Auch grundsätzlich war unsere staatliche Beziehung zur DDR eine besondere. Die westdeutsche Bundesregierung schloss zwar Verträge mit der Regierung in Ost-Berlin, lehnte aber eine völkerrechtliche Anerkennung der Deutschen Demokratischen Republik ab. Mit Rücksicht auf das im Grundgesetz verankerte Wiedervereinigungsgebot war die DDR für uns kein Ausland. Deshalb hatte die Repräsentanz unserer Regierung in Ost-Berlin nicht den Status einer Botschaft, sondern hieß „Ständige Vertretung (StäV)".

Private Kontakte zur Bevölkerung hatten wir kaum. DDR-Bürger hätten gleich Besuch von der Stasi bekommen, wenn sie sich mit uns getroffen hätten. Deswegen verzichteten wir darauf, unsere Kinder in eine Ost-Berliner Schule zu schicken. Außer uns wohnten in der Leipziger Straße viele Mitarbeiter der bundesdeutschen Vertretung, die einer Botschaft ähnlich in der Hannoverschen Straße ihren Platz hatte.

Jeden Morgen kam ein kleiner Bus der StäV und brachte unsere Kinder ebenso wie die Kinder der westdeutschen Diplomaten über den Checkpoint Charlie an der Friedrichstraße in verschiedene West-Berliner Schulen. Unsere Kinder gingen in die Waldschule an der Heerstraße weit im Westen Berlins.

Der Checkpoint Charlie hatte es im Herbst 1961 zu gruseliger Weltberühmtheit gebracht, als amerikanische und sowjetische Panzer am Grenzübergang Friedrichstraße/Zimmerstraße auf einer Distanz von nur wenigen Metern ihre Waffen aufeinander richteten. Die dramatischen Bilder lösten rund um den Globus schlimmste Befürchtungen aus. Die Menschheit sah sich an jenem 27. Oktober am Rande eines Dritten Weltkriegs, der im Atomzeitalter das Ende unseres Planeten bedeutet hätte.

Der Schrecken hatte sich im Laufe der Jahre gelegt. Die Kinder im Schulbus der Ständigen Vertretung der Bundesrepublik Deutschland empfanden die Fahrten über den Parcours des Checkpoints Charlie, auf dem sich die Panzer der Supermächte gegenübergestanden hatten, als ein tägliches Abenteuer, das sie ihren Klassenkameraden aus dem bürgerlichen Berlin (West) voraushatten. Der Transfer klappte vorzüglich. Die Kinder hatten ihre Pässe parat, ein DDR-Grenzer überprüfte im Bus die Dokumente. Nach vier, fünf Minuten ging es weiter. Alles schiedlich, friedlich. Doch dann sorgte ein Vorkommnis für einen Stimmungsumschwung.

Beim Einstieg in den Bus wurde einem DDR-Grenzer die Mütze stibitzt. Vergeblich hechtete er hinter seiner Kopfbedeckung her. Die Kinder hatten ihre Freude daran, sich ihr Beutestück gegenseitig zuzuwerfen. Irgendwann rückten sie die Mütze doch heraus. Doch auf Seiten der DDR fand man das Vorkommnis keineswegs amüsant So geht man nicht mit der Staatsmacht um. Was für uns ein Kinderstreich war, betrachteten die DDR-Offiziellen als ernsten Grenzzwischenfall. Es war fast ein Wunder, dass sich der Vorfall nicht zu einer handfesten Krise zwischen Bonn und Ost-Berlin auswuchs.

Wieder einmal zeigte sich, dass ein und derselbe Tatbestand je nach Perspektive gegensätzlich beurteilt werden kann. Nicht nur zwischen Bonn und Ost-Berlin, sondern auch in unserer Familie. Während der Vater seine Kinder unmissverständlich ermahnte, herabsetzende Streiche gegenüber Grenzern und Zöllnern zu unterlassen, sprach die Mutter von einem harmlosen Schabernack. „Die DDR-Grenzer leisten sich ganz andere Scherze." So sahen es auch unsere Kinder.

An Phantasie ließen sie es nicht fehlen. Vom Außenministerium der DDR wurde ich in Kenntnis gesetzt, dass unsere Tochter mit ihren beiden Brüdern Luftballons mit Wasser gefüllt hatte, um sie als Wasserbomben auf die Volkspolizisten abzuwerfen, die vor und hinter unserem Wohnblock Posten bezogen hatten. Ich brachte den Fall zu Hause zur Sprache. An der Beschwerde des DDR-Außenministeriums interessierte unsere Kinder nur die Frage, ob die Wasserbomben getroffen hätten. Ich konnte darauf keine Antwort geben, womit der Fall für die Familie erledigt war.

Unglücklicherweise entwickelte unser Sohn Christoph, damals elf Jahre alt, eine Idee, die sich als verhängnisvoll erweisen sollte. Er wolle künftig nicht mehr mit dem Bus, sondern mit dem Fahrrad zur Schule fahren, ließ er uns wissen. „Ganz schön mutig", sagte ich ihm. „Hin und zurück kommen über 40 Kilometer zusammen", rechnete ich ihm vor. Die Zahl schreckte ihn nicht. „Einmal wird ihm reichen", war ich mir sicher. Ich sollte mich irren. Der kleine Kerl fand Gefallen an den Trips quer durch Berlin. Zehn Tage hielt er durch.

Dann kam ein Anruf aus der Ständigen Vertretung. Eine Mitarbeiterin informierte uns: „Ihr Sohn steht am Grenzübergang Heinrich Heine. Er hat seinen Pass verloren und darf die

Grenze nicht passieren." Ich beriet mich mit der Ständigen Vertretung und informierte das DDR-Außenministerium. Es schien hoffnungslos. Ich begab mich zum Grenzübergang. Es wurde viel telefoniert. Immer wieder Kopfschütteln. Mein Fall legte den halben Grenzverkehr lahm. Nach Stunden schließlich das gute Ende. Unter der Auflage, in Kürze einen gültigen Pass beizubringen, durfte ich unseren Sohn mit nach Hause nehmen.

Mit dem Schulbesuch war es erst einmal vorbei, was unsere Tochter Vanessa mit Interesse registrierte. Die Situation war kompliziert. Da die Ständige Vertretung nicht im Rang einer Botschaft war, hatte sie keine Konsularabteilung und konnte uns deshalb keinen Ersatzpass ausstellen. Ich flog ins Rheinland und suchte das Einwohnermeldeamt in Bergisch Gladbach auf, wo wir vor unserem Umzug nach Moskau gewohnt hatten. Als wir in die Sowjetunion gingen, meldeten wir uns in unserem Wohnort Bergisch Gladbach ordnungsgemäß ab. Seitdem existierten wir in Deutschland nicht mehr – weder als Einwohner unserer Gemeinde noch unseres Staates. Passverlängerungen besorgte unsere Botschaft in Moskau. In Ost-Berlin ging das nicht.

Im Grundlagenvertrag und in den Folgeabkommen waren alle Eventualitäten ausgetüftelt worden. Nur unser Fall nicht. Ich mobilisierte unseren Intendanten. Höchste Regierungsstellen wurden mit der Causa Christoph Pleitgen befasst. Am Ende wurde ein Dreh gefunden, um mich mit einem Pass für unseren Sohn auszustatten, ausgestellt vom Einwohnermeldeamt Bergisch Gladbach. Geholfen hat nach meiner Erinnerung, dass unser Sohn in Bergisch Gladbach geboren wurde. Das war urkundlich festgehalten worden. Als ich nach Ost-Berlin zurückkehrte, bereitete mir die Familie einen Heldenempfang. Am nächsten Morgen passierte unser Sohn im Schulbus der Ständigen Vertretung, ausgestattet mit dem neuen Ausweis, problemlos die Grenze über den Checkpoint Charlie. Zur Sicherheit hatte ich das DDR-Außenministerium in Kenntnis gesetzt.

Das Stück war noch nicht aus. Einen Tag später teilte uns Tochter Vanessa tränenüberströmt mit, ihren Pass nicht finden zu können. Bevor ich explodierte, stellte mich meine Frau ruhig: „Jetzt frühstücken wir, danach suchen wir gemeinsam den Pass." Wir arbeiteten uns systematisch durch die Wohnung, durchsuchten alle Schränke. Wir fanden viel, nur nicht den Pass. Ich begab mich zum Hausmeister, den wir sonst geflissentlich übersahen, weil wir ihn berechtigterweise für den Stasiaufseher unseres Blocks hielten. Möglicherweise war der Pass im Müll gelandet.

Der Hausmeister nahm meinen Hinweis freudig entgegen. Solche Aufträge bekam er sonst nur vom Staatssicherheitsdienst. Jetzt wurde er von einem Westbürger darum gebeten. Das hatte für ihn eine ganz andere Qualität. Er gab sich sehr viel Mühe. Zwei Stunden durchsuchte er den Müll. Ohne Erfolg. Ich stellte unserer Tochter Fragen, allmählich nachdrücklicher. Meine Frau schritt ein. „Wir leben in der DDR, aber Verhörmethoden müssen wir nicht übernehmen." Mir blieb nur noch der Weg zum Flughafen in Tegel.

Mit Hilfe von British Airways landete ich gegen Mittag in Köln und wurde kurz danach im Einwohneramt von Bergisch Gladbach vorstellig. Der Beamte rief „Nein!", als er mich sah, und noch einmal „Nein!", als ich ihm mein Anliegen konkret vortrug. „Wo ist Ihre Tochter geboren?" „In Köln, Klinik Weyertal!" „Dann versuchen Sie Ihr Glück in Köln!" Ich folgte seinem Rat. Wieder spannte ich meinen Intendanten ein. Er verstand alles, er hatte auch Kinder. Der zuständige Beamte ließ sich das Bergisch Gladbacher Verfahren erklären. Am nächsten Morgen hatte ich den Pass und konnte nach Berlin zurückkehren.

Diesmal gab es keinen Heldenempfang. Für die Familie war der Fall inzwischen Routine. Unsere Tochter Vanessa verbarg tapfer ihre Enttäuschung. Nur drei Tage Schulausfall waren weit weniger, als sie erwartet hatte. Der Pass wurde gefunden, allerdings Jahre später. Als wir nach Amerika zogen, montierten wir die Betten auseinander, und siehe da, in einem Hohlraum schlummerte der Pass von Tochter Vanessa. Er war noch gültig. Nur das Foto war veraltet. Die Erneuerung wäre in jedem Fall fällig gewesen.

Stefan Heym unter Dauerbelagerung

Kurz nach unserem offiziellen Empfang als neue Korrespondenten in Berlin-Ost lud mich Stefan Heym ein. Mein Auto könne ich auf dem Weg hinter seinem Haus parken. Ich machte mich auf nach Grünau. Das Kennzeichen QA 57 meines Autos wies mich als westdeutschen Korrespondenten aus. So waren meine Wege gut zu verfolgen, auch nachträglich. DDR-Korrespondenten erging es in der Bundesrepublik ähnlich. Auf der Fahrt zu Heym wurde ich nicht verfolgt. Ich wurde erwartet. Hinter dem Haus stand ein unauffälliger Lada. „So zeigt mir die Staatssicherheit seit Wochen ihre Wertschätzung", klärte mich Stefan Heym auf.

Im Garten war bereits ein Tisch mit Kaffee und Kuchen gedeckt. Stefan Heym hatte eine Schwäche für die Sowjetunion. Insofern kam ich ihm mit meiner Moskauerfahrung als Gesprächspartner gelegen. In seinen Memoiren mit dem vielsagenden Titel *Nachruf* ist zu lesen, was den deutschen Autor Heym mit den Sowjets verband. Für ihn waren sie Waffenbrüder. So sah ihn umgekehrt auch die Redaktionsleitung der sowjetischen Besatzungszeitung *Tägliche Rundschau*, für die er gleich nach seiner Ankunft in Ost-Berlin Beiträge schrieb. Chefredakteur Sokolow und sein Stellvertreter Bernikow behandelten Heym wie einen Kriegskameraden, der auf der amerikanischen Seite gegen Hitler-Deutschland gekämpft hatte. „Ihre Deutschen" Walter Ulbricht und den Schriftsteller Willi Bredel hielten sie hingegen auf Distanz, erinnerte sich Heym mit Genugtuung.

Stefan Heym traute mir einen guten Draht zu Sowjetführer Breschnew zu. Ich musste bekennen, über einen solchen Draht nicht zu verfügen. Mein Gegenüber zeigte sich leicht enttäuscht.

57

Er hätte mit Breschnew gerne – so mein Eindruck – wie seinerzeit mit Sokolow und Bernikow über seine Vorstellungen von einem modernen Sozialismus gesprochen. Die Westpolitik des Sowjetführers hielt Heym für gescheit. „Auf Verständigung zu setzen, ist ein Zeichen der Vernunft. Konfrontation führt nur zu Wettrüsten. Das kann niemand gegen die USA gewinnen." Dem war nicht zu widersprechen, auch nicht der These, dass sich ohne Anstoß aus der Sowjetunion grundsätzlich nichts in der DDR ändern würde.

Hatte Heym schon einen Gorbatschow vor Augen? Sicher nicht! Selbst die kühnsten Kreml-Astrologen hatten nicht die leiseste Vorstellung, dass bereits in wenigen Jahren ein Erlösertyp vom Format Gorbatschow die Verhältnisse in der Welt völlig verändern würde. Inge Heym sorgte mit trockenen Zwischenbemerkungen dafür, dass wir uns auf unseren politischen Höhenflügen nicht zu sehr von der Wirklichkeit entfernten. Wir sprachen ausgiebig über neue Bücher und neue Filme in Ost und West. Über seine Buchprojekte sprach Heym wohlweislich nicht. Er wusste ja, wer mithörte.

Es war ein unterhaltsamer Nachmittag, der dem Mann im Lada offensichtlich zu lange dauerte, denn er war weg, als ich mich auf den Weg nach Hause machte. Es lohnte sich, bei den Heyms vorbeizuschauen. Sie waren gastfreundliche Leute. Wir trafen bei ihnen viele interessante Menschen aus der Kulturszene. Leider wurden es mit der Zeit immer weniger. Prominente Künstler wie der Schriftsteller Jurek Becker, die Dichterin Sarah Kirsch, der Schauspieler Armin Müller-Stahl und der Schriftsteller Klaus Poche sahen sich nach bösen Schikanen gezwungen, ihren ungastlichen Staat zu verlassen, wie es vorher schon der Schauspieler Manfred Krug getan hatte.

Doch Heyms Freundeskreis blieb stattlich groß. So bekam ich wertvolle Einblicke in das Gemeinwesen DDR, allerdings aus eher kritischem Blickwinkel. Ein wenig fühlte ich mich an

Kopelews Wohnung in der Krasnaja Armejskaja erinnert. Lutz Lehmann und ich waren bei den Heyms oft zu Besuch. Im Winter sind wir sogar auf Skiern durch die tief verschneite Stadt von Berlin-Mitte bis Grünau gelaufen. Eine gute Vorbereitung für unseren Trip über den Rennsteig im Thüringer Wald. Heym fand, wir sahen wie dampfende Rösser aus, als wir verschwitzt an seinem Haus ankamen.

Im ausgehenden Winter entdeckte Stefan Heym beim Verlassen des Hauses ein Notizbuch, eher ein Schulheft, im Schnee. Er nahm es an sich und gab es später bei einem meiner Besuche an mich weiter, damit ich es zur Aufbewahrung für andere Zeiten zu seinem Anwalt nach West-Berlin brachte. Was in dem Heft notiert war, lohnte der Aufbewahrung. Stefan Heym hielt den Inhalt in seinen Nachruf-Memoiren fest, die 1988 im westdeutschen Bertelsmann Verlag erschienen.

Noch gab es 1988 die DDR, noch gab es den Staatssicherheitsdienst. Dass es schon in einem Jahr vorbei sein sollte mit der Mauer und der Allmacht der Stasi, davon hatten wir seinerzeit keinen blassen Schimmer, obwohl es im sozialistischen Lager – insbesondere in Polen – schon kräftig rumorte. Das vor dem Hause Heym gefundene Schulheft enthielt, man ahnt es, die Notizen eines der pflichtbewussten Männer, die im Auftrag der Staatssicherheit das Haus Nummer neun in der Rabindranath-Tagore-Straße und seine Insassen wochenlang beobachtet hatten.

Was hatte das Observationsprotokoll zu bieten? Auf den ersten Blick drei Passbilder! Die Fotos zeigten Inge und Stefan Heym sowie den Schriftsteller Klaus Poche, einen engen Freund der beiden. Als Aufgabenstellung wurde „lose, konspirative Beobachtung" genannt. Die Observation sollte sich auf Stefan Heym konzentrieren, der unter dem Code „Grün" geführt wurde. Bei Besuchern gab sich das MfS mit den Pkw-Kennzeichen zufrieden.

Die Stasi nahm ihren Auftrag sehr ernst. Wohin sich Heym bewegte, Mielkes Leute waren dicht an ihm dran. Zu Fuß, per Auto oder Straßenbahn. Ein sagenhafter Aufwand! Die drögen Einträge „gaben Aufschluss über jene Zeit und jenes Land", so Heym in seinen Memoiren. Dem Ministerium für Staatssicherheit schrieb er zum Schluss ins Stammbuch: Eine Geheimpolizei, die Buch führe über Mülltonnenbesuche und Schreibfehler auf dem Postamt und zum Schluss auch noch ihre Kladde verliere, wirke fast schon sympathisch. Sie gehöre allerdings eher ins Kasperletheater als vor das Haus eines Schriftstellers.

Wenn das der allmächtige Stasichef Mielke gelesen haben sollte, dann wird ihn das nicht erfreut haben. 1988 dürfte er allerdings ganz andere Sorgen gehabt haben. Von der Selbstsicherheit des SED-Regimes früherer Jahre war wenig geblieben. 1977, als der Stasi das Malheur in der Rabindranath-Tagore-Straße passierte, hatte sie das Land noch fest im Griff. Es war die Zeit, als sich das SED-Regime samt seiner Staatssicherheit sicher im Sattel fühlte. Aus seiner Sicht hatte sich der sozialistische Staat mit der Ausbürgerung von Wolf Biermann und der Ausweisung von Lothar Loewe prominente Regimegegner ein für alle Mal vom Hals geschafft und dauerhaft für Ruhe gesorgt. Der mächtige Westen konnte nur ohnmächtig zuschauen. Nach dieser Erkenntnis wurde der Kurs des harten Durchgreifens mit unsinnigen Maßnahmen fortgesetzt.

Herausragende und von der Bevölkerung verehrte Künstlerinnen und Künstler sahen für sich keine Zukunft mehr in der DDR. Sie stellten die Verantwortlichen vor die Alternative: entweder Ende der Maßregelungen oder Erlaubnis zur Ausreise in den Westen. Der sozialistische Staat ließ sie lieber ziehen oder zwang sie hinaus. Politisch und kulturell ein Irrsinn, auch ökonomisch! Eine Kultur mit Protagonisten von Weltklasse hätte nicht nur für ein starkes Image gesorgt, sondern auch über Veranstaltungen, Publikationen und Kooperationen

Devisen ins Land gebracht, die so dringend gebraucht wurden. Nicht nur das! Die DDR sehnte sich nach internationaler Anerkennung, aber entledigte sich ihrer besten Köpfe. Ost-Berlin wäre zu einer Kulturattraktion der Welt geworden, wenn Stars wie Jurek Becker, Frank Beyer, Wolf Biermann, Angelica Domröse, Jutta Hoffmann, Egon Günter, Sarah Kirsch, Manfred Krug, Günter Kunert, Armin Mueller-Stahl und Klaus Poche nicht vergrault, sondern entsprechend ihren Fähigkeiten gefördert worden wären.

Als führende Köpfe der Kunstszene hätten sie zusammen mit Günter de Bruyn, Bernhard Heisig, Franz Fühmann, Robert Havemann, Stefan Heym, Monika Maron, Wolfgang Mattheuer, Kurt Masur, Heiner Müller, Werner Tübke, Christa Wolf und Konrad Wolf eine Kulturelite gebildet, die sich mit der des politischen Rivalen Bundesrepublik Deutschland gut und gerne hätte messen können. Das waren die Träumereien von Lutz Lehmann und mir, wenn wir abends in der *Paris Bar* in der Kantstraße beim Wein zusammensaßen. Gedankenspielereien! Bezeichnend, vom friedlichen Mauerfall wagten wir nicht zu träumen. Inzwischen schaffte es der Staatssicherheitdienst, die DDR mit seinem Gift zu durchtränken und auf das Niveau eines bissigen Zwergstaats zu bringen.

Scoop: Das Treffen mit den vier Siegermächten

Dass wir unter intensiver bis intimer Überwachung eines unfreundlichen Geheimdienstes standen – einschließlich Toilette und Schlafzimmer –, war für meine Frau und mich nichts Neues. In dieser Hinsicht hatten wir in Moskau reichlich Erfahrungen gesammelt. Insofern kamen wir gut trainiert nach Ost-Berlin. Im Vergleich zum KGB schien uns die Stasi preußischer und kompromissloser aufzutreten. In Moskau hatte das KGB zugelassen, dass wir die Milizionäre auf unserem Hof am Kutusowski-Prospekt mit diversen Wässerchen auf unsere Seite brachten. Als Gegenleistung ließen die Milizionäre unsere sowjetischen Besucher, darunter auch Dissidenten, unbehelligt passieren.

In Ost-Berlin hielten die Posten vor unserem Studio und unserem Wohnhaus deutlichen Abstand zu uns. Um ihre „Wachsamkeit" zu zeigen, demonstrierte die Stasi offene Präsenz. Auch in West-Berlin blieben uns Mielkes Mannen, dort allerdings getarnt als Normalzivilisten, auf den Fersen, wie wir nach der Wende in unseren Stasiakten lesen konnten. Der Personalaufwand, der unseretwegen betrieben wurde, war beachtlich, ja lächerlich hoch. Laut dieser Akten wurden unser Büro und unsere Wohnung regelmäßig durchsucht. Im Büro geschah dies diskret, in der Wohnung wurden demonstrativ Spuren der ungebetenen Hausbesuche während unserer Abwesenheiten hinterlassen. Wir sollten wissen, dass man uns kontrollierte.

Dass der Staatssicherheitsdienst der DDR alles daransetzte, uns in den Griff zu bekommen, überraschte mich nicht. Mielkes Einschätzung, dass westdeutsche Korrespondenten einem autokratisch geführten Staat wie der DDR gefährlich würden, hielt ich für sachlich richtig, die Methoden der Überwachung waren indes kriminell. Lothar Loewe sah das ähnlich. Er sprach Jahre nach seiner Ausweisung von einem großen Fehler Ost-Berlins, westdeutsche Korrespondenten in die DDR zu lassen.

Die DDR-Bevölkerung war durchweg auf unserer Seite. Wenn wir mit unserem Kamerateam in einem Ort ankamen, dann wurde uns, solange die Stasi nicht zur Stelle war, hastig anvertraut, was alles schieflief und worauf wir achten sollten. Das Vertrauen, das wir bei den Bürgerinnen und Bürger genossen, hatten wir vor allem dem SED-Regime zu verdanken, das seine Medien völlig entmündigte. Die DDR-Bevölkerung holte sich Informationen über die Weltlage und über ihren Staat lieber aus der *Tagesschau* des Klassenfeindes als aus der *Aktuellen Kamera*, der Nachrichtensendung des DDR-Fernsehens.

In Ostdeutschland waren wir Fernsehkorrespondenten von ARD und ZDF bekannter als in der Bundesrepublik und in West-Berlin. Das veranlasste mich zu einer schrägen Empfehlung. Wer unter Minderwertigkeitskomplexen leide, schrieb ich sinngemäß in einem Artikel für die *ZEIT*, solle sich als Fernsehkorrespondent in die DDR schicken lassen. Dort werde er von beiden deutschen Staaten ernst genommen. Für das SED-Regime sei er der Klassenfeind, für die DDR-Bevölkerung hingegen Botschafter der Freiheit und des Wohlstands, während ihn die westdeutsche Bevölkerung als Helden betrachte, der sich im Dienste der Aufklärung allen Bedrohungen zum Trotz in Feindesland begebe. Mehr Aufmerksamkeit und Anerkennung wird Journalisten nirgends in der Welt zu Teil, war meine Überzeugung.

Trotz der massiven Beschattung durch den Staatssicherheitsdienst hatten wir nicht vor, uns einschüchtern zu lassen. Dabei kam mir zu Hilfe, worauf mein Intendant gesetzt hatte: mein „Training" in Moskau. Bei einem Neujahrsempfang der DDR-Staatsführung für ausländische Diplomaten sprach ich den sowjetischen Botschafter Pjotr Abrassimow auf Russisch an.

Abrassimow war als oberster Repräsentant des großen Bruders Sowjetunion die stärkste politische Figur in der DDR. Was er im Auftrag seiner Regierung sagte, musste von der DDR-Regierung befolgt werden. Abrassimow gefiel es, sich im Kreise der Diplomaten locker und lächelnd mit mir als westlichem Korrespondenten zu unterhalten. Erich Honecker beobachtete unser freundliches Miteinander hingegen mit Missvergnügen. Er gesellte sich zu uns und fragte über seinen Dolmetscher nach dem Grund unserer Heiterkeit. Abrassimow legte den Arm um meine Schulter und sagte: „Wojennaja taina", was soviel heißt wie „Kriegsgeheimnis". Eine maßlose Übertreibung! Wir hatten uns nur über Nebensächlichkeiten unterhalten, wie das bei einem Small Talk so üblich ist.

Abrassimow lud mich in Gegenwart von Honecker in die Sowjetbotschaft an der immer noch arg lädierten einstigen Prachtstraße Unter den Linden ein. Ich nahm die Einladung an. Nachdenklich beobachteten einige SED-Größen meine freundliche Verabschiedung von Abrassimow. Mir konnte dieser Umgang des Sowjetbotschafters nur recht sein. Mich locker abzuservieren, dürfte dem SED-Regime nicht ganz leicht fallen, dachte ich beim Verlassen des Staatsratsgebäudes.

Den Kontakt zu Abrassmiow wollte ich aber nicht nur zur Absicherung meiner Position nutzen, sondern auch zu einem journalistischen Scoop. Es nahte der zehnte Jahrestag des Viermächteabkommens, das in der Ost-West-Politik eine Schlüsselrolle gespielt hatte. Es war 1970–71 von den Siegermächten Großbritannien, Frankreich, USA und Sowjetunion ausgehandelt worden, um den ewigen Krisenherd Berlin, der die Welt mehrfach an den Rand eines Atomkrieges gebracht hatte, nachhaltig zu entschärfen. Zehn Jahre später wollte ich auf das historische Ereignis eingehen.

Ich meldete mich zu Besuch bei Pjotr Abrassimow in der Sowjetbotschaft an. Zu meiner Überraschung bekam ich sehr schnell eine positive Antwort. Unter aufmerksamer und offener Beobachtung der Stasi – die mir in diesem Fall sehr recht war – überquerte ich auf dem Weg zur Sowjetbotschaft von der Schadowstraße aus die Allee „Unter den Linden". Bei Tee und feinem armenischen Kognak eröffnete ich dem Sowjetbotschafter meinen Plan. Zum zehnten Jahrestag des Viermächteabkommens, das Abrassimow mit seinen Kollegen Roger Jackling (Großbritannien), Kenneth Rush (USA) und Jean Sauvagnargues (Frankreich) ausgehandelt hatte, wollte ich im Ersten Deutschen Fernsehen eine Live-Diskussion mit den vier Botschaftern zur Sendung bringen.

Zu meiner freudigen Überraschung sagte Abrassimow gleich seine Teilnahme zu. „Die größte Hürde ist genommen", dachte ich mir. Bei den westlichen Botschaftern, die mit Medienauftritten weit mehr Erfahrung hatten als ihr russischer Kollege, machte ich mir keine Sorgen, zumal sie sich bereits im Ruhestand befanden. In der Tat erhielt ich sehr schnell Zusagen von Roger Jackling und Jean Sauvagnargues. So sah ich mich bereits am Ziel, lag aber mit meiner Zuversicht weit daneben. Ich meldete mich in der amerikanischen Botschaft in Bonn an, um mit Kenneth Rush, der inzwischen aus dem diplomatischen Dienst ausgeschieden war, in Kontakt zu kommen. Nachdem ich meine Absicht enthusiastisch begründet hatte, reagierten die Vertreter der Botschaft jedoch äußerst zurückhaltend.

Der Grund: In den USA hatte es einen Wechsel im Weißen Haus gegeben. Auf Jimmy Carter, der im internationalen Umgang auf Verständigung gesetzt hatte, folgte Ronald Reagan, der sich die sofortige Beendigung der Entspannungspolitik zum Ziel gesetzt hatte. Überall in der Welt vollzogen die US-Botschaften daraufhin schlagartig eine Kehrtwende um 180 Grad. Konkret hieß das: keine Gemeinsamkeiten mit der Sowjetunion, erst recht keine Freundlichkeiten. Fassungslos fragte ich: Gilt dies auch für Diplomaten im Ruhestand? „Definitely!", war die kategorische Antwort.

Unglücklicherweise sah die Reagan-Administration das Viermächteabkommen, das in Europa und insbesondere von uns Deutschen als ein Meisterstück der Politik und Diplomatie betrachtet wurde, als die Wurzel allen Entspannungsübels an. Nach langem Hin und Her – vermutlich mit Hilfe von Egon Bahr – kam ich doch in telefonische Verbindung mit Kenneth Rush. Er fand die Idee „terrific", also prima. Auf WDR-Einladung kam er nach Europa. Im Beisein von Mitarbeitern der US-Botschaft traf ich ihn zum Vorgespräch. Die Diplomaten machten ihm unverhohlen klar, dass Freundlichkeiten gegenüber der sowjetischen Seite tunlichst zu unterlassen seien. Da Rush auf derartige Hinweise souverän reagierte, machte ich mir um die Diskussion keine Sorge. Hauptsache, er war dabei.

Aber das nächste Problem wartete bereits. Ich wollte die Sendung aus dem ehemaligen Kontrollratsgebäude in Berlin fahren, wo die Verhandlungen vor zehn Jahren stattgefunden hatten. Jackling, Sauvagnargues und Abrassimow fanden die Idee naheliegend. Doch von der US-Botschaft kam ein entschiedenes „No". Auch alte Gemeinsamkeiten sollten nicht aufgewärmt werden. Rush konnte nur den Kopf schütteln, aber seine sturen Landsleute waren nicht zum Einlenken zu bewegen.

Jackling, Rush und Sauvagnargues waren sich einig: Die Diskussion sollte nicht in Ost-Berlin stattfinden. Dort hätte ich vermutlich auch keinen geeigneten Platz gefunden. Das Gebäude des Sender Freies Berlin zu besuchen, lehnte Abrassimow ab, weil es in der Nazizeit von Göbbels zu Propagandasendungen genutzt worden sei. Schließlich fand ich ein kleines hübsches Hotel in Dahlem. Wieder legten sich die Sowjets quer. Sie hatten die Geschichte des Hauses penibel untersucht und festgestellt, dass eine Nazigröße in dem fraglichen Hotel seine Hochzeit gefeiert hatte. Deshalb lehnten sie auch das Hotel ab. Wir suchten weiter. Inzwischen hatte ich Verstärkung erhalten. Mein Sender hatte mir zur Unterstützung den damaligen Jungredakteur Ulrich Deppendorf nach Berlin geschickt.

Gemeinsam setzten wir unsere Suche fort, wobei wir unsere Ansprüche herunterfuhren. So zogen wir selbst den biederen

Versammlungsraum eines Bootshauses am Wannsee in Betracht, aber schließlich fanden wir mit den Atelierstudios an der Havelchaussee eine Unterkunft, die von allen akzeptiert wurde. Das ganze Theater hatte sich, angefangen mit der Abrassimow-Zusage, fast zwei Jahre hingezogen. „Ende gut, alles gut!" Mit diesem Aphorismus hatte Abrassimow den erfolgreichen Abschluss der Viermächteverhandlungen charakterisiert. Das Bonmot traf auch auf unsere Sendung zu.

Am 2. September 1981, genau zehn Jahre danach, lief unsere Nachbetrachtung live und zur besten Sendezeit (von 20:15 Uhr bis 21:30 Uhr) im Ersten. Unser Fernsehdirektor Heinz Werner Hübner hatte dafür gesorgt. Die Botschafter äußerten sich mit erfrischender Offenheit über ihre zähen Verhandlungen. Auch Kenneth Rush legte sich keine Zügel an. Überraschend gut schlug sich nach dem Urteil des Publikums Pjotr Abrassimow. Er zeigte sich eloquent und witzig, was man einem Sowjetfunktionär nicht zugetraut hatte. Es war eine aufschlussreiche und muntere Sendung. Die Übersetzungen, für die wir acht Dolmetscher eingesetzt hatten, störten nicht.

Abb.: Jackling, Sauvagnargues, Pleitgen, Abrassimow, Rush in der Sendung zum zehnjährigen Jubiläum des Viermächteabkommens, 2. September 1981, ARD

67

Abb.: 2. September 1981, Sendung über das zehn Jahre zuvor verhandelte Viermächteabkommen. Fritz Pleitgen, Pjotr Abrassimow, Kenneth Rush, Jean Sauvagnargues, Roger Jackling

Nach der Sendung lud Abrassimow zu einem opulenten Abendessen in seine Botschaft ein. Es war ein denkwürdiges Ereignis. Anekdoten wurden ausgetauscht, kritische Situationen nachgespielt. Gemeinsam amüsierte man sich über kleine Tricks der psychologischen Kriegsführung. Zwischen den offiziellen Verhandlungen in Delegationsstärke hatte es reihum Treffen in den Residenzen der beteiligten Botschafter gegeben, um im kleinen Kreis schwierige Details in Ruhe vorzubesprechen. Der Brite Jackling hatte in seiner Residenz seine Kollegen genervt, weil er während der Beratungen einen Dudelsackpfeifer unentwegt vor der Tür musizieren ließ. Daraufhin hatte Abrassimow, als die Reihe an ihm war, während der Beratungen unter seiner Obhut den Chor der Sowjettruppen in der DDR vor dem Konferenzzimmer aufmarschieren und singen lassen.

Gut, dass US-Präsident Reagan nicht den fröhlichen Kehraus bei Abrassimow miterleben musste. Er wäre entsetzt gewesen, wie gut sich die westlichen Botschafter mit ihrem Kollegen aus dem Reich des Bösen vertrugen, engagiert mit Kognak und Krimsekt auf Frieden und Freundschaft anstießen und sich zum Abschied auch noch in den Armen lagen.

Am nächsten Tag setzte ich mich noch einmal mit Kenneth Rush zusammen. Er schilderte mir, wie die Verhandlungen vor zehn Jahren von amerikanischer Seite geführt worden waren und welche Hürden überwunden werden mussten, um überhaupt an einem Tisch mit den anderen Alliierten zusammenzukommen.

Am schnellsten habe man sich auf den Tagungsort geeinigt. Alle waren für Berlin und damals auch für das Gebäude des Kontrollrats gewesen. Und alle waren sich einig, dass die Verhandlungen von den Botschaftern der Siegermächte geführt werden sollten. Ohne die Deutschen! Das alles klappte einvernehmlich und schnell. Aber es gab zwei deutsche Staaten. In der DDR befanden sich keine westlichen Botschaften, nur der Botschafter der Sowjetunion hatte hier seinen Sitz. Damit stand Abrassimow als Teilnehmer fest. Der in Bonn residierende sowjetische Botschafter in der Bundesrepublik Deutschland, Valentin Falin, war aus dem Spiel. Aus Sicht der westdeutschen Regierung bekamen die wichtigen Verhandlungen dadurch jedoch eine gefährliche Schlagseite, was man in Bonn schwer akzeptieren konnte.

Es war gewiss, dass Abrassimow eisenhart die Interessen der DDR vertreten würde. Ob der Brite Jackling und der Franzose Sauvagnargues stark genug waren, um dagegenzuhalten, wurde in der Bonner Regierung, insbesondere von Egon Bahr, bezweifelt. Also musste der US-Botschafter bestens mit Argumenten munitioniert werden. Deshalb wurde unter striktester Geheimhaltung ein zweiter Tisch in Bonn eingerichtet, an dem der Amerikaner Rush und der Russe Falin, die sich beide gut verstanden, die Marschroute absprachen.

Ihre Weisungen erhielten sie von den jeweils stärksten politischen Figuren auf beiden Seiten. In Washington war es Henry Kissinger, in Moskau Juri Andropow. Beide waren am dichtesten an ihren jeweiligen Präsidenten dran. Henry Kissinger als Stabschef im Weißen Haus und Juri Andropow als Geheimdienstchef und Mitglied des Politbüros.

Wie ich Kenneth Rush verstand, wurden auf beiden Seiten gelegentlich, besonders in kritischen Situationen, die Außenminister Rogers und Gromyko bewusst übergangen. Den beiden altgedienten Fuhrleuten traute man hüben wie drüben nicht zu, in komplizierten Situationen ausgetretene Pfade zu verlassen, um Auswege bislang unbekannter Art zu finden. Traten solche Situationen ein, übernahmen Kissinger und Andropow die Lenkung des Geschehens. Um seine Weisungen ungestört, das heißt an seinem Außenminister vorbei an den US-Botschafter in Bonn zu bringen, so Kenneth Rush, habe Kissinger den Kanal des Marinegeheimdienstes benutzt.

Abb.: Fritz Pleitgen, Henry Kissinger

Andropow hatte es da einfacher, er nutzte seinen KGB-Ka-
nal, um seine Weisungen an Gromyko vorbei an den sowjetischen Botschafter in Bonn zu schleusen, der sich vor Ort mit
seinem amerikanischen Kollegen unter Einbeziehung von Egon
Bahr verständigte. Kenneth Rush brachte anschließend den betreffenden Punkt in die Berliner Verhandlungen ein. Kompliziert, aber offensichtlich funktionierte das trickreiche Spiel!

Das Viermächteabkommen ist unter den internationalen Verträgen vermutlich das seltsamste Gebilde. Es klärt im Grunde
nichts. Die ganze Flexibilität drückte sich in der Formulierung
zum Schluss aus: „Jeder Wortlaut ist in gleicher Weise verbind-
lich." Dieses Zitat war auch Titel unserer Sendung. Offizielle
Übersetzungen gab es am Ende der Verhandlungen in Englisch,
Französisch und Russisch. Nicht in Deutsch! In unserer Sendung
war das anders. Unser Publikum wurde auf Deutsch versorgt.

Nicht einmal auf einen gemeinsam akzeptierten Namen und Geltungsbereich konnten sich die beteiligten Staaten einigen, die im Krieg enge Verbündete im Kampf gegen Hitler-Deutschland gewesen waren. Für die Westmächte und die Bundesrepublik Deutschland war es das Abkommen über ganz Berlin, für die Sowjetunion und die Deutsche Demokratische Republik war es das Abkommen über West-Berlin. Die beteiligten Staaten wie die betroffenen Deutschen in Ost und West konnten das Abkommen nennen, wie sie wollten. Den wenigsten Streit gab es, wenn schlicht vom „Viermächteabkommen" gesprochen wurde.

Trotz fehlender Gemeinsamkeiten fundamentaler Art entwickelte der Geist des Abkommens eine segensreiche Wirkung. Berlin war von einem üblen Ruch befreit. Die geschundene Stadt hatte lange als Inbegriff des ständig bedrohten Weltfriedens gegolten. Das war nun vorbei. Für die Menschen auf beiden Seiten des Eisernen Vorhangs in Deutschland waren die Beziehungen zueinander erträglicher geworden. Das Viermächteabkommen hielt trotz seiner Zerbrechlichkeit die stärksten Spannungen zwischen Ost und West aus, zäh wie ein Alleskleber. 20 Jahre – bis zum Ende des Kalten Krieges! Das Licht des Viermächteabkommens ist nicht gänzlich erloschen. Es signalisiert der Nachwelt: „Nichts ist unlösbar, auch schlimmste Krisen nicht." Ein ermutigendes Vorbild bis heute, wie ich es schon im Vorwort genannt habe. Man sollte dem Beispiel öfter folgen.

Meine fixe Idee: Die Deutsche Einheit

Leider scheinen die Politiker von heute weniger Phantasie, Durchsetzungswillen und Schneid zu besitzen als ihre Vorgänger. Die Erklärung ist einfach. Die Politiker der Generation Adenauer, De Gaulle, Churchill, Brandt besaßen eine andere Lebenserfahrung, die sie unter extremen Bedingungen gewonnen hatten. Nun kann man der heutigen Politikergeneration nicht wünschen, ein Praktikum mit Krieg und Nazizeit zu machen, ehe sie sich ins internationale Geschäft begeben.

Der westdeutsche Bundeskanzler Willy Brandt ging 1970 beherzt eine Aufgabe an, die als Ding der Unmöglichkeit galt: die Herstellung vernünftiger Beziehungen zwischen den beiden deutschen Staaten. Zu schroff waren die Gegensätze, zu undurchdringlich der Eiserne Vorhang zwischen den beiden Ländern. Es sah im Grunde hoffnungslos schlecht aus. Obendrein stellte SED-Chef Walter Ulbricht der westdeutschen Delegation vor Beginn der ersten Sitzung eine unerfüllbare Vorbedingung. Am Ende der Verhandlungen müsse die völkerrechtliche Anerkennung der DDR durch die Bundesrepublik Deutschland stehen. Genau darauf konnte und wollte sich die Bundesregierung in Bonn nicht einlassen. Es hätte ihr sofortiges Ende bedeutet. Ulbricht aber hatte seine Rechnung ohne Egon Bahr gemacht. Der Bonner Unterhändler behielt die Nerven und setzte sich durch.

Die Bundesregierung hatte Ost-Berlin mit Verträgen umzingelt, indem sie Abkommen nicht nur mit der Sowjetunion, sondern auch mit den anderen Staaten des Warschauer Paktes schloss. Alle waren daran interessiert, dass die DDR nachzog. So kam es auch. Dem SED-Regime blieb nichts anderes übrig, als dem Druck der Verhältnisse nachzugeben. Am 21. Juni 1973 trat der Grundlagenvertrag in Kraft. Er war das Ergebnis praktischer Vernunft und pragmatischer Politik.

Es war ein Abkommen, das keine übertriebenen Hoffnungen weckte, aber den Menschen wertvolle Erleichterungen brachte, auch wenn es viele Wünsche offen ließ. Deshalb wurde es von den Medien und selbstverständlich von der Opposition sehr kritisch gesehen. Egon Bahr versuchte gar nicht erst, den Vertrag schönzureden. Mit seinem unvergleichlichen Sarkasmus resümierte er am Ende der Verhandlungen: „Bislang hatten wir keine Beziehungen, jetzt haben wir schlechte. Besser als nischt." Mir gefiel die illusionslose, moralinfreie Art, wie Egon Bahr als engster Berater von Willy Brandt eine Politik betrieb, die vor allem auf menschliche Erleichterungen setzte und dabei das große Ziel „Deutsche Einheit" nie aus den Augen verlor. Ohne Grundlagenvertrag hätte die DDR kaum westdeutsche Korrespondenten in ihren Staat gelassen.

Wenn ich mir die Beiträge anschaue, die wir im Laufe unserer Korrespondentenzeit in der DDR produziert haben, dann stelle ich an mir einen Tick fest. In fast allen meiner Interviews steuerte ich irgendwie auf die Frage nach der Deutschen Einheit zu. Dabei gab es während unserer gesamten Korrespondentenzeit in der DDR nicht die geringsten Anzeichen, dass die Wiedervereinigung der beiden deutschen Staaten vor der Tür stehen könnte.

Am zuversichtlichsten äußerte sich noch Stefan Heym, damals intern der schärfste Kritiker des SED-Regimes. Er hoffe, dass die Deutsche Einheit noch zu seinen Lebzeiten käme, antwortete er mir vor der Kamera auf meine Standardfrage. Allerdings wünschte er sich ein freiheitlich sozialistisches Deutschland. Den Kapitalismus wolle er nicht. Den habe er zur Genüge in den USA kennen gelernt.

Natürlich reizte mich die Frage nach der Deutschen Einheit, weil sie für die DDR-Obrigkeit ein Tabu war. Für das SED-Regime hatte sich die „nationale Frage" erledigt, es war auf weltweite völkerrechtliche Anerkennung aus. Als es mit der DDR abrupt zu Ende ging, war sie diesem Ziel ziemlich nahegekommen. Von 140 Ländern wurde sie als Staat anerkannt. Im Grunde fehlten ihr nur noch die drei westlichen Siegermächte und die Bundesrepublik Deutschland. Sie hätte es möglicherweise geschafft, wenn ihr Gorbatschow nicht in die Quere gekommen wäre.

Lutz Lehmann und ich erlebten eine DDR-Bevölkerung, die sich mit den damals herrschenden Verhältnissen abgefunden hatte. Sie nahm hin, dass von den Ankündigungen Erich Honeckers, der nach der Ablösung des Stalinisten Walter Ulbricht mehr Freiheit und Wohlstand versprochen hatte, im Laufe der Jahre immer weniger übrig blieb. Die Menschen in Ostdeutschland hatten sich mehrheitlich in Nischen eingerichtet, in denen es sich leben ließ. Diejenigen, die über handwerkliche und organisatorische Fähigkeiten verfügten, lebten sogar recht passabel. „Hoffnungslos zufrieden" nannten Lehmann und ich unser Feature, in dem wir die Stimmung in der DDR-Bevölkerung beschrieben.

Selbstverständlich konnten wir es nicht lassen, auch das Tabuthema Deutsche Einheit in dem Stück unterzubringen. Wir setzten es mit einem Gespräch, das ich mit DDR-Bürgern in Thüringen geführt hatte, gleich an den Anfang unseres Films. Die Umstände, die zu unseren Aufnahmen geführt hatten, muss ich näher erklären.

Der Westdeutsche Rundfunk hatte eine Sendereihe namens „Deutscher Alltag" eingeführt. Die Redaktion, geführt von Elke Hockerts-Werner, wünschte sich einen Beitrag von mir über die kleinste Brauerei Deutschlands, die sich in Singen bei Erfurt befand. Darüber verhandelten die Kölner Kollegen mit der Abteilung „Internationale Beziehungen" des DDR-Außenministeriums. Die Abteilung war in der Jägerstraße angesiedelt und gleichzeitig eine Filiale der Staatssicherheit. Die Mitglieder arbeiteten als inoffizielle Mitarbeiter des inzwischen hinreichend erwähnten Vereins MfS. Von ihnen wurde die Kölner Redaktion darauf aufmerksam gemacht, dass es sich um die kleinste Brauerei der DDR handele. Auf das Ultimum „Deutschland" lege man keinen Wert. In der nationalen Frage ging der DDR Abgrenzung über alles. Während der Verhandlungen über das Projekt „Deutscher Alltag" hielten wir uns daran.

Singen bei Erfurt ist vermutlich nur den wenigsten Deutschen bekannt. Die Unkenntnis ist verständlich, denn der beschauliche Ort zählte nur 300 Einwohner. Der inzwischen verstorbene Fritz Obstfelder betrieb die Brauerei, seine Nachfahren führen sie auch in der heute vereinten Republik weiter. Die Drehgenehmigung ließ auf sich warten. Umfangreiche Sicherheitsvorkehrungen mussten bedacht werden. Eine zusätzliche Erschwernis wurde in der Biografie des Brauers entdeckt. Als junger Mann hatte er eine Republikflucht versucht. Sein Verhältnis zum Staat DDR beruhte auch danach nicht auf beiderseitigem Vertrauen. Fritz Obstfelder stieß sich nicht daran, die kleinste Brauerei „Deutschlands" zu führen.

Die Bezirksstelle Erfurt des Ministeriums für Staatssicherheit teilte schließlich mit, dass der Besuch des Westfernsehens gewagt werden könne. Man sei gerüstet. So kamen wir nach Singen. Drei schöne Tage. Der WDR ließ seinen Filmteams damals noch genügend Zeit, um ordentlich gedrehte Berichte nach Hause zu bringen. Die Einwohnerschaft von Singen erfuhr während unseres Aufenthalts sichtbaren Zuwachs. Von den eingeborenen Bürgerinnen und Bürgern Singens wurden wir umgehend aufgeklärt, wer nicht zu ihnen gehörte. Wir hingegen wurden wie Familienmitglieder fürsorglich behandelt.

Das MfS Erfurt hatte in ausreichender Zahl geschulte Kräfte entsandt, die sich – bewaffnet mit Richtmikrofonen, Fotoapparaten und kleinen Filmkameras – an unseren Dreharbeiten innerhalb und außerhalb der Brauerei sehr interessiert zeigten. Sie dürften über das Braugewerbe viel gelernt haben. Von früh bis

Abb.: Fritz Obstfelder, Betreiber der kleinsten Brauerei Deutschlands, Fritz Pleitgen

spät erklärte uns Fritz(e) Obstfelder die Herstellung seines Bieres, das den Fleiß und Schweiß seines unermüdlichen Herstellers wert war. Obwohl er mit uralten Geräten arbeiten musste, schmeckte uns das Bier köstlich. Zwischendurch wurden auch Besucher, die unser Urteil teilten, über die Geschichte und Arbeitsweise des alten Familienbetriebs informiert.

Unsere Mahlzeiten nahmen wir in der gediegenen Dorfschenke ein. Wir wurden wie liebe Verwandte bewirtet. An unserem letzten Tag, einem Sonnabend, kehrte eine Kulturbundgruppe aus Rudolstadt in unsere Schenke ein. Sie stimmte Wanderlieder an, hatte nichts dagegen, dass wir Westmenschen mitsangen, und ließ sich gerne überreden, „Hoch auf dem gelben Wagen" zum Besten zu geben, womit ich einen passenden Einstieg in ein Gespräch hatte, das wir später an den Anfang unserer Sendung „Hoffnungslos zufrieden" stellten. Der Titel passte auf die Wanderer aus Rudolstadt, das Gespräch auch. Deshalb gebe ich es hier wieder. Das Thema war heikel und bei der Antwort Vorsicht geboten.

„Wissen Sie, dass unser Bundespräsident Walter Scheel gerne ‚Hoch auf dem gelben Wagen' singt?"

„Ja, das habe ich selbst gehört."

„Könnten Sie sich vorstellen, dass es mal eine Wiedervereinigung gibt?"

„Ja, unter bestimmten Voraussetzungen ist Wiedervereinigung sicher möglich, warum nicht? Das wird in erster Linie gesellschaftspolitisch bestimmt."

„Sie würden also die Wiedervereinigung gerne unter dem Vorzeichen Ihres Systems verwirklichen?"

„Die Geschichte geht weiter. Wir wissen nicht, wie sich alles entwickelt. Wir sind der Meinung, dass wir auf dem richtigen Weg sind. Warum soll sich das nicht auf diese Weise ergeben?"

„Was glauben Sie?"

„Es sind jetzt zwei verschiedene Gesellschaftssysteme, die sich gegenüberstehen. Da wird eine Wiedervereinigung unter immensen Schwierigkeiten zu leiden haben."

„Glauben Sie, dass so etwas noch möglich ist?"

„Es wird einmal kommen, wenn sich ein System ändert. Und weil wir uns vorwärtsbewegen, kann sich nur das kapitalistische System ändern."

„Wie stehen Sie zu dieser Frage?"

„Ich kann nur begrüßen, dass eine Wiedervereinigung doch einmal zustande kommt."

„Waren Sie schon einmal im Westen?"

„Ich war im Westen."

„Und Ihr Eindruck?"

„Wir kommen immer mehr auseinander statt zueinander. Eine Vereinigung wäre wünschenswert, aber dann müssten sich beide Systeme aufeinander einstellen. Es müsste so sein, dass man das Neue will, aber das Alte gemeinsam ehrt und achtet."

Die Rudolstädter sprachen selbstbewusst, laut und deutlich. Sie alle konnten sich die Deutsche Einheit vorstellen, aber nicht als einseitige Übernahme. Jeder in der Gaststätte konnte hören, was sie sagten. Die Vertreter von der unsichtbaren Front, die sehr sichtbar von den Nachbartischen ihre Zigarettenschachteln mit den versteckten Mikrofonen auf die Kulturbundgruppe richteten, hätten sich diese Mühe gar nicht zu machen brauchen. Sie hätten auch ohne ihre technischen Hilfsmittel alles mitbekommen. Die Wanderer waren Menschen im reiferen Alter.

Schnell hatte sich herumgesprochen, dass in der Dorfschenke von Singen ausgelassene Stimmung herrschte. Das Gasthaus füllte sich mit jungen Leuten aus der Umgebung. Unser Kameramann Volker Mach sorgte mit Songs vom Tonband für zusätzlichen Schwung. „Rivers of Babylon", „Yellow submarine" und „Rasputin" donnerten durch die offenen Fenster. Den Bürgern von Singen gefiel es. Sollte ich auch noch die jüngeren Gäste nach der Deutschen Einheit fragen? Besser nicht. Die Stasi war noch da. Vielleicht auch wegen der Musik. Jüngere wollte ich lieber ohne Stasi befragen. Die Gelegenheit bot sich am 30. Jahrestag der DDR, als wir eine Pauschalgenehmigung für Interviews bekamen. Ich fragte nicht nach der Deutschen Einheit, sondern nach Meinungs- und Reisefreiheit.

„Was soll man sagen? Wenn ich Ihnen hierzu meine persönliche Meinung sage, dann gucken sich das andere Leute an. Und Sie wissen ja selber, was mit dem neuen Gesetz ist." Aber wie dachten die Jüngeren? Dazu eine schnelle Umfrage im Prenzlauer Berg in Berlin, 1979, am 30. Jahrestag der DDR. Ich fragte nicht nur nach der Deutschen Einheit, sondern auch nach der Reisefreiheit.

„Es gibt nicht nur das Menschenrecht auf Arbeit, es gibt auch das Menschenrecht auf Freizügigkeit. Warum lässt man uns nicht dahin fahren, wo wir hinfahren möchten? Wer abhauen will, der haut auch so ab."
„Denken viele so wie Sie?"
„Ja, sehr viele."
„Möchten Sie mal in den Westen reisen?"
„Ja, wenn es gehen würde, ja!"
„Möchten auch Ihre Nachbarn in den Westen verreisen? Ist so die allgemeine Stimmung?"
„Ja, es ist die allgemeine Stimmung."
„Halten Sie es für gut, dass ein Normalbürger nicht in den Westen reisen kann?"
„Nein, das brauchte nicht zu sein, das halte ich nicht für gut, aber es wird vermutlich nicht anders gehen."
„Warum nicht?"
„Weil dann viele drüben blieben."
„Und was ist mit Ihnen?"

„Ich hatte mal einen Antrag gestellt, als meine Mutter starb, habe aber keine Genehmigung erhalten. Ich bin der Meinung, man hätte mir mehr Vertrauen entgegenbringen können."

„Wollen Sie nur in die Bundesrepublik reisen?"

„Ich möchte gerne mal nach London."

„Und was wäre Ihr Ziel?"

„Finnland!"

„Möchten Sie auch weit weg?"

„Nein, mein größter Wunsch wäre, einen Tag hier um die Ecke nach West-Berlin gehen zu können."

Um nicht von der Staatssicherheit gestört zu werden, hatte ich mich sehr früh auf den Prenzlauer Berg, nahe der Bornholmer Straße begeben. Es dauerte nicht lange, dann waren die Leute von der Stasi da. Freimütige Äußerungen waren jetzt nicht mehr zu erwarten. Deshalb räumte ich das Feld. Die Kurzinterviews haben wir später in unserem Feature „Die Partei hat noch immer Recht" gesendet, aus Anlass „30 Jahre DDR".

Hasenjagd mit Honecker

Mit Erich Honecker führte ich keine Interviews. Es hätte wenig bis nichts gebracht. Ich habe mich lediglich einmal länger mit ihm unterhalten. Das war ganz aufschlussreich. Anlass war eine Hasenjagd, zu der Diplomaten eingeladen waren, darunter auch Günter Gaus, der Leiter der Ständigen Vertretung der Bundesrepublik Deutschland in der DDR. Günter Gaus gehörte zu den wenigen Deutschen, die in West- wie in Ostdeutschland gutes Ansehen genossen, nicht nur bei den Regierenden, sondern auch in beiden Bevölkerungen.

Als er von Bundeskanzler Helmut Schmidt von seinem Posten in Ost-Berlin abgezogen wurde und daraufhin in den Senat von West-Berlin wechselte, fertigte ich ein Fernsehportrait von ihm an. Bilder von der Hasenjagd der Diplomaten hätten gut dazu gepasst. Mir war klar, dass ich keine Chance hatte, dafür die Drehgenehmigung vom DDR-Außenministerium zu bekommen. Da ich von der Wertschätzung wusste, die Günter Gaus bei Honecker genoss, wandte ich mich an den Ost-Berliner Rechtsanwalt Wolfgang Vogel, der bei den Häftlingsfreikäufen eine wichtige Rolle in den Beziehungen zwischen den beiden deutschen Staaten spielte und der zu Honecker einen guten Draht hatte.

Pro forma stellte ich auch beim DDR-Außenministerium einen Antrag auf eine Drehgenehmigung. Er verursachte in der Abteilung Journalistische Beziehungen, die mit Stasipersonal reich besetzt war, große Heiterkeit. Mein Begehren wurde prompt abgelehnt. Wenige Wochen später wurde ich von derselben Abteilung aufgefordert, mich mit einem Kamerateam nach Erfurt zu begeben. Alles Weitere würde ich im Hotel Erfurter Hof erfahren. Mir war klar, es konnte sich nur um die Jagd der Diplomaten handeln.

Im Erfurter Hof erhielt ich genaue Angaben, wo ich mich am nächsten Morgen mit meinem Team einzufinden hatte. Als ich am beschriebenen Ort auftauchte, traf ich auf einen leutseligen Sowjetbotschafter Abrassimow und auf einen wütenden Günter Gaus. Der überzeugte Pazifist wollte sich in keinem Fall mit einem Gewehr in der Hand filmen lassen. Entsprechend ungehalten war er über unsere Anwesenheit. Mein Gewissen belastete sein heiliger Zorn nicht. Wir filmten ihn im Gespräch mit Erich Honecker und später mit Spazierstock, mit dem er sich schließlich pazifistisch waidgerecht auf die Jagd begab.

Wir mussten am Sammelplatz zurückbleiben, persönlich bewacht von Geheimdienstchef Erich Mielke, der als pflichtbewusster Tschekist lieber auf das Jagdvergnügen verzichtete, als den Klassenfeind aus den Augen zu verlieren. Erich Honecker kehrte als Erster auf den Sammelplatz zurück, kurze Zeit später erschien auch Günter Gaus. Die beiden kamen ins Gespräch. Ich gesellte mich dazu, während unser Kameramann die kunstvolle Aufbahrung des erlegten Wilds filmte. Beiläufig erwähnte Günter Gaus, dass ich demnächst nach Washington ginge, um die Leitung des ARD-Studios zu übernehmen. „Daran zeigt sich, die DDR ist ein Sprungbrett für größere Aufgaben", meinte Honecker. Und dann: „Warum berichten Sie so negativ über die DDR?", fragte er mich. „Sie schauen Westfernsehen?" fragte ich scheinbar verblüfft zurück. „Man muss den Klassenfeind im Auge behalten", konterte Honecker. Den Spruch kannte ich von niederen SED-Chargen. Mich interessierte Honeckers Verhältnis zu Herbert Wehner. Beide gehörten seit der Vor-Nazizeit der Kommunistischen Partei Deutschlands an. Beide hatten sich vor einiger Zeit überraschend in Honeckers Jagddomizil in der Schorfheide getroffen, was ziemliches Aufsehen erregte.

Honecker zierte sich nicht und sprach mit sichtlichem Respekt von seinem früheren Parteigenossen, der sich nach den

Abb.: Pleitgen, Honecker, Gaus bei der Hasenjagd in der Schorfheide

Erfahrungen des Stalinterrors, die er in seinem sowjetischen Exil gemacht hatte, von der KP losgesagt hatte und danach in der westdeutschen SPD bis in die Führungsspitze aufstieg. In der damaligen KP-Hierarchie stand Wehner über dem jüngeren Honecker, der sich in unserem Gespräch offensichtlich immer noch als Junior im Verhältnis zu Wehner fühlte.

Bereitwillig schilderte Honecker, wie er unmittelbar nach dem Krieg versucht hatte, in seine saarländische Heimat zu gelangen, nachdem er von den Sowjettruppen aus seiner langen Nazihaft befreit worden war. Als inhaftierter Kommunist hatte er vom damaligen sowjetischen Oberkommandierenden Georgi Schukow eine „Putjowka", eine Reiseerlaubnis für ganz Deutschland erhalten. Obwohl der Ausweis die Unterschrift des legendären russischen Marschalls trug, sei er nicht weit gekommen. Kurz hinter Berlin hätten ihn Soldaten der Roten Armee über Nacht kurzerhand in einen Hühnerstall gesperrt.

Die Unterschrift von Schukow habe ihm da wenig geholfen. Danach kam er besser voran, insbesondere nachdem er die amerikanische Besatzungszone erreicht hatte. Die US-Soldaten seien entzückt gewesen, so Honecker, eine Rarität wie einen Ausweis in kyrillischer Schrift mit der Unterschrift von Marschall Schukow in den Händen zu halten. Sie hätten ihm sogar zu Mitfahrgelegenheiten verholfen. Gescheitert sei er schließlich am Übergang zur französischen Besatzungszone.

Abb.: Präsentation einer zweifelhaften Ausbeute

Inzwischen waren alle Diplomaten zurückgekehrt. Wie nicht anders zu erwarten, wurde Honecker zum erfolgreichsten Schützen ausgerufen. Das Halali wurde geblasen. Vor der allseitigen Abfahrt ließ es Honecker sich nicht nehmen, mir noch zu sagen, dass die DDR-Führung die volle Unterstützung der Bevölkerung habe. Dies habe sich auch am zustimmenden Jubel der Menschen gezeigt, als die DDR-Führung durch die Stadt Erfurt zur Jagd fuhr. Ich erlaubte mir die Bemerkung, dass er als ehemaliger FDJ-Chef sicher noch in Erinnerung habe, wie Jubel organisiert werden könne. Honecker reagierte nicht pikiert, sondern lud mich ein, mit ihm zurückzufahren und in seiner Gegenwart die Leute zu befragen, ob sie zum Jubeln einbestellt worden seien. Auf dieses Angebot habe ich schweigend verzichtet. Was hätten die befragten Menschen in Honeckers Anwesenheit sagen sollen!

Funkwellen überrollen das Regime

Die Presse in der DDR war dem SED-Regime vollkommen unterworfen. Als Teil des Machtapparats der Partei hatte sie keinen Spielraum, andere Meinungen zu vertreten oder gar Entscheidungen der Führung kritisch zu bewerten. Das Regime ließ nicht zu, dass die Presse eine Verbindung zwischen Fehlentwicklungen der Gesellschaft und der Politik der allmächtigen Parteiführung herstellte. Da es dem ersten Arbeiter- und Bauernstaat auf deutschem Boden schwerfiel, der Bevölkerung ein auskömmliches Leben anzubieten, verlor nicht nur das SED-Regime schnell das Vertrauen der Bürgerinnen und Bürger, sondern auch die DDR-Presse, weil sie auf die himmelschreienden Versorgungsschwächen nicht einging und stattdessen die für das Desaster zuständige Parteiführung mit Propagandahymnen übergoss.

Das von der SED erzwungene Versagen der DDR-Presse wäre möglicherweise noch länger von der Bevölkerung hingenommen worden, wenn es nicht gleich nebenan Westdeutschland und West-Berlin gegeben hätte, wo sich Wohlstand, persönliche Freiheit und effiziente Demokratie erstaunlich gut entwickelten.

Mauer und Stacheldraht sorgten dafür, dass die Menschen in der DDR mit der Entwicklung auf der anderen Seite des Eisernen Vorhangs keine unmittelbaren Erfahrungen machen konnten. Doch Funkwellen, die westliche Radio- und Fernsehsendungen bis weit hinein in die DDR trugen, ließen sich vom „antifaschistischen Schutzwall" nicht aufhalten. So bekamen die Bürgerinnen und Bürger östlich der Elbe mit, dass es ihren Landsleuten im Westen deutlich besser ging als ihnen. Es war klar, dass die DDR den Wettbewerb der beiden gegensätzlichen politischen Systeme auf die Dauer nicht gewinnen konnte, zumal der ostdeutschen Bevölkerung nicht entging, dass sich ihre

„Brüder und Schwestern" westlich der Elbe frei bewegen konnten, auch über die Staatsgrenzen hinweg, ohne sich mit Kritik an der Politik ihrer Regierung zurückhalten zu müssen.

Die *Tagesschau* war nicht nur in der Bundesrepublik, sondern auch in der DDR die beliebteste und meistgesehene Fernsehsendung. Wenn die Fanfare der Nachrichtensendung im Ersten erklang, desertierte Abend für Abend schlagartig der größte Teil der DDR-Bevölkerung ins Westfernsehen, wo die Menschen sich mit Informationen versorgten, die ihnen im eigenen Staat vorenthalten wurden. Das einzigartige Nebeneinander von zwei gegensätzlichen Gesellschaftssystemen, die sich in völlig entgegengesetzten Denk- und Verhaltensweisen ihrer Bürger ausdrückten, verlieh den Westsendern ARD, ZDF, RIAS und Deutschlandfunk einen enormen Einfluss auf die DDR-Bevölkerung. Wir verschafften uns bei ihr auch deshalb Ansehen, weil wir entgegen den Erwartungen (nicht zuletzt im Westen) nicht als Kommunistenfresser auftraten, sondern uns bemühten, sachlich und vorurteilsfrei zu berichten.

Politisch konnte das für das SED-Regime auf die Dauer nicht gut gehen. Meldungen in der *Tagesschau* oder in anderen Nachrichten aus dem Westen konnten heftige Reaktionen in der DDR auslösen, wie sich im Frühjahr 1979 zeigen sollte. Der DDR-Führung war ein Dorn im Auge, dass ein nicht unbeträchtlicher Teil der DDR-Bevölkerung über Valuta in Form von D-Mark verfügte, die ihnen von westdeutschen Besuchern überlassen worden waren. An dieses Geld wollte der an Devisen chronisch klamme sozialistische Staat herankommen. Deshalb wurde eine gesetzliche Regelung erlassen, die die DDR-Bürger verpflichtete, Valuta auf einer DDR-Bank gegen „Forumschecks" genannte Coupons einzutauschen. Mit ihnen sollten sie in sogenannten Intershops Waren einkaufen, die in den HO-Läden der Deutschen Demokratischen Republik nicht zu haben waren.

Der Plan wurde vorzeitig bekannt und gelangte über die *Tagesschau* in die Öffentlichkeit. Die betroffenen DDR-Bürger waren empört. Ihr Staat versagte ihnen die Reisefreiheit, nun wollte er ihnen auch noch die kostbaren Devisen abluchsen. Die Meldung war kurz (keine 30 Sekunden), ihre Wirkung enorm. Am nächsten Morgen verließen Tausende DDR-Bürgerinnen und -Bürger zwischen Erzgebirge und Ostsee ihre Arbeitsplätze, um mit ihrem spärlichen Westgeld in den Valuta-Shops ihrer Umgebung Kaffee, Tee, ausländische Spirituosen und auch Kleidung einzukaufen. Vor den Läden bildeten sich lange Schlangen schimpfender Menschen. Sie trauten ihrem Staat nicht und waren nicht bereit, ihre Westmark gegen Coupons einzutauschen.

Lutz Lehmann sprintete von unserem Büro in der Ost-Berliner Schadowstraße mit einem Kamerateam zum nächstgelegenen Valuta-Laden. Er filmte die stattliche Schlange, die sich draußen gebildet hatte. Die Menschen machten aus ihren Herzen keine Mördergruben. „Der Staat soll aufhören, seine Bürger zu entmündigen," wetterte eine Frau mittleren Alters mit graumeliertem Kurzhaarschnitt. Für ihre Offenherzigkeit musste sie bitter bezahlen. Wie wir später erfuhren, wurde sie verhaftet und wegen Hetze gegen die DDR zu einer längeren Gefängnisstrafe verurteilt, die sie in der berüchtigten Vollzugsanstalt Hoheneck zusammen mit Mörderinnen verbüßen musste. Obwohl wir alle möglichen Hebel in Bewegung setzten, konnten wir sie nicht in die Freiheit zurückholen.

Politbüro und Ministerium für Staatssicherheit müssen alarmiert gewesen sein. Eine kleine Meldung im Westfernsehen hatte ausgereicht, um viele Tausend Bürgerinnen und Bürger gegen eine Maßnahme der Regierung auf die Straße zu bringen. Statt gegen die offensichtlichen Ursachen – mangelhafte Versorgung und fehlende Pressefreiheit – anzugehen, reagierte das SED-Regime in gewohnter Weise: mit Repressionen gegen zornige Bürgerinnen und Bürger, was die Entfremdung vom Volk noch vergrößerte.

Das Regime schlägt zurück:
Neue Durchführungsbestimmung

Gerechterweise muss festgestellt werden, dass das SED-Regime keine realistische Chance hatte, komplett auf gute Versorgungslage und Pressefreiheit umzusteuern. Dazu hätte es entsprechender Vorgaben durch die Führungsmacht Sowjetunion bedurft. Dies war in der Breschnew-Ära nicht zu erwarten. In seiner Ohnmacht sah das Ost-Berliner Regime nur die Option, die Westkorrespondenten, die mit ihrem unberechenbaren Selbstverständnis die sozialistische Friedhofsruhe der DDR störten, unter völlige Kontrolle zu bringen. Die Reaktion auf das Valuta-Desaster folgte zum Osterfest 1979.

Den in Ost-Berlin akkreditierten Diplomaten und Korrespondenten aus anderen Staaten bot der sozialistische Staat gegen Westgeld Ferienunterkünfte zu erträglichen Preisen an. Für die Osterfeiertage hatten wir ein solches Quartier an einem See bei Rheinsberg in Brandenburg gemietet. Das Häuschen galt nach dem DDR-Sprachgebrauch als „Datsche". Es war schlicht, aber ordentlich in Schuss und, wie sich später herausstellte, luxuriös mit Mikrofonen ausgestattet, wovon wir ausgegangen waren. Der Umstand machte uns nicht zu schaffen, da wir an verwanzte Wohnverhältnisse gewöhnt waren.

Meine Frau war von der „Fontanelandschaft" entzückt. „Perfekt", meinte sie und freute sich auf Fontanes Buch „Wanderungen durch die Mark Brandenburg". Gemeinsam übten wir uns im Windsurfen, was im Westen gerade in Mode kam, aber bei Windstille auf dem Brandenburgischen Waldsee nicht so leicht zu erlernen war, wie ich bei meinen Versuchen feststellen musste. Die DDR-Bürger, die um den See wanderten, hatten jedenfalls ihren Spaß, wenn der im Fernsehen scheinbar souverän auftretende Westkorrespondent vor ihren Augen ein ums andere Mal fluchend und ungelenk in den See purzelte.

Die Objektleitung versorgte uns mit dem *Neuen Deutschland*, das als Osterbescherung ungewohnt spannende Lektüre zu bieten hatte. Unter dem trockenen Titel „Neue Durchführungsbestimmung zur Journalistenverordnung" wurde haarklein dargelegt, was wir Korrespondenten aus anderen Staaten künftig zu beachten hatten. Praktisch für jedes journalistische Vorhaben war eine Genehmigung des DDR-Außenministeriums einzuholen. Dies galt insbesondere für Interviews jedweder Art. Jede Dienstfahrt außerhalb Berlins war 24 Stunden vorher anzumelden.

Eigentlich konnten wir als Korrespondenten in der DDR einpacken. Wir waren auf null geschaltet. „Arschlöcher!", meinte meine Frau und fand ihre Ausdrucksweise selbst vor unseren drei Kindern vertretbar. Widerspruch erntete sie nicht. „Lasst uns trotzdem die schöne Landschaft genießen", sagten wir uns.

Lutz Lehmann meldete sich. Ohne familiäre Verpflichtungen hielt er über Ostern Stallwache im Studio an der Schadowstraße. Wir waren uns einig. Zu dem „Mist" äußern wir uns als Betroffene vorerst nicht. Diese Aufgabe sollte die *Tagesschau* übernehmen, was sie auch tat. In aller Sachlichkeit wurde das Unwesen der dritten Durchführungsbestimmung beschrieben. Die Empörung überließ die Redaktion anderen: der Bundesregierung, den Intendanten von ARD und ZDF sowie den Verlegern. Es meldeten sich noch viele andere zu Wort. Die *Tagesschau* hatte Mühe, alle Stellungnahmen in der Sendung unterzubringen.

Beiläufig erwähnte Lutz Lehmann, dass Günter Gaus uns Korrespondenten aus der Bundesrepublik und Berlin (West) direkt nach Ostern zum Gedankenaustausch in die Ständige Vertretung einlud.

Als Günter Gaus 1974 sein Amt als Ständiger Vertreter der Bundesrepublik Deutschland in Ost-Berlin antrat, hatte er Millionen Anhänger westlich und östlich der Elbe. Sie schätzten seine Fernsehsendungen „Zur Person" und „Zu Protokoll", in denen er prominente Zeitgenossen zum Wesen ihres Denkens und Handelns befragte. Er behandelte alle gleich. Die Großen der Politik ebenso wie die Empfindsamen aus Kunst und Kultur, mochten sie Willy Brandt, Helmut Kohl oder Hannah Arendt heißen.

Günter Gaus unterstützte die Ostpolitik von Willy Brandt und Egon Bahr, was bei seiner Popularität der Sache gut bekam, zumal er vor seinem Wechsel in die Politik auch noch Chefredakteur des einflussreichen Magazins *DER SPIEGEL* war. 1973 wurde er Staatssekretär im Bundeskanzleramt. Wenig später übertrug ihm Bundeskanzler Willy Brandt die Leitung der Ständigen Vertretung der Bundesrepublik Deutschland in der DDR als schwierigste diplomatische Aufgabe, die er zu vergeben hatte. Für Günter Gaus wurde daraus eine Passion. Er gab aus seiner Position alles, um die durch Mauer und Minenfelder getrennten Deutschen einander näherzubringen.

Der Vertreter der BRD führte ein offenes Haus. Ausgerechnet er als Repräsentant des westdeutschen Klassenfeinds brachte Farbe ins graue Gesellschaftsleben des sozialistischen Staates DDR. Wer zu den Empfängen von Günter Gaus eingeladen wurde, fühlte sich geehrt und kam gerne, denn er traf auf eine interessante Gesellschaft. Systemrelevante Funktionäre wie Kulturminister Klaus Höpcke oder Hermann Kant, der Präsident des DDR-Schriftstellerverbandes, konnten aus den Augenwinkeln beobachten, dass sich mit ihnen auch regimekritische Autoren wie die Liedermacherin Bettina Wegner, die Dichterin Sarah Kirsch, der Dichter Günter Kunert, die Schriftstellerin Monika Maron wie auch die Schriftsteller Stefan Heym, Jurek Becker, Klaus Poche, Rolf Schneider, Joachim Seyppel und Klaus Schlesinger im selben Raum befanden. Gelegentlich schauten auch prominente Gäste aus dem Westen vorbei, wie Joseph Beuys, Günter Grass und Klaus Staeck, was die Empfänge quasi zu gesamtdeutschen Ereignissen und somit für viele Gäste noch lohnender machte.

Wir Korrespondenten suchten die Ständige Vertretung nicht nur wegen der Empfänge auf. Das unauffällige Haus an der Hannoverschen Straße war auch sonst eine ergiebige Anlaufstelle. Die Mitarbeiterinnen und Mitarbeiter waren in der DDR viel unterwegs, sie wussten eine Menge. Es lohnte sich, mit ihnen Erfahrungen auszutauschen. An Stoff fehlte es nicht, wozu auch die neue Durchführungsbestimmung zur Journalistenverordnung zählte. Günter Gaus zog sich mit uns in die „Laube", einen abhörsicheren Raum des Gebäudes, zurück. Die Sicherheitsmaßnahme war im Grunde überflüssig. Was uns der Ständige Vertreter mitzuteilen hatte, konnte sich die Stasi auch ohne Lauschangriff ausrechnen. Viel Hoffnung machte uns Günter Gaus nicht. Trotz der massiven Proteste würde Ost-Berlin nichts von den neuen Bestimmungen zurücknehmen. Davon waren wir auch ausgegangen.

Abb.: Zwei Westdeutsche in Ost-Berlin: Klaus Staeck und Joseph Beuys

Lutz Lehmann und ich wurden zur Lagebesprechung zum WDR nach Köln gebeten. Intendant von Sell hatte die Durchführungsbestimmung sorgfältig gelesen. Da das Dekret bei Zuwiderhandlungen auch für uns Korrespondenten drastische Gefängnisstrafen vorsah, fragte er sich, ob er unsere Tätigkeit in einem offensichtlich entfesselten Willkürstaat weiter verantworten konnte. Wir sahen die Gefahr nicht so drastisch und wollten erst einmal austesten, was uns als sinnvolle Berichterstattung noch übrigblieb.

Am Abend zogen Lutz Lehmann und ich uns in ein italienisches Restaurant zurück. Das schmackhafte Essen und guter Wein befeuerten unsere Gedanken. Am Ende hatten wir die Lösung. „Wir bleiben, lassen die Politik der SED links liegen und verlegen den Schwerpunkt unserer Berichterstattung auf die Beschreibung der Regionen, deren Kultur und Geschichte." Von Sell segnete unseren Plan ab.

Das Außenministerium der DDR war deutlich schwerer zu überzeugen. Unser Antrag, die beliebte Ferieninsel Rügen in einem Filmportrait vorzustellen, wurde mit tiefem Misstrauen entgegengenommen. Wir bekämen zu gegebener Zeit Bescheid. Das Frühjahr ging dahin, der Sommer ebenso und auch der Herbst. Dann kam die erlösende Nachricht. Im Wonnemonat Januar seien wir auf Rügen willkommen, für vier Tage. Immerhin!

Wir konnten unser Glück kaum fassen. Beste Drehbedingungen konnten wir nicht erwarten. Die Tage waren extrem kurz. Hell wurde es spät, dunkel dafür früh. Nebel war im Januar eine vorherrschende Wetterlage. Unter solchen Verhältnissen konnten wir wenig Schaden anrichten, so das Kalkül des Außenministeriums. Fürsorglich, wie die Presseabteilung war, legte sie noch nach. Ein Fischer, ein Bauer und ein Heimatforscher stünden zu Auskünften zur Verfügung. Wir mochten das großherzige Angebot nicht ablehnen.

Die Rechnung des Außenministeriums schien aufzugehen. Als wir in aller Herrgottsfrühe des ersten Drehtages auf die Insel fahren wollten, hätten wir fast die Brücke verpasst. So neblig war es. Selbst die Stasi verlor uns wegen der schlechten Sicht zeitweise aus den Augen, was wir nicht als Erschwernis empfanden. Wir waren mit zwei Kamerateams unterwegs und zogen mit Kamera und Ton getrennt über die Insel. Erst am Abend trafen wir uns wieder, um Bilanz unserer Dreharbeiten zu ziehen.

An die Auflagen der neuen Durchführungsbestimmung hielten wir uns nicht. Die Rügener machten mit. Wir baten sie, sich zwanglos zu unterhalten, auch über Alltagsprobleme. So kamen wir zu brauchbaren Aussagen. Das Wetter besserte sich. Am letzten Tag wurde es herrlich. Jetzt kam es auf uns an, die unerwartete Chance zu nutzen, mit vollem Körpereinsatz. „Wie Adolf Hennecke!", feuerten wir unsere Teams an. Da Hennecke und sein Ruhm mit der DDR untergegangen sind, hier ein paar Angaben zu seiner Person.

Hennecke wurde in der DDR als Bestarbeiter gefeiert, was ihn im Laufe der Zeit zu einer Witzfigur machte. 24,4 Kubikmeter Kohle hatte er in einer Schicht gebrochen. Angeblich. 6,3 Kubikmeter waren vorher die Norm gewesen. Unsere Teams übertrafen sich ebenso rekordverdächtig, aber auf andere Weise. Dinge, für die normalerweise Tage benötigt wurden, schafften sie in wenigen Stunden. Der Staatssicherheitsdienst hatte viel zu tun, um unseren getrennt operierenden Kohorten auf den Fersen zu bleiben. Uns störte das Pflichtbewusstsein der Stasi nicht. Als wir Rügen verließen, hatten wir genügend Bilder eingesammelt, um die Insel unter verschiedensten Lichtverhältnissen vorzustellen.

Der Frust der ersten Tage war verflogen. „Rügen – kein Wintermärchen" nannten wir unsere Fleißarbeit. Sie kam beim Publikum im Westen gut an, wie sich an den Einschaltquoten zeigte. Die Redaktionen erbaten weitere Kostproben. So arbeiteten wir uns durch die Deutsche Demokratische Republik. Erzgebirge, Thüringer Wald, Eichsfeld, Harz, Dresden, Mansfelder Land und Usedom waren unsere nächsten Stationen. Auch die kundige Ostbevölkerung fand Gefallen an unseren Reisereportagen. Sie freute sich über das Interesse des Westfernsehens an ihrer jeweiligen Region. Unsere ostdeutschen Landsleute fühlten sich wahrgenommen und nicht vergessen. Das war die eine Seite.

Und die andere? Für unser westdeutsches Publikum waren unsere Reportagen Entdeckungsreisen in die deutsche Kultur und Geschichte. Unsere Berichte sahen harmlos aus, waren aber in ihrer Wirkung hochpolitisch, weil sie das Zusammengehörigkeitsgefühl der Deutschen nicht nur wachhielten, sondern auch stärkten. Unsere Strategie ging auf. Wie wir unseren Akten später entnehmen konnten, war die Stasi vor Ort zur gleichen Erkenntnis gekommen. Allerdings eher mürrisch.

Ausgetrickst: Wütender Mielke

Zu den internationalen Höhepunkten im Leben der DDR zählten die Industriemessen in Leipzig. Zweimal im Jahr fanden sie statt, im Frühjahr und im Herbst. Für Partei- und Staatschef Erich Honecker ein zwingender Grund, den Ausstellern aus Ost und West mit großer Corona seine Aufwartung zu machen. Der hohe Anlass wurde vom DDR-Außenministerium zu einem Gnadenakt genutzt. Die Durchführungsbestimmung wurde vorübergehend gelockert. Wir Korrespondenten aus anderen Staaten hatten die Pauschalgenehmigung, Messebesucher, auch aus der DDR, zu interviewen.

Eigentlich sollte es nur um Fragen gehen, die sich um die Messe drehten. Natürlich wollten wir mehr wissen. Mit ein bisschen Phantasie ließ sich das hinkriegen, zumal die DDR-Bürger sich nicht veralbert fühlten, wenn sie mit Messebezug gefragt wurden, wie sie ihre Versorgungslage und ihre Reisemöglichkeiten fanden. „Unwürdig!", war die höflichste Antwort. Die Wiedervereinigung der beiden deutschen Staaten fanden sie wünschenswert, selbst mit Messebezug. Das DDR-Außenministerium fühlte sich reingelegt und hatte mit dieser Einschätzung nicht unrecht.

Mit der Leipziger Messe verbinden mich auch andere Erinnerungen. In Sicherheitsfragen machte die DDR keine Kompromisse. Wenn Erich Honecker mit seinem Gefolge den obligatorischen Rundgang auf der Leipziger Messe absolvierte, wurden die Hallen von zweifelhaften Besuchern gesäubert. Dazu zählten wir Westkorrespondenten. Obwohl wir von einem Vertreter des Außenministeriums beaufsichtigt wurden, flogen wir aus der Halle. Der Wiedereintritt wurde uns verwehrt. Der Mann vom Außenministerium wurde mit uns abgewiesen, was seinem Ansehen bei uns nicht gut tat.

Mir kam eine Idee. Ich schlug vor, einen anderen Eingang zu wählen, vor dem ebenfalls ein Posten der Staatssicherheit Stellung bezogen hatte. Er stand da wie die Abweisung in Person! Ich zückte meinen sowjetischen Führerschein, sagte forsch: „Sowjetskaja Delegazia!" Knallrot, verziert mit Hammer und Sichel, dem Wappen der Sowjetunion, hielt ich ihn dem Stasimann unter die Nase. Das reichte. Nicht nur für mich, sondern für die ganze Gruppe, auch für den Vertreter des Außenministeriums.

Dummerweise konnte ich meinen Triumph nicht für mich behalten. Nach den vielen Zumutungen, die uns die neue Durchführungsbestimmung beschert hatte, musste ich dem Mann vom DDR-Außenministerium unbedingt unter die Nase reiben, wie leicht ein Obrigkeitsstaat hereingelegt werden kann. Ich reichte ihm meinen sowjetischen Ausweis mit der kyrillischen Aufschrift „Woditelskoje Udostoverenie", darunter in Französisch „Permis de conduire", zu Deutsch Fahrerlaubnis. Ein Kollege warnte mich. „Das werden die dir nie vergessen". Er sollte recht behalten, aber in diesem Augenblick siegte die Genugtuung über den Verstand. Karl-Heinz Baum von der Frankfurter Rundschau brachte in seinem Messebericht einen humorvollen Absatz über die Wirkung eines sowjetischen Führerscheins auf den Personenschutz von Erich Honecker in seiner Zeitung unter. Erich Mielke soll ziemlich ungehalten gewesen sein, als er erfuhr, dass sein Dienst – Schwert und Schild der Partei – ganz simpel ausgetrickst wurde.

Lutz Lehmann und die Blutkamera

Mit den Sicherheitskräften der DDR, ob uniformiert oder zivil, lagen wir ständig über Kreuz. Lutz Lehmann hatte dafür eine besondere Fähigkeit entwickelt. Eines Nachts schellte er an unserer Wohnungstür. Er habe stundenlang auf einer Wache der Deutschen Volkspolizei gesessen. Was war geschehen? Zu später Stunde war mein Kollege mit seinem Wagen am Alexanderplatz vorbeigefahren, wo Jugendliche und Polizei aneinandergeraten waren. Lehmann stellte seinen Wagen vorschriftsmäßig ab und holte aus dem Kofferraum eine kleine semiprofessionelle Filmkamera, um Aufnahmen von dem Tumult zu machen, an dem Anhänger des beim Volk beliebten Fußballklubs Union Berlin mit Lust beteiligt waren.

Als Lehmanns Tun entdeckt wurde, gingen kräftige Gestalten in Zivil auf ihn los. Es gelang ihm noch, die Kamera in den Kofferraum zu werfen und den Wagen abzuschließen. Dabei verletzte er sich leicht am Finger, was einen kleinen Blutfleck auf der Kamera hinterließ, worauf sie bei uns nur noch die „Blutkamera" hieß. Die Angreifer forderten die Herausgabe der Kamera, unbeeindruckt forderte Lehmann seinerseits, die Ausweise der Zivilisten zu sehen, die er zu Recht dem Staatssicherheitsdienst zuordnete. Als sie seiner Aufforderung nicht nachkamen, begab sich Lehmann in die nahe gelegene Wache der Deutschen Volkspolizei, um Anzeige gegen Unbekannt wegen versuchten Raubes in Tateinheit mit Körperverletzung zu erstatten.

Dem Volkspolizisten, der die Zusammenhänge gleich erkannte, war unbehaglich zumute. Er schlug dem westdeutschen Korrespondenten vor, auf die Anzeige wegen Geringfügigkeit zu verzichten. Aber er kannte Lehmann schlecht. Mein

Kollege belehrte den Beamten, die DDR halte sich zugute, ein Rechtsstaat zu sein. Ein Rechtsstaat müsse auch die Sicherheit von Menschen aus anderen Staaten gewährleisten. Nach langem Hin und Her ging es an die Protokollaufnahme. Am Schluss ließ sich Lehmann vorlesen, was der Volkspolizist auf seiner Schreibmaschine mit zwei Durchschlägen protokolliert hatte. Der Korrespondent war mit dem Text nicht einverstanden, der Volkspolizist hingegen mit seinen Nerven am Ende. Er weigerte sich, ein weiteres Protokoll zu schreiben. Lehmann verließ die Wache mit der Drohung, beide deutsche Regierungen über den Zwischenfall zu informieren. Ich bat ihn, aufzuschreiben, was ihm widerfahren war, damit ich das Außenministerium der DDR gleich am nächsten Morgen unterrichten konnte. Gleichzeitig ließen wir beim SFB den Film aus Lehmanns „Blutkamera" entwickeln. Unser Kameramann kümmerte ich darum. Er teilte mir vertraulich mit, dass auf dem Film nichts drauf war. Lutz Lehmann hatte in der Hast die falschen Hebel bedient. Ein Rückschlag. Mehr nicht!

Dessen ungeachtet übermittelte ich als Studioleiter dem DDR-Außenministerium Lehmanns Beschwerde gegen den Staatssicherheitsdienst. Der Mitarbeiter in der Abteilung „Journalistische Beziehungen" reagierte merkwürdig verhalten. Wir redeten aneinander vorbei. Mir ging es um den Schutz von Korrespondenten, dem Ministeriumsvertreter um die Frage, ob mein Kollege gefilmt hatte. Das konnte ich bestätigen. Nach dem Resultat fragte er nicht. Mir wurde schnell klar, das Regime wollte jedwede gewalttätige Auseinandersetzung zwischen Bürgern und Staatsmacht in Abrede stellen. Bilder vom Zusammenstoß auf dem Alexanderplatz wären da sehr ungelegen gekommen.

Das Westradio berichtete bereits darüber. Handfester Widerstand der werktätigen Bevölkerung gegen das Regime, das passte nicht zum Bild des ersten Arbeiter- und Bauernstaats auf deutschem Boden, es roch nach 17. Juni. In scheinbarer Offenheit teilte ich dem DDR-Außenministerium mit, wir wollten das Filmmaterial jetzt nicht veröffentlichen, weil es sich aus unserer Sicht eher um eine heftige Auseinandersetzung als um einen Aufstand handelte. Das Ministerium nahm meine Mitteilung zur Kenntnis. Wir blieben bis zum Ende unserer DDR-Tage bei der Legende, dass wir Filmaufnahmen von dem Zusammenstoß auf dem Alexanderplatz im Archiv aufbewahrten, die gegebenenfalls veröffentlicht werden konnten. Mit dem Untergang der DDR geriet das Geschehen um die „Blutkamera" in Vergessenheit.

Der Rechtsanwalt Wolfgang Vogel war mir schon lange ein Begriff. 1962 hatte er einen spektakulärem Agentenaustausch zwischen den verfeindeten Supermächten USA und Sowjetunion zustande gebracht. Die Weltpresse war zugegen, als der amerikanische Luftwaffenpilot Francis Gary Powers und der sowjetische Topagent Rudolf Abel auf der Glienicker Brücke im Minutenabstand in die Obhut ihrer jeweiligen Seite marschierten. Von Ost nach West der eine, von West nach Ost der andere.

Powers war auf einem Spionageflug über die Sowjetunion abgeschossen worden. Abel war in den USA nach jahrelanger Arbeit für die Sowjetunion als erfolgreicher Spionagenetzwerker verhaftet worden.

Auch nach 1962 fehlte es Wolfgang Vogel nicht an interessanten Aufgaben. Da die DDR Spionage im Weltmaßstab betrieb, kam der Anwalt in den Genuss, in Länder zu reisen, von denen DDR-Bürger nur träumen konnten. Bis zum Ende der DDR war er am Austausch von 150 Agenten aus 23 Ländern beteiligt. Daneben spezialisierte er sich auf den Freikauf von politischen Häftlingen.

Wolfgang Vogel lernte ich sehr bald nach meiner Ankunft in Ost-Berlin kennen. In unserem Büro in der Schadowstraße war ein Anruf eingegangen, der eine Demonstration vor der Neuen Wache ankündigte. Wir wussten nicht, ob es sich um eine Provokation handelte. Der Tatort war nicht weit entfernt. In wenigen Minuten waren wir da. Ein junger Mann hielt ein Plakat hoch, auf dem er seine Ausreise aus der DDR forderte. Die Aktion dauerte nur Sekunden. Genug für unseren Kameramann, um die Szene im Bild festzuhalten. Der junge Mann wurde von Sicherheitskräften in Zivil überwältigt und ins Zeughaus nebenan geschleppt. Die Bilder wurden von der *Abendschau* des SFB ausgestrahlt. Später auch in anderen Sendungen.

Das Schicksal des Demonstranten konnte uns nicht egal sein. Offiziell war nichts zu erfahren. Ich sollte mich an den Anwalt Dr. Vogel wenden, wurde mir geraten. Die Adresse lag unserem Büro vor. Ich fuhr zu seiner Kanzlei in der Reiler Straße 4. Das Wartezimmer war gut besetzt. Vogel hatte ich mir als aalglatten, mit allen Wassern gewaschenen Anwaltstypen vorgestellt, wie man sie in Mafiafilmen zu sehen bekommt.

Mich empfing ein freundlicher Mann, der mit seinen hellen blauen Augen einen geradezu treuherzigen Eindruck machte. Ich musste ihm nicht viel erklären. Der Fall war ihm bekannt. Die Eltern des jungen Mannes hatten ihn bereits aufgesucht. Mit Besuch aus der kanadischen Botschaft rechne er auch noch. Der Demonstrant wolle zu Verwandten nach Kanada ausreisen. Ich erklärte Vogel, wir könnten in dem Fall nicht lockerlassen. Das öffentliche Interesse am Schicksal des jungen Mannes sei groß. Wir könnten gar nicht anders, als die Bilder von der Festnahme in Wochenabständen zu veröffentlichen. Vogel sagte, das sei eine interessante Information. Er werde sie gegenüber dem MfS, dem Ministerium für Staatssicherheit, zur Sprache bringen. Das war wiederum in meinem Interesse.

Vermutlich wusste Vogel aus Erfahrung, dass wir die Kampagne nicht lange durchhalten würden. Er bat um Geduld. Die Sache sei nicht von heute auf morgen zu erledigen. Vogel hat Wort gehalten. Der junge Mann wurde zwar zu einer Gefängnisstrafe verurteilt, aber vorzeitig entlassen. Mit Hilfe von Vogel reiste er nach West-Berlin aus.

Nicht immer waren unsere Besuche bei Anwalt Vogel von Erfolg gekrönt. In manchen Fällen kamen wir überhaupt nicht weiter. Das galt insbesondere für die Frau, die wegen ihrer freimütigen Äußerungen vor dem Intershop verhaftet worden war. Ihr Schicksal lag wie ein Schatten über unserer gesamten

Korrespondentenzeit. Was sie gesagt hatte, war keine Kriegs-erklärung gegen die DDR. Trotzdem wurde sie von ihrem Staat brutal um ihre Freiheit gebracht. Vogel hatte uns von Anfang an wenig Hoffnung gemacht. Das MfS ließe in diesem Fall nicht mit sich reden. Auch die Interventionen der Ständigen Vertre-tung halfen nicht weiter. Vermutlich wollte die Stasi uns eine Lektion erteilen, die Menschen nicht mit aufsässigen Bemer-kungen einzelner DDR-Bürger aufzuwiegeln.

Im Laufe der Jahre sollten wir noch mehrfach mit Wolfgang Vogel zu tun haben. Meist ging es um Ausreisewünsche, die uns von DDR-Bürgern oder deren Verwandten zugesteckt wur-den. Aber auch in Angelegenheiten unseres Studios war Vogel ein hilfreicher Ansprechpartner. Die Drehgenehmigung bei der Jagd der Diplomaten hatte er beschafft. In einem anderen Fall ging es um einen Oberstleutnant der DDR-Grenztruppen.

Der Fall Rauschenbach:
Ein Offizier klettert über den Zaun

Klaus-Dieter Rauschenbach war Kommandeur des DDR-Grenz-regiments 3, benannt nach dem Bauernkrieger Florian Geyer. Am 2. Juni 1980 sorgte Rauschenbach an der Grenze in der Nähe von Dermbach in Thüringen für ein besonderes Kapitel in der deutsch-deutschen Geschichte. Ihm drohten Maßregelungen durch seine Vorgesetzten wegen verschiedener Disziplinlosig-keiten in seiner Einheit. Rauschenbach bestellte seinen Fahrer, um eine Inspektionsfahrt über den sogenannten Kolonnenweg entlang der Grenze zu unternehmen. Irgendwann ließ er den Wagen dicht am Grenzzaun anhalten. Wie er vorgab, hatte er hinter dem Zaun einen umgefallenen Grenzstein entdeckt.

Rauschenbach kletterte auf das Dach des Autos, zog sich am Zaun hoch und sprang auf der anderen Seite herunter. Ziel-strebig überquerte er die Staatsgrenze und begegnete Bauern, die den Bundesgrenzschutz informierten. Der traf alsbald ein. Bereits wenige Stunden später befand sich Oberstleutnant Rau-schenbach in der Obhut des westdeutschen Bundesnachrichten-dienstes BND. Der Fall erregte beträchtliche Aufmerksamkeit; jedenfalls westlich der deutsch-deutschen Grenze, während die Medien der DDR die schmähliche Demütigung ihres Staates schamvoll verschwiegen.

Doch das Blatt sollte sich überraschend wenden. Zwei Tage später sickerte durch, dass Klaus-Dieter Rauschenbach in Be-gleitung seiner Ehefrau und Rechtsanwalt Vogel wieder in die DDR zurückgekehrt sei. Nur 56 Stunden hatte er unsere Freiheit ausgehalten. Das warf natürlich Fragen auf, die vom zuständi-gen Bundeskanzleramt ausweichend beantwortet wurden. Dort flüchtete man sich in die Sommerpause. Die Medien und auch die Opposition ließen aber nicht locker. Im September ging es wieder los.

Report München, das politische Magazin des Bayerischen Rundfunks, nutzte seine räumliche Nähe zum Bundesnachrichtendienst, um dem Bundeskanzleramt mit Informationen aus Pullach Feuer zu machen. So kam heraus, dass BND-Chef Klaus Kinkel dringend von der Rückkehr des entlaufenen DDR-Offiziers abgeraten hatte. Vier-, fünfmal habe er vergeblich beim Staatsminister im Bundeskanzleramt Gunter Huonker angerufen, wusste *DER SPIEGEL* zu berichten. Die kritischen Fragen kamen der Bonner Regierung sehr ungelegen, denn sie war gerade dabei, einen Besuch von Bundeskanzler Helmut Schmidt in der DDR vorzubereiten.

Sein Pendant im Osten, Erich Honecker, sehnte sich ebenfalls danach. Seit Jahren war an diesem Treffen gearbeitet worden. Mal standen innenpolitische Probleme dagegen, mal war es die Großwetterlage in der internationalen Politik. Nun sollte es endlich klappen. Doch zuvor gab es zum Fall Rauschenbach berechtigte Fragen. Immerhin war er der bis dahin ranghöchste DDR-Offizier, der Fahnenflucht beging. Wo war er nach seiner Rückkehr in die DDR geblieben? Man hatte nichts mehr von ihm gehört. Wie kann man einen Menschen, der bei uns Zuflucht gesucht hatte, einem Unrechtsstaat ausliefern? Lebte er überhaupt noch? Saß er im Gefängnis oder war er bereits exekutiert worden? Dieser DDR war alles zuzutrauen.

Die finsteren Vermutungen waren nicht aus der Luft gegriffen. Zum gleichen Zeitpunkt – im Juni 1981 – wurde Werner Teske, Doktor der Finanzökonomie und Hauptmann des Staatssicherheitsdienstes, wegen Spionage und versuchter Fahnenflucht heimlich und heimtückisch mit einem Genickschuss exekutiert. Die Hinrichtungsstätte war eine umgebaute Hausmeisterwohnung in der Leipziger Arndtstraße. Wir wussten damals davon nichts. Der Fall ist erst nach der Deutschen Einheit bekannt geworden. Da das Todesurteil gegen gültiges DDR-Recht ausgesprochen worden war, wurden der Militärrichter und der Militärstaatsanwalt 1998 von einem Berliner Gericht zu vier Jahren Gefängnis verurteilt.

Im Fall Rauschenbach wurde ich von unseren Redaktionen gebeten, der Sache nachzugehen. „Nichts leichter als das", war mein erster Gedanke. Mein Antrag auf Genehmigung eines Interviews mit Oberstleutnant Rauschenbach, um mit ihm über seine Flucht und seine Rückkehr in die DDR zu sprechen, wird sicher beim DDR-Außenministerium erfreut aufgenommen, dachte ich selbstironisch und blitzte wie erwartet ab. Wieder begab ich mich in die Reiler Straße 4 zu Rechtsanwalt Vogel.

Rechtsanwalt Vogel fand meinen Wunsch, mich mit Klaus-Dieter Rauschenbach zu treffen, überhaupt nicht abwegig. Rauschenbach sei nach seiner Rückkehr anständig behandelt worden, sagte er mir. Ihm drohten auch künftig keine Strafen. Das könne er garantieren. Ein Interview könnte vieles klären. Ich solle meinen Antrag beim DDR-Außenministerium wiederholen, riet er mir. Ich erneuerte mein Begehren. Auf der anderen Seite tat sich auch etwas, was ich allerdings nicht mitbekam. Es wurde auf höchster Ebene (Parteiführung, Staatssicherheit, Verteidigungsministerium) beraten, wie mit meiner Anfrage umzugehen sei. Das brauchte seine Zeit, wie ich später in den MfS-Akten nachlesen konnte. Nach ein paar Wochen teilte mir die Abteilung des Genossen Meyer mit, meinem Antrag sei stattgegeben worden. Ich solle mich am 22. Oktober mit einem Kamerateam nach Leipzig in die Hans-Marchwitza-Straße begeben.

Die Anfahrt war für uns außergewöhnlich. Auf der gesamten Strecke keine Beschattung durch die Staatssicherheit! Unterwegs fragte ich mich: Werde ich hier instrumentalisiert? Aber von wem? Von der DDR-Führung oder dem Bundeskanzleramt oder von beiden? Ich erwartete, dass die Stasi das Ehepaar Rauschenbach für das Interview intensiv trainiert hatte. Ich lag mit meiner Vermutung nicht falsch. Mein Auftreten und meine Fragemethoden wurden dem armen Rauschenbach eingebimst, ebenso Tricks, wie unbequemen Fragen auszuweichen sei. Ein Diplompsychologe wurde hinzugezogen.

Die Abteilungen II und III sorgten während meines Aufenthalts in Leipzig für die „operative Absicherung", sodass nichts Unvorhergesehenes dazwischenkommen konnte. Von all dem Aufwand wusste ich nichts. Bewusst war mir allerdings, dass ich die Wahrheit nicht herausfinden würde. Aber ein Zurück gab es nicht. Ich hatte den Antrag gestellt. Nun musste ich die Sache durchziehen, auch im Interesse der Öffentlichkeit auf beiden Seiten, tröstete ich mich.

In der Marchwitza-Straße 24 begrüßte das Ehepaar Rauschenbach mich und mein Team in demonstrativer Eintracht. Die Interviewzusage hatte ich vom DDR-Außenministerium erhalten, nach der Rechtsordnung der Deutschen Demokratischen Republik. Unseren Gepflogenheiten entsprach das nicht. Um das deutlich zu machen, fragte ich das Ehepaar vorab, ob es mit der Befragung durch mich einverstanden sei. Herr und Frau Rauschenbach waren es. Ich erklärte, dass ich ein Interview führen werde und kein Verhör. Es ginge mir um vier Komplexe, die ich kurz aufzähle. Warum Rauschenbach geflüchtet sei, wie es ihm im Westen ergangen war, warum er wieder in die DDR zurückgekehrt sei und wie er seitdem behandelt wurde.

Ein Interview für ein journalistisches Lehrbuch wurde es nicht. Ich hatte mich darauf eingestellt, dass Rauschenbach das Interview, wenn es für ihn eng würde, mit Hinweis auf seine angeschlagene Psyche abbrechen würde. Ich setzte deshalb nicht robust nach, wenn etwas offen blieb. Und offen blieb viel. Ich wollte unbedingt bis zu meiner Schlussfrage kommen, wie er nach seiner Rückkehr behandelt wurde. Mit Rauschenbach redete ich nicht wie ein Reporter, sondern eher wie ein Psychotherapeut.

Klaus-Dieter Rauschenbach saß mir in Zivilkleidung gegenüber. Er war bereits in den Ruhestand versetzt worden, wie er am Ende des Interviews dokumentierte. Seinen Übersteiger in die Bundesrepublik begründete er mit einem psychischen Ausnahmezustand, hervorgerufen durch persönliche Konfliktsituationen, für die er keine Lösungen gefunden habe. An Einzelheiten könne er sich nicht erinnern. Der Gedächtnisschwund ist ihm sicher angeraten worden.

Mir ist bis heute ein Rätsel, wie der 1,68 Meter große Mann über den drei Meter hohen Zaun gekommen ist. Dazu hätte ich gerne mehr erfahren. Selbst wenn er sich auf das Dach seines Trabbi Kübels gestellt hat, hätte er sich nicht ohne Hilfsmittel über den scharfkantigen Zaun hieven können. Ein Bauer hätte ihn, so Rauschenbach, an den Bundesgrenzschutz vermittelt, als er nach Überqueren der Staatsgrenze durch Feld und Wald irrte.

Am nächsten Morgen habe er sich in der Obhut des Bundesnachrichtendienstes in München befunden. Konkrete Angaben, was bis dahin passierte, könne er nicht machen. Als er wieder zu sich gekommen sei, habe er sofort den Wunsch gehabt, in die DDR zurückzukehren. Deshalb habe er mit seiner Frau bald nach ihrer Ankunft im Auto von Rechtsanwalt Vogel die BRD verlassen.

Zwischendurch fragte ich Frau Rauschenbach, wie sie es bei ihrem kurzen Aufenthalt in Pullach geschafft habe, ihren Mann zur sofortigen Rückkehr zu bewegen. Sie habe ihm gesagt, er könne die Familie nicht allein lassen. Der Staat habe ihm alles gegeben. Er brauche keine Angst zu haben. Er werde nicht bestraft. Das habe man ihr zugesichert. Darauf könne er sich verlassen.

„Wie soll es nun weitergehen?", wollte ich wissen. Er sei normal in die Reserve versetzt worden, teilte Rauschenbach mit, als sei er ein ganz üblicher Fall gewesen. Zum Beweis wurde eine Urkunde hervorgeholt, in der es tatsächlich hieß, Oberstleutnant

Klaus-Dieter Rauschenbach sei nach ehrenvoller Pflichterfüllung in die Reserve versetzt worden. Unterschrift: Heinz Hoffmann, Armeegeneral und Minister der Verteidigung der Deutschen Demokratischen Republik. In der *Tagesschau* zog ich daraufhin das Fazit: „Statt Bestrafung für Fahnenflucht ein Abschied in Ehren!"

Der Bundesregierung kam das Interview zustatten. Der entschwundene Überläufer lebte noch. Ihm schien kein Ungemach zu drohen. Dem SED-Regime bekam das Interview weniger gut. Die DDR-Bürger vernahmen mit Staunen, dass ein hochrangiger Offizier der Grenztruppen von der Fahne ging, sich vom Bundesnachrichtendienst des Klassenfeinds vernehmen ließ, um anschließend auf Anraten seiner Ehefrau zurückzukehren, wo er nicht nur straffrei blieb, sondern auch noch ehrenvoll in die Reserve versetzt wurde. Das war nicht alles. Obendrein gab es noch eine neue Wohnung und eine ordentliche Anstellung beim Rat des Bezirks Leipzig.

Im *SPIEGEL* war wenige Wochen später zu lesen, das Interview mit Rauschenbach habe kritische Reaktionen in der ostdeutschen Bevölkerung hervorgerufen. In Leipzig habe sich ein Bürger, der wegen versuchter Republikflucht vor Gericht stand, auf Rauschenbach bezogen und gleiche Behandlung gefordert. Was daraus wurde, ist leider nicht bekannt. Jochen Staadt von der Freien Universität Berlin, der sich mit seinem Institut Forschungsverbund SED-Staat mit dem Fall Rauschenbach ausführlich beschäftigte, ließ mich wissen, dass in den Akten der Stasiunterlagenbehörde viel Zorn und Unverständnis der Bevölkerung dokumentiert sei. Der Großmut des SED-Regimes erschien den Bürgerinnen und Bürgern verlogen und unangemessen. Dass dem Westfernsehen die Berichterstattung über eine wichtige DDR-Angelegenheit überlassen wurde, sei ein weiterer Misstrauensbeweis gegenüber der eigenen Bevölkerung und den eigenen Medien. So ist es in den Stasiakten zu lesen.

Mich haben dieselben Unterlagen beruhigt. Lange hatte mich der Verdacht geplagt, dass mich die Stasi mit der Gewährung des Rauschenbach-Interviews am Ende doch hereingelegt hatte. Ich wusste nicht, ob er nicht nachträglich hart bestraft wurde. Dank der Stasiunterlagen erfuhr ich, dass Klaus-Dieter Rauschenbach die DDR überlebt hat, samt seiner beachtlichen Stasiakte. Er war nicht nur Offizier der Grenztruppen, sondern unter dem Decknamen „IM Blitz" auch noch inoffizieller Mitarbeiter des Ministeriums für Staatsicherheit gewesen.

Im Abschlussbericht seines Vorgangs heißt es, dass er auch beim Rat des Bezirks Leipzig versagte, ebenso auf seiner nächsten Stelle beim VEB Wettspielbetriebe (Toto und Lotto), worauf er am Ende beim Kreis Altenburg landete. Dort wusste die Stasi nichts mehr mit ihm anzufangen und beendete das Verhältnis mangels Perspektive. Der trostlose Bericht wurde am 2. Juni 1989 verfasst, sodass begründete Hoffnung besteht, dass Rauschenbach auch die letzten Monate der DDR unversehrt überstanden hat. Ob es seine Familie so lange mit ihm ausgehalten hat, ist nach Lektüre des MfS-Abschlussberichts allerdings zweifelhaft.

Die Macht des Dr. Vogel

Wenn ich mir den Fall Rauschenbach heute anschaue, dann wird mir erst richtig klar, wie unglaublich stark die Position des Rechtsanwalts Vogel im Verhältnis der beiden deutschen Staaten war. Was er vorgab (sofortige Freilassung einerseits, Straffreiheit andererseits), wurde von Ost-Berlin wie auch Bonn penibel eingehalten. Während meiner Korrespondentenzeit in der DDR sind mir nicht wenige eindrucksvolle Menschen begegnet, aber die erstaunlichste Erscheinung war Rechtsanwalt Vogel.

Äußerlich die biedere Bürgerlichkeit in Person, agierte er selbstsicher zwischen den Fronten. Mit entwaffnender Offenheit verhandelte er zwischen völlig verfeindeten Seiten. Zwischen USA und Sowjetunion, Bonn und Ost-Berlin, inhaftierten Bürgerrechtlern und Stasi. Agenten und politische Gefangene holte er aus dem Gefängnis. Da er eine Lizenz für ganz Berlin besaß, wurde er nach westlichen Tarifen entlohnt und verdiente dabei horrend.

Er verheimlichte seinen Wohlstand nicht. Am Teupitzer See besaß er ein üppiges Anwesen, und mit seinem goldfarbenen Mercedes erregte er in Ost- und selbst in Westdeutschland Aufsehen. Sein auffälliges Auftreten passte nicht zu seinen geheimen Missionen. Bei Vogel passte vieles nicht zusammen. Seine Freikaufaktionen waren im Grunde moderner Menschenhandel. Vogel betrachtete seine Tätigkeit hingegen als humanitär. Er verhelfe Menschen in Not zur Freiheit. Dass er dafür reichlich Geld bekam, empfand er als legitim. Seine Leistungen waren in der Tat außerordentlich, seine Position im komplizierten deutsch-deutschen Verhältnis war es auch.

Auf wessen Seite er letztendlich stand, blieb mir schleierhaft. Ich wäre vielleicht dahintergekommen, wenn ich sein Angebot angenommen hätte, seine Biografie zu schreiben. Um mich zu ködern, bat er mich in seinen Aktenkeller. Als ich die endlose Aktenreihe sah, habe ich dankend abgelehnt, wie es SFB-Chefredakteur Jürgen Engert vorher getan hatte. Ich hätte meine Tätigkeit beim WDR auf Jahre aufgeben müssen, um die Dokumente durchzuarbeiten.

Persönlich habe ich Vogel als verlässlichen und ehrlichen Gesprächspartner erlebt. Lothar Loewe und Jürgen Engert hatten den gleichen Eindruck. Andere und politisch hochrangige Zeitgenossen sahen ihn wohl auch so, und zwar auf beiden Seiten. Bei den vertraulichen Gesprächen zwischen DDR-Staatschef Honecker und Bundeskanzler Schmidt sowie den westdeutschen Fraktionschefs Wehner (SPD) und Mischnick (FDP) führte jeweils der unverzichtbare Wolfgang Vogel das Protokoll, weil er der Einzige war, dem sie sich auf diesem Minenfeld anvertrauten. Er war vor der Deutschen Einheit der erste gesamtdeutsche Akteur von Rang und Wirkung.

Vor dem Zusammenbruch der DDR war es üblich, dass Anwalt Vogel zum Bundespresseball eingeladen wurde. Das änderte sich nach der Deutschen Einheit drastisch. Nach der Wende wurde er von den westdeutschen Medien mit wenig Achtung behandelt. Stattdessen landete er nun mehrfach in Untersuchungshaft. Entweder wurde ihm vorgeworfen, Informant der Stasi gewesen zu sein, oder Erpressung von Ausreisewilligen. Zu einer Verurteilung kam es nicht. Der frühere Bundeskanzler Schmidt und der langjährige Bundesaußenminister Genscher standen weiter zu ihm. Mit Grund! Vogel hatte auch im Auftrag der Bundesrepublik Deutschland gearbeitet. Über 30.000 politische Häftlinge waren dank seiner Tätigkeit freigekommen. Sachlich betrachtet wurden über 200.000 Familien zusammengeführt. Und wie sah sich Vogel? „Meine Wege waren nicht weiß, meine Wege waren nicht schwarz, sie mussten grau sein." In der gesamtdeutschen Bundesrepublik gab es dafür keine Entschuldigung oder gar Gnade. Er blieb geächtet bis zu seinem Tod.

Gewissensfragen

Trotz des einen oder anderen Erfolgs, den wir journalistisch verbuchen konnten, verdross Lutz Lehmann und mich unser Unvermögen, die DDR so darzustellen, wie sie wirklich war. Wir beneideten unsere Kollegen vom Radio und von der schreibenden Presse, sich unerkannt unter die Leute zu mischen, Stimmungen einzufangen und an Unterhaltungen teilnehmen zu können, die sich später journalistisch verwerten ließen, ohne bildliche Nachweise liefern zu müssen. So kamen lebendige Stimmungsbilder zustande, die viel über die innere Verfassung der Deutschen Demokratischen Republik aussagten. Auch oppositionelle Entwicklungen außerhalb der Kunstszene wurden aufgedeckt.

Westdeutsche Zeitungen und Magazine durften nicht in der Deutschen Demokratischen Republik erscheinen, aber die Inhalte der Reportagen und Berichte, die sich mit dem sozialistischen Staat befassten, gelangten über die westlichen Radiosender doch in die DDR, wo sie nicht selten engagierte Diskussionen auslösten. *DER SPIEGEL* machte dem SED-Regime besonders zu schaffen. Gleich zweimal wurde dessen Büro in Ost-Berlin geschlossen und der dazugehörige Korrespondent ausgewiesen.

Die Aussicht, ausgewiesen zu werden, schreckte uns nicht. Würde es uns treffen, konnten wir mit attraktiven Anschlussaufgaben rechnen. Lothar Loewe wurde nach seiner Ausweisung aus Ost-Berlin Korrespondent in Washington. Ein Karriereabsturz war das nicht. Mir war die Leitung des ARD-Studios in Brüssel als nächste Station in Aussicht gestellt worden. Es wurde dann Washington. Mir noch lieber.

„Warum gehen wir nicht robuster gegen die Schikanen vor?", fragten wir uns bis zum Schluss. Bedenke das Ende! antworteten wir uns selbst. Uns hätte es zwar innerlich gutgetan, sittenwidrige Auflagen souverän zu missachten. Das SED-Regime hätte andererseits die Chance gerne genutzt, um uns an den Kanthaken zu nehmen und rauszuwerfen. Ein halbes oder ein Jahr hätte es gedauert, bis es wieder eine ARD-Fernsehkorrespondenz aus der DDR gegeben hätte. So leicht wollten wir es uns und dem SED-Regime nicht machen.

Unerkannt und unauffällig aufzutreten, war uns nicht möglich. Wir hatten, wo wir waren, gleich den Staatssicherheitsdienst auf der Pelle, was die Verhältnisse vor Ort radikal veränderte. Diskrete Beobachtungen waren unmöglich, Unterhaltungen wurden vor unseren Kameras tunlichst nicht geführt. Wir hüteten uns, kritische Aussagen zu provozieren. Uns war das Schicksal der DDR-Bürgerin vor dem Intershop in die Knochen gefahren. Einem Bürger aus Meißen, der von seinen Behörden dauernd mies behandelt worden war, redeten wir das Vorhaben aus, seinen DDR-Ausweis vor unserer Kamera zu zerreißen.

Konnten wir verantworten, dass unsere Veröffentlichungen Menschen ins Gefängnis brachten? Im Augenblick ihrer Aussage waren die betreffenden DDR-Bürgerinnen und -Bürger zu allen Konsequenzen bereit. Aber galt das auch noch, wenn ihnen bewusst wurde, dass nicht nur ihre, sondern die Existenz ihrer gesamten Familie durch eine einzige zornerfüllte Aussage in Gefahr gebracht wurde? Andererseits: Hatten wir das Recht, eine zutreffende Aussage zu unterdrücken? Diese Frage sollte sich uns noch öfter stellen. Schere im Kopf oder Selbstzensur nennt man so etwas normalerweise. Aber was war schon normal im Verhältnis der beiden deutschen Staaten zueinander?

Wenn wir unsere Kameras auspackten, konnte es geschehen, dass DDR-Bürger ungefragt ihrer Empörung über das DDR-Regime Luft machten. Erst freuten wir uns über die eindeutige Offenherzigkeit. Ins Grübeln gerieten wir, wenn sich im Laufe des Tages angebliche Angehörige meldeten, scheinbar oder tatsächlich besorgt, und uns baten, von einer Veröffentlichung der Aussage des Ehemanns, des Vaters oder des Sohns Abstand zu nehmen, sonst müsste man mit dem Schlimmsten rechnen. Woher kannten die Anrufer unsere Telefonnummer? Steckte die Stasi hinter den Anrufen? Wir tappten im Dunkeln. Nach meiner Erinnerung machte ich mindestens einmal einen Rückzieher. Ziemlich zum Schluss meiner Korrespondentenzeit. Wir fuhren am 12. Februar 1982 nach Dresden. In der Kreuzkirche wollte die Evangelische Kirche in Erinnerung an den 37. Jahrestag der Bombardierung von Dresden ein „Forum Frieden" durchführen. Es wurde mit Kritik gerechnet, vor allem junger Leute, an der Praxis des sozialistischen Staates DDR, die Friedensbewegungen im Westen gutzuheißen, sie aber im eigenen Staat zu unterdrücken. Von den Verantwortlichen der Kreuzkirche wurden wir gebeten, auf Filmaufnahmen zu verzichten. Wir hielten uns daran. Es kam tatsächlich zu massiver Kritik.

Anschließend begaben sich gut hundert Kirchenbesucher mit Kerzen in ihren Händen zur Ruine der Frauenkirche nebenan, deren Trümmerreste als Mahnmal sinnloser Zerstörung für die Nachwelt erhalten worden waren. Wir gingen mit, waren aber nicht die einzigen Wegbegleiter. Die Staatssicherheit zeigte auffallende Präsenz. Ihre Vertreter machten mit kleinen Videokameras ungeniert Aufnahmen von den friedlichen Demonstranten. Auf der kurzen Wegstrecke sammelte ich ein paar Interviews ein. Die angesprochenen jungen Leute ließen ihrer Empörung freien Lauf.

Vor unserer Abfahrt baten mich zwei Jugendpfarrer, die Interviews mit den Jugendlichen nicht zu veröffentlichen. Die Jungen und Mädchen müssten mit harten Reaktionen der Staatsmacht rechnen. Als mögliche Strafaktionen wurden Entlassung aus der Erweiterten Oberschule (EOS), Nichtzulassung zum

Abitur und sogar Gefängnis genannt. Ihre freimütigen Aussagen würden ganz sicher schlimme Folgen für die Zukunft habe. Ich sagte zu, mir die Sache zu überlegen. Auf der Fahrt nach Berlin hatte ich reichlich Zeit dazu. Im Schneideraum schaute ich mir die Aussagen noch einmal an. Bekenntnisse zum Staat DDR waren sie gewiss nicht. Aber sie waren authentisch. Am Ende habe ich sie nicht genutzt.

Zufrieden war ich danach nicht mit mir. Mein Bericht enthielt zwar alle Kritikpunkte, die in der Kreuzkirche vorgetragen wurden, aber dem Beitrag fehlte die Überzeugungskraft authentischer Aussagen.

Wie es besser gemacht wurde, konnte ich am nächsten Tag in unseren Zeitungen lesen. Die Kollegen, die ebenfalls in Dresden waren, hatten unsere Probleme nicht. Sie konnten kritische Aussagen veröffentlichen, ohne die Identität der kritischen Bürgerinnen und Bürger preiszugeben. Wir waren dazu nicht in der Lage, aber ohnmächtig waren wir deshalb nicht.

Der offene Widerstand: Eisern Union

In der Fußball-Bundesliga schlägt mein Herz für Borussia Dortmund, und zwar genau seit dem 10. Juli 1949. Damals hörte ich am Volksempfänger, den mein Vater aus den Trümmern unserer in Essen ausgebombten Wohnung geborgen hatte, die Reportage über das Endspiel der Deutschen Fußballmeisterschaft zwischen Borussia Dortmund und dem VfR Mannheim.

Das Spiel ging als Hitzeschlacht von Stuttgart in die Geschichte ein. Die Dortmunder führten zweimal durch Tore von Herbert Erdmann, verloren dann nach Verlängerung 3:2 gegen den Außenseiter aus der Kurpfalz, gewannen aber auf ewig mein Herz, weil sie bis zur Schlusssekunde heroisch gekämpft hatten, wie es der Reporter formulierte.

Seit 2019 gibt es eine weitere Mannschaft in der Fußball-Bundesliga, der ich mich verbunden fühle. Das ist der FC Union Berlin, der überraschend den Aufstieg in die höchste deutsche Spielklasse geschafft hat. Den Klub habe ich während meiner Korrespondentenzeit in der DDR kennen- und schätzen gelernt. Für meinen Kollegen Helmut Lölhöffel von der Süddeutschen Zeitung und mich war es jedes Mal ein besonderes Erlebnis, in das Stadion An der alten Försterei zu pilgern, nicht nur aus sportlichen, sondern auch aus politischen Gründen.

Der FC Union Berlin war für uns der Innbegriff des offenen und mutigen Widerstands gegen das SED-Regime. Seine Anhänger lieferten sich mehr als einmal heftige Auseinandersetzungen mit den Sicherheitsorganen der DDR. Was die „Eisern Union", wie sie von ihren Fans liebevoll genannt und von Nina Hagen besungen wurde, drauf hatte, habe ich gleich zu Beginn meiner Korrespondententätigkeit in der DDR mitbekommen, als sie zur Feier des Jahrestags der Staatsgründung auf dem

Alexanderplatz ihre Ablehnung des SED-Regimes gegenüber den Sicherheitsorganen handfest und schlagkräftig zum Ausdruck brachten.

Kritik an der DDR-Obrigkeit wurde im ersten Arbeiter- und Bauernstaat auf deutschem Boden viel geäußert, meist hinter vorgehaltener Hand. In der Wuhlheide An der alten Försterei war das anders. Da gehörte es zum guten Ton, die Abneigung gegenüber der Staats- und Parteiführung offen auszusprechen. Die Fans wussten, dass wir Westkorrespondenten waren, sie sahen uns von Stasilauschern umgeben und fühlten sich deshalb erst recht herausgefordert, ihrem Unmut freien Lauf zu lassen.

Wegen der offenen Aufsässigkeit, für die „Eisern Union" stand, wurde der Klub vom Regime mit üblen Methoden geschuriegelt und benachteiligt. Gute Spieler wurden weggeholt, Schiedsrichter pfiffen ersichtlich gegen die Unioner, was den Zorn der Anhänger auf Honecker, Mielke & Co. erst recht entfachte.

Wir Westkorrespondenten wurden hingegen als Verbündete betrachtet. In den Gesprächen mit uns packten die Fans bewusst aus, was die DDR-Obrigkeit nicht hören wollte. Statt von der Hauptstadt der DDR, wie Ost-Berlin im offiziellen Sprachgebrauch hieß, redeten die Union-Fans vom „Sektor", wenn sie Spiele gegen ihren verhassten Stadtrivalen BFC Dynamo in Berlin meinten. Von „Zone" redeten sie, wenn es um Begegnungen in Jena, Dresden, Leipzig oder Magdeburg ging.

Für Helmut Lölhöffel und mich waren die Spiele des FC Union emotionale Höhepunkte unseres Korrespondentendaseins. Spektakulär wurde es, wenn „Eisern Union" in der Höhle des Drachens „Stasi" im Stadion der Weltjugend gegen den BFC Dynamo antreten musste. Der BFC beherrschte dank der Unterstützung durch den Staatssicherheitsdienst die DDR-Oberliga nach Belieben, was den Klub zum Rekordmeister des sozialistischen Staates machte.

In meiner Zeit gingen die Jungs von der Wuhlheide, benachteiligt vom jeweiligen Schiedsrichter, böse unter. Ihre Anhänger blieben dennoch bis zum Schlusspfiff an ihrer Seite. Voller Wut skandierten sie dem Stasichef Mielke, der geschützt von einer Sonnenbrille das Spiel seiner Mannschaft verfolgte, pausenlos ins Gesicht: „BFC Dynamo, BFC Dynamo, diese Mannschaft kotzt uns an."

Unter der Obhut des Staatssicherheitsdienstes errang der BFC Dynamo zwischen 1979 und 1988 zehn Meistertitel in Folge, während Union Berlin ständig gegen den Abstieg kämpfen musste. Heute hat sich das Blatt komplett gewendet. Union spielt in der vereinten Republik erstklassig und ist auf dem Weg in europäische Sphären, während BFC Dynamo in die viertklassige Regionalliga Nordost abgestürzt ist, was ich nicht als ein gerechtes Schicksal betrachte. Der Klub hat sich die Förderung durch die Stasi nicht ausgesucht, sondern ist missbraucht worden, weil die Stasioberen glaubten, über den populären Fußballsport Anerkennung beim Volk zu gewinnen.

Wenn ich jetzt Spiele von Dortmund gegen Union Berlin verfolge, dann hoffe ich immer auf ein Unentschieden, um beiden Mannschaften eine Niederlage zu ersparen.

Revanchistisch nannte die DDR-Propaganda die westdeutsche Politik gerne. Frei von Revanchegefühlen waren wir gegenüber dem SED-Regime tatsächlich nicht. Wir meldeten uns bei Stefan Heym an. Er habe Besuch, sagte er uns, die Parkplätze hinter seinem Haus seien belegt, wir seien trotzdem willkommen. Wir verstanden die Botschaft. Mit unseren beiden Kamerateams fuhren wir in zwei Autos los. In der Rabindranath-Tagore-Straße trennten wir uns. Lehmann fuhr links um das Haus Nr. 9 herum, ich rechts. Die beiden Ladas saßen in der Falle. Deren Besatzungen sprangen aus ihren Autos, unsere Kamerateams auch. Ein wildes Durcheinander entstand.

Stefan Heym war die Szene eine Beschreibung in seinen Memoiren *Nachruf* wert. „Wildwest in Grünau! Die aufgeschreckten Sheriffs, ja, wie denn und was denn und wo zuerst blocken, und die Kameras laufen und zeichnen auf, die fuchtelnden Hände dicht vor den Objektiven, die erregten Rufe: Verboten! Es ist verboten. Und erschreckt im Getümmel vor der Haustür, das Ehepaar Heym." Ein Bericht für die *Tagesschau* wurde der Tumult nicht, so die richtige Entscheidung der Redaktion. Wir hatten die Szene selbst herbeigeführt, so sollte nicht für Nachrichten gesorgt werden, aber die Bilder ließen sich für andere Sendungen verwerten.

Mir war ein Rätsel, wie Stefan Heym unter den Bedingungen der Dauerbelagerung als Schriftsteller arbeiten konnte. Möglicherweise hatte er Stressbewältigung als Spezialist für psychological warfare in der US-Army gelernt. Jedenfalls schrieb er unermüdlich. Unmengen Erzählungen und Romane hat er hinterlassen. Seine letzten Werke sind in westdeutschen Verlagen erschienen, so auch der Roman *Collin*, der viel Aufsehen erregte, auch in Ostdeutschland, wo sich die Menschen mit Hilfe von Radio und Fernsehen aus dem Westen ein Bild von dem Inhalt des Buchs gemacht hatten.

Es ging um den Schriftsteller Collin, Spanienkämpfer und West-Emigrant, und um den hochrangigen Offizier des Staatssicherheitsdienstes Urack; beide waren sehr herzkrank und trafen in einer Reha-Kur aufeinander. Viel Widersprüchliches der DDR-Vergangenheit und der DDR-Gegenwart wurde in den Gesprächen der beiden kranken Männer kontrovers diskutiert.

Heym kam mein Wunsch nach einem Interview gelegen. So konnte er dem Publikum seine Sicht der Dinge erläutern, ehe die DDR-Obrigkeit den Roman als Verrat am sozialistischen Staat heruntermachte. Das Buch sei nicht gegen die DDR gerichtet, erklärte der Schriftsteller. Es solle im Gegenteil das Vertrauen in den sozialistischen Staat stärken, weil Verhältnisse angesprochen würden, die die Bevölkerung interessierten, wie beispielsweise der Staatssicherheitsdienst. Der spiele in der DDR bekanntlich eine beachtliche Rolle. Deshalb müsse offen über das MfS gesprochen werden.

Bei der Vorbereitung meines Buchs war das Interview einige Zeit für mich unauffindbar. Ich fürchtete schon, dass mir mein Gedächtnis einen Streich gespielt hatte. Wie und wo war es zustande gekommen? Diese Frage wollte ich unbedingt klären. Der Grund für meinen Wunsch nach Klarheit: Mein ZDF-Kollege Peter van Loyen war vom DDR-Außenministerium ausgewiesen worden, weil er Heym ohne Genehmigung interviewt hatte. Ich fragte mich jetzt, warum war ich ungeschoren davongekommen, während ich später für eine Lappalie verwarnt wurde? Schließlich kam vom WDR-Archiv die erlösende Nachricht. Das Interview war bei Panorama gelaufen, und zwar kurz bevor Ost-Berlin das Gesetz veröffentlichte, das jedes Interview mit DDR-Menschen genehmigungspflichtig machte.

Was Heym mir damals sagte, entfachte erst recht den Zorn des Regimes. Im Rentenalter wolle er endlich den Dauerlauf um den heißen Brei beenden. Aberwitzige Sachen passierten. Heym wurde vernommen. Vom Zoll! Anschließend wurde sein Sparbuch verhaftet. Er habe den Roman ohne Genehmigung der Regierung ins Ausland verbracht. Der Hinweis des Autors, dass seine literarischen Arbeiten von der Zensur seit vielen Jahren abgelehnt würden, fruchtete nicht. Er wurde zu 9.000 Mark Strafe verdonnert. In Westgeld! Das war dem sozialistischen Staat die Hauptsache. Heym nahm es gelassen hin. Der Vorgang trieb die Auflage deutlich in die Höhe, was die Strafe mehr als kompensierte und den Autor zu amüsierten Sticheleien gegen seine Obrigkeit veranlasste.

Heym hielt trotz aller Schikanen in der DDR aus. Er wollte keinen weiteren Seitenwechsel mehr, wollte seine Hoffnung auf einen menschenfreundlichen Sozialismus nicht aufgeben. In der Bundesrepublik wäre er mit seinen politischen Vorstellungen völlig fehl am Platze gewesen. Wegen seiner Idee vom freiheitlichen Sozialismus, die er von Jugend an hatte, war er 1948 nach dem Krieg in die DDR umgezogen, aus Amerika, wo der Senator Joseph McCarthy eine irrsinnige Hetzjagd auf links Denkende (in den USA die Liberals) ausgelöst hatte.

Seine freie Meinung wollte er wegen des Umzugs nicht aufgeben, was zu einem Dauerkonflikt mit dem SED-Regime führte. Für die DDR-Obrigkeit war er eine harte Nuss, sie suchte internationale Anerkennung. Maßregelungen eines international bekannten Autors hätten das Vorhaben erschwert. Also vergriff man sich nicht an ihm. Er hatte sich bereits in den USA einen Namen gemacht. Sein Roman *The Crusaders* war das beste Buch über den Feldzug der Amerikaner gegen Hitler. Es hatte nur das Pech, nach Norman Mailers *Die Nackten und die Toten* über den Kampf der USA gegen Japan zu erscheinen. So blieb der ganz große Auflagenerfolg aus. Norman Mailer hatte die Weide bereits abgegrast. Ansonsten konnte sich Heym über mangelnde Aufmerksamkeit nicht beklagen. Auch sein Roman *Collin* fand viel Anerkennung. Im westlichen Ausland!

Inzwischen war er im Rentenalter. Die New York Times meldete sich und bat um ein ausführliches Interview. Heym sagte beglückt zu. Es erschien in Berlin-Grünau der NYT-Autor Alden Whitman, ebenso betagt wie Stefan Heym. Die beiden alten Knaben hatten viel zu besprechen. Als Heym fragte, wann das Interview erscheine, erklärte sein Gegenüber: „Hoffentlich nicht so bald!" Nun dämmerte es dem deutschen Schriftsteller. Er hatte Alden Whitman, den Star der Obituary Writers, vor sich. Seine Nachrufe gehörten zu den meistgelesenen Artikeln der New York Times. Wer es auf die Obituary Seite der New York Times schaffte, war für die Ewigkeit geadelt. Heym gefiel die Aussicht. Er fühlte sich „in den Kreis jener Erlauchten erhoben, denen unsterblicher Ruhm gesichert war". Er hätte zu gerne gelesen, was ihm in der weltweit angesehenen New York Times nachgerufen werden sollte. Aber das wurde ihm verweigert. Alden Whitman starb vor Stefan Heym. Auch, ob Whitmann seinen eigenen Nachruf geschrieben hatte, hätte der hinterbliebene Heym zu gerne erfahren. Er erfuhr es nicht. Dafür hatte er einen Titel für seine eigenen Memoiren gefunden. Er nannte sie *Nachruf*, auch heute noch lesenswert, wenn man sich für Zeitgeschichte interessiert.

Und noch ein Interview mit Folgen

Zeitgleich mit dem Heym-Interview tauchte bei meinen Recherchen auch mein Interview mit Klaus Poche auf. Die gemeinsame Entdeckung passte zu den beiden, sie waren eng befreundet. Das Poche-Interview war nicht bei *Panorama* gelaufen, sondern bei *Titel, Thesen, Temperamente* vom Hessischen Rundfunk. Poche hatte sich schon früh als Schriftsteller und Drehbuchautor die Sympathien bei den Hütern der SED-Lehre vom realen Sozialismus verscherzt. Als schweren Makel kreideten sie ihm seinen offenen Protest gegen die Biermann-Ausweisung an. Mit Misstrauen verfolgten sie seine weitere Arbeit. Mindestens die Hälfte seiner eingereichten Projekte wurde abgelehnt. Für ihn war es ein unverhoffter Erfolg, als sein Drehbuch zum Film *Geschlossene Gesellschaft* angenommen wurde.

Bei der Abnahme wurde der Film, der unter der Regie von Regisseur Frank Beyer entstanden war, noch als poetisches Kunstwerk gelobt. Nach personellen Wechseln an den Schaltstellen des Kulturbetriebs drehte sich der Wind. Plötzlich galt *Geschlossene Gesellschaft*, in der eine Ehekrise aufgearbeitet wurde – in den Hauptrollen Jutta Hoffmann und Armin Mueller-Stahl –, als misslungen und als Diskriminierung der sozialistischen Moral.

Die Gewerkschaft FDGB mit ihren Millionen Mitgliedern wurde in Stellung gebracht. Tausende Werktätige hätten sich empört geäußert. Verhältnisse, wie sie in dem Film dargestellt wurden, hätten mit der DDR-Realität nichts zu tun. Poche erinnerte sich, trotz seiner Bitte sei ihm kein einziger dieser Briefe vorgelegt worden. Schriftstellerisch sei er abgeschaltet worden. Er fühle sich als Frührentner, allerdings ohne jede Bezahlung. Viel Sinn könne er in seinem DDR-Dasein nicht mehr erkennen.

Das Interview brachte den erwarteten Erfolg. Der Antrag auf Ausreise wurde nicht beiseitegeschoben. Nach einigen Monaten erhielt das Ehepaar Poche Reisepässe zur mehrmaligen Ein- und Ausreise, zunächst für drei Jahre, verbunden mit der Aufforderung, im Westen zu wohnen und zu arbeiten. Über die Einkünfte sei bei Verlängerung der Pässe eine Bescheinigung vorzulegen und ein bestimmter Prozentsatz an die DDR abzuführen. Die Poches ließen sich zunächst in Berlin-Westend nieder. Das ZDF hatte die Filmrechte am Heym-Roman *Collin* erworben. Klaus Poche schrieb dazu das Drehbuch.

Die Angst vor Havemann

Etwa zur gleichen Zeit verließ Armin Mueller-Stahl die DDR. Für die Bevölkerung nach meiner Beobachtung der größte Verlust. Im Westen wurden ihm umgehend lukrative Rollen in populären Fernsehserien angeboten, aber deswegen hatte er seinen Staat nicht verlassen. Armin Mueller-Stahl suchte neben Meinungsfreiheit künstlerische Herausforderungen. Die konnte ihm Rainer Werner Fassbinder bieten, was renommierte Auszeichnungen zur Folge hatte. Armin Mueller-Stahl stellte hohe Ansprüche an sich. Er ging nach Hollywood und behauptete sich auch in der amerikanischen Filmhochburg. Bis zur Oscar-Nominierung schaffte er es. Ich besuchte ihn in Los Angeles. Er wohnte in Pacific Palisades mit einem traumhaften Blick auf den Ozean. Nicht weit von seinem Haus hatten die deutschen Emigranten Thomas und Heinrich Mann sowie Lion Feuchtwanger während der Nazizeit Asyl gefunden.

Im Gespräch mit Armin und Gaby Müller-Stahl hielten wir uns nicht lange mit unserer gemeinsamen Zeit in Ost-Berlin auf. Es gab Spannenderes zu besprechen. Gorbatschow, der neue Mann in Moskau, mischte mit kühnen Ideen die internationale Politik auf. Dass es mit der DDR bald zu Ende gehen würde, ahnten wir nicht, auch nicht, dass wir in naher Zukunft einen weiteren großen Erfolg von Mueller-Stahl gemeinsam feiern sollten. Heinrich Breloer hatte ihn für die Rolle des Thomas Mann in der Trilogie *Die Manns – ein Jahrhundertroman* gewonnen. Der dreiteilige Film, verantwortet von unserem Fernsehfilmchef Gebhard Henke, wurde zu einem starken Auftritt meines Senders WDR.

Nachdem wir die Stasi am Haus von Stefan Heym überrascht hatten, fühlten Lutz Lehmann und ich uns ermutigt, auf ähnlich rustikale Weise zu einem anderen legendären Dissidenten vorzudringen. Robert Havemann, Kommunist, Wissenschaftler und passionierter Widerstandskämpfer, hatte in der Nazizeit reichlich Erfahrung mit Gestapo und Zuchthaus gesammelt, ohne klein beizugeben. Er ließ sich auch von der SED und ihrem Staatssicherheitsdienst nicht einschüchtern. Er lachte sie einfach aus. Um ihn zu bändigen, stellte die Partei Havemann unter Hausarrest. Zur Außenwelt wurden ihm nur wenige Kontakte gestattet. Wenn er das Haus verließ, dann nur mit Stasieskorte. Unsere Bemühungen, an ihn heranzukommen, waren alle gescheitert.

Wir beschlossen, uns ein Bild vor Ort zu machen. Nach bewährtem Muster fuhren wir mit beiden Kamerateams in zwei Autos los. Diesmal getrennt, um weniger aufzufallen. Der eine Wagen fuhr am Tierpark vorbei in Richtung Osten, der andere direkt auf Erkner zu. Es war ein Blindflug. Große Chancen, auf Havemann zu treffen, rechneten wir uns nicht aus, aber etwas Zoff dürfte es geben. Zu unserer eigenen Überraschung trafen wir unbehelligt und nahezu gleichzeitig am Sperrgebiet in Grünheide ein. Wie bei Heym gab es gleich großes Theater! Die Sicherheitsleute bedrängten uns massiv. Unsere Kameraleute filmten, was das Zeug hielt.

Die Szene entwickelte sich zur Groteske, als im selben Augenblick Robert Havemann mit seinem Wagen vom Einkauf zurückkehrte, begleitet von mehreren Fahrzeugen der Sicherheitsorgane. Havemann betrachtete das wilde Durcheinander voller Schadenfreude. Wir hatten tolle Bilder. Mehr konnten wir wirklich nicht erwarten. Als wir schließlich das Feld räumten, riefen uns die wütenden Sicherheitsleute nach: „Sie hören von uns." „Sie von uns auch!", riefen wir zurück. Ordentlicher Journalismus war das nicht. Aber ordentlich war an unseren Arbeitsbedingungen und unserem Verhältnis zum SED-Regime gar nichts. Verständnisvoll war der Umgang miteinander nie

gewesen. Es galt das Prinzip der Straße: „Wie du mir, so ich dir".
In heiterer Stimmung traten wir die Rückfahrt an. Als wir
den Tag Revue passieren ließen, wurden wir nachdenklich. Es
kam uns merkwürdig vor, dass zwei QA 57-Autos auf der langen
Strecke nach Grünheide nicht vom Staatssicherheitsdienst erfasst wurden. Noch merkwürdiger erschien uns, dass fast zur
selben Minute, als wir die Sperrung erreichten, eine außergewöhnlich große Stasieskorte um Robert Havemann vor unserer
Kamera auftauchte. Wir befanden uns außerhalb des Territori-
ums der „Hauptstadt", wofür wir laut Gesetz eine Genehmigung
benötigt hätten. Es konnte eine Falle gewesen sein. Wir ließen
den Gedanken fallen und sagten uns voller Mitgefühl, dass auch
die Staatssicherheit mal einen schlechten Tag haben kann.

Lange konnte das SED-Regime das kafkaeske Dauertheater
nicht durchhalten. Der aberwitzige Personalaufwand hatte sich
herumgesprochen und wachsenden Unmut in der Bevölkerung
ausgelöst. Zum Ärger der Verantwortlichen hatte der gewaltige Aufmarsch, mit dem die Stasi einen Andersdenkenden im
Rentenalter mundtot machen wollte, die Popularität des selbst-
bewussten Altkommunisten nicht nur in der DDR gesteigert,
sondern ihn obendrein international zur Symbolfigur des politischen Widerstands gemacht. Zum peinlichen Überfluss waren
die Mühen der Staatssicherheit auch noch vergeblich. Havemann
gelang es immer wieder, sich zu Wort zu melden, und das auch
noch beim Klassenfeind. Eine mehr als klägliche Bilanz!

An einem sonnigen Tag im Mai kam plötzlich die Nachricht,
die DDR habe den Hausarrest von Robert Havemann aufgeho-
ben. Die Staatsaktion, die viel Geld und Ansehen gekostet hatte,
wurde sang- und klanglos abgeblasen. Ich war unterwegs. Lutz
Lehmann versorgte die *Tagesschau*. Für seinen Bericht konnte
er die alten Bilder von unserem überraschenden Auftauchen an
der Absperrung vor Havemanns Burgwallstraße gut einsetzen,
sie waren immer noch sehenswert.

Für die *Tagesthemen* brauchten wir frische Ware. Ich machte mich nach Grünheide auf. Den Weg hatte ich noch in guter Erinnerung. Als wir in der Burgwallstraße ankamen, waren Robert und Katja Havemann noch nicht von ihrem ersten unbegleiteten Ausflug zurückgekehrt. Vor ihrem Haus war mit Kreide ein Willkommensgruß auf die Straße gemalt. Als die Havemanns schließlich eintrafen, liefen die Nachbarn zusammen.

Katja Havemann hatte Forsythien im Arm, ihr Ehemann Robert wirkte ermattet glücklich. Ich stand mit meinem Mikrofon vor ihm und fühlte mich gar nicht glücklich. Nach dem Gesetz durfte ich ihm ohne Genehmigung durch das Außenministerium keine Fragen stellen. Also flüsterte ich den aufgedrehten Nachbarn zu, was ich gerne wissen wollte. Es funktionierte, die Nachbarn bestürmten das endlich freie Ehepaar mit meinen Allerweltsfragen: Wann und wie die Aufhebung des Hausarrests mitgeteilt worden sei, wie Havemann sich fühle und was er nun als freier Mensch zu tun gedenke. Katja und Robert Havemann beantworteten alles zu meiner Zufriedenheit. Ich hatte es eilig. Der Weg nach West-Berlin in den Schneideraum war weit, und die *Tagesthemen* rückten näher.

Das SED-Regime setzte nach. Havemann wurde wegen Devisenvergehens im Zusammenhang mit Buchveröffentlichungen im Westen angeklagt. Die Verhandlung fand vor dem Kreisgericht Fürstenwalde statt. Eine stattliche Schar von Journalisten fand sich vor dem Gerichtsgebäude ein, alle aus dem Westen. DDR-Kollegen waren nicht zu sehen. Ihre Redaktionen durften an dem Fall Havemann kein Interesse zeigen. Unser Interesse war hingegen groß, was uns nicht half. Das Gericht ließ uns nicht als Prozessbeobachter zu. Wir zogen ab. Ein paar Bilder vor dem Gebäude waren am ersten Tag unsere ganze Ausbeute.

Zur Urteilsverkündung waren wir wieder vollzählig da. Wieder durften wir nicht in den Gerichtssaal. Mit dieser Entscheidung des Gerichts hatten wir gerechnet, aber nicht mit einem Bautrupp der Reichspost, der unter ohrenbetäubendem Getöse die Straße vor dem Gerichtsgebäude aufriss. Unserer Bitte, die Arbeit für ein paar Minuten einzustellen, wurde selbstverständlich keine Folge geleistet. Sich vom Klassenfeind die Norm kaputtmachen zu lassen, kam gar nicht in Frage. Die fällige Genehmigung für ein Interview mit Havemann hatte sich keiner von uns geholt. Der Trick von der Burgwallstraße musste auch hier helfen. Einem Havemann-Freund wurden die Fragen zugeflüstert. Ein paar junge Leute aus der DDR hatten sich zu uns gesellt. Als Havemann das Gerichtsgebäude verließ, riefen sie ihm durch den Baulärm zu:

„Die Jugend ist hinter Ihnen."
Havemann: „Danke schön!"

Danach begann das Havemann-Interview mit Hilfe seines Freundes.

„Weshalb sind Sie eigentlich angeklagt worden?"
„Weil ich meine freie Rede halte, weil ich vielleicht sage, was ich denke."
„Wie ist das Urteil ausgegangen?"
„Nun, sie haben mich verurteilt zu 10.000 Mark – für arme Leute."
„Mit welcher Begründung wurde dieses Urteil ausgesprochen?"
„Sie haben behauptet, ich hätte Devisenwerte im Westen für mich behalten."
„Nach welchen Paragrafen des Strafgesetzbuches?"
„Devisengesetzverordnung."
Ein Polizist drängte sich dazwischen. „Herr Havemann, ich hatte Sie freundlich gebeten, den Platz hier doch frei zu machen. Ich bitte Sie zu gehen. Die Bauarbeiter werden hier behindert."
„Die Bauarbeiter behindern aber uns hier."
„Hat man irgendwelche Beweise gehabt?"
„Nein, ich werde auch Berufung einlegen. Gegen das Urteil wird Berufung eingelegt, selbstverständlich!"

Panzer rollen durch Wittenberg

Der Besuch von Leonid Breschnew in der DDR im Oktober 1979 offenbarte den Niedergang der roten Supermacht. Die Sowjetunion war nicht in der Lage, in ihrer politischen Führung für gesunde Verhältnisse zu sorgen. Der früher vitale Breschnew war gesundheitlich nur noch ein Wrack, körperlich und geistig. Wer die Atommacht regierte, war ein Rätsel. Obwohl er nicht mehr Herr seiner Glieder und Sinne war, wurde dem Sowjetführer das strapaziöse Programm eines Staatsbesuches zugemutet. In aller Öffentlichkeit. Bei der Ankunft auf dem Flughafen Schönefeld brachte Leonid Iljitsch noch die Kraft auf, seinem Gastgeber Erich Honecker einen innigen Kuss zu verpassen, der in die Geschichte einging.

Anschließend wurde er zusammen mit dem DDR-Staatschef in einer offenen Staatskarosse vom Flughafen ins Gästehaus der DDR transportiert. Vom hinter ihm sitzenden Chef seiner Leibwache an Kragen und Hosenboden festgehalten, winkte sich der noch immer politisch mächtige Kremlchef über die lange Wegstrecke, enthusiastisch bejubelt von den einbestellten DDR-Bürgerinnen und -Bürgern.

Das DDR-Fernsehen ging volles Risiko und übertrug die Auftritte des hohen Staatsgastes live.

Regie und Kamerateams gebührt professionelle Anerkennung, dass sie viel Breschnew zeigten, aber wenig von seiner Schwäche. Als er beim Empfang der versammelten DDR-Führung große Mühe hatte, sich die Brille aufzusetzen, und ihm dies erst nach langen Minuten gelang, verweilte die Kamera auf der SED-Elite, die auch nicht wesentlich frischer aussah.

Was der Sowjetführer vom Blatt vortrug, war indes gehaltvoll. Er kündigte den Abzug von 20.000 Rotarmisten und 1.000

Panzern aus der DDR an, womit er sich den Spitzenplatz in den Nachrichten rund um den Globus sicherte. Die Ankündigung brachte mich auf eine verwegene Idee, die ich wenig später meinem Gesprächspartner von Honeckers Neujahrsempfang, dem Sowjetbotschafter Abrassimov, unterbreitete. Als vertrauensbildende Maßnahme schlug ich Pjotr Andrejewitsch eine Dokumentation über die Gruppe der sowjetischen Streitkräfte in Deutschland (GSSD) vor, produziert und ausgestrahlt von meinem Sender, dem Westdeutschen Rundfunk. Zu meiner Freude fand der Sowjetbotschafter das Projekt überlegenswert.

Einige Zeit später lud mich der Prawda-Korrespondent Sübanow zu einem Gespräch ein. Offensichtlich im Auftrag seiner Botschaft teilte er mir kollegial mit, dass sich meine Idee nicht realisieren ließe. Das Vorhaben sei auf den entschiedenen Widerspruch der DDR-Obrigkeit (Politik und Militär) gestoßen. Die sowjetischen Streitkräfte spielten eine Schlüsselrolle für die DDR. Es käme einer Desavouierung des sozialistischen deutschen Staates gleich, wenn die GSSD ausgerechnet vom Fernsehen des Klassenfeinds vorgestellt würde. Ich nahm die Nachricht mit Haltung hin. Als Gegenleistung für mein Verständnis wurde mir der Termin für den Truppenabzug genannt. Ich bat darum, als Entschädigung für die entgangene Dokumentation bei der Berichterstattung über den Abzug der Truppen bevorzugt behandelt zu werden. Sübanow war Realist. Er sah wenig Chancen, dass ich mit einem westdeutschen Kamerateam Zutritt in eine der Sowjetkasernen bekäme.

Das Außenministerium der DDR lud die internationale Presse für den 5. Dezember zu einem Termin in Wittenberg ein, um über den Abzug sowjetischer Truppen aus der Deutschen Demokratischen Republik zu berichten. Ich setzte mich mit unserem Studio in Moskau in Verbindung, wo neben Jürgen Bever noch unser russischer Kameramann Boris Orlow tätig war. Wir setzten ihn immer dann ein, wenn es um Aufnahmen an Orten ging, zu denen wir Westmenschen keinen Zutritt besaßen. Nichts Geheimnisvolles, sondern eher Harmloses, wie der Geburtsort von Leonid Breschnew in der Ukraine.

Von dem russischen Kameramann erhoffte ich Aufnahmen von Aktivitäten innerhalb der sowjetischen Kasernen. Orlow flog ein. Vorher hatte er darum gebeten, ihn nicht vom Flughafen abzuholen. Er verschwand und erschien am späteren Nachmittag in unserem Ost-Berliner Büro in der Schadowstraße, wo er mir drei Filmrollen à 30 Meter und ein Tonband aushändigte. Ich fuhr gleich hinüber zu unserem West-Berliner Schneideraum im SFB-Gebäude an der Masurenallee.

Als das Material entwickelt war, staunten wir nicht schlecht. Boris Orlow hatte unglaubliche Arbeit geleistet. Offensichtlich war es ihm gelungen, den Kasernenkommandanten zu überreden, für ihn eine Probe der Panzerverladung durchzuführen. So sahen wir, wie die Panzer durch Wittenberg rollten und auf spezielle Eisenbahnwagen rumpelten. Das war nicht alles. Orlow hatte auch noch Bilder von exerzierenden Sowjetsoldaten zu bieten. Dass die Panzer nach der Probe zum Erstaunen der Wittenberger Bevölkerung wieder in die Kaserne zurückrollten, filmte er nicht. Er wollte frühzeitig wieder in Berlin sein, um mir das Material zu übergeben.

Unser Bericht lief als Aufmacher in der *Tagesschau*, was auf der anderen Seite, wie wir später hörten, von der DDR-Obrigkeit als Niederlage empfunden wurde. Sie sah sich um einen guten Sonderauftritt geprellt. Am nächsten Morgen schloss ich mich dem Pressetross an, den das Ost-Berliner Außenministerium für den Ausflug nach Wittenberg gebildet hatte.

Die Stimmung im Bus war mir gegenüber gemischt. Die Vertreter des Außenministeriums behandelten mich mit eisigen Mienen. Meine Westkollegen äußerten sich anerkennend zum überraschenden Bericht in der *Tagesschau*, andererseits fragten sie offen, warum man noch nach Wittenberg fahre. Der Neuigkeitswert sei ja schon weg. Die Kollegen vom DDR-Fernsehen schauten an mir vorbei, sie fühlten sich düpiert. In Wittenberg hatte sich viel Volk versammelt, von den Strategen der Abteilung Agitation und Propaganda intensiv vorbereitet. Es galt, den Friedenswillen des sozialistischen Lagers und die unverbrüchliche Freundschaft zum großen Bruder Sowjetunion zu bekunden.

Während die Panzer verladen wurden und die abrückenden Soldaten aufmarschierten, wurden im Beisein hochrangiger Politiker und Sowjetmilitärs schwungvolle Reden gehalten, in denen fortwährend das innige Verhältnis zu den sowjetischen Freunden betont wurde. Indessen wanderte ich am Publikum vorbei und stellte an einige Bürgerinnen und Bürger typische Westfragen. Ob sie freiwillig gekommen seien, wollte ich wissen, was durchweg bejaht wurde. Durchweg verneint wurde hingegen, ob sie einen sowjetischen Freund hätten.

Das ganze Theater um die deutsch-sowjetische Freundschaft erwies sich in diesen Antworten als Schimäre. Die Gesellschaft für Deutsch-Sowjetische Freundschaft nahm in der DDR einen hohen Rang ein, sie zählte sechs Millionen Mitglieder. Ihre Aufgabe war es, noch vorhandene Abneigungen gegenüber der Sowjetunion abzubauen und die Union der Sozialistischen Sowjetrepubliken stattdessen als den großen Wohltäter darzustellen. Trotz vieler gemeinsamer Aktivitäten blieben die Sowjetsoldaten Fremde im Bruderstaat DDR. Manche, die aus dem fernsten Sibirien kamen, wussten gar nicht, wo sie waren. Deutsche kennenzulernen, war nur den Offizieren vorbehalten, meist bei repräsentativen Veranstaltungen.

Die Stimmung unter den einfachen Rotarmisten war schlecht. Wenn sie unter Aufsicht eines Offiziers im Gänsemarsch durch die Ortschaften ihrer Kasernen liefen, dann gefiel ihnen, was sie sahen. Die DDR war im Vergleich zu ihrer Heimat ein wohlhabendes Land. Hier war alles geordnet, aber die Soldaten hatten von ihrer gefälligen Umgebung nichts. Sie waren einsam, oft verzweifelt, nicht wenige versuchten wegzulaufen, obwohl Fahnenflucht gnadenlos bestraft wurde, manchmal sogar mit dem Tod. Davon drang nichts nach außen.

Durch einen spektakulären Fall kam das streng gehütete Geheimnis dennoch ans Licht. Ein sowjetischer Fahnenflüchtiger wurde von der Militärpolizei der Sowjetarmee und der Volkspolizei gejagt. Er schaffte es bis nach Ost-Berlin, raste auf der Promenade Unter den Linden gegen einen Ampelmast, verschanzte sich hinter seinem Auto und eröffnete das Feuer auf seine Verfolger. Ein westdeutscher Diplomat, der zufällig mit seinem Wagen auf der Kreuzung stand, wurde leicht verletzt. Über den Vorfall berichteten nur die West-Medien, wodurch das Feuergefecht mitten in Ost-Berlin in der ganzen DDR bekannt wurde.

Das hielt die DDR-Führung nicht davon ab, weiter die deutsch-sowjetische Freundschaft hochzuhalten. Als Reaktion auf die penetrante Propaganda hießen die Sowjets im Sprachgebrauch der Bevölkerung nur „die Freunde". Die Soldaten taten den Bürgerinnen und Bürgern leid. Manchmal kamen sie mit ihnen zusammen, um kleine Geschäfte zum gegenseitigen Vorteil zu machen. Sprit gegen Kartoffeln und Gemüse bildete den Kern des nachbarschaftlichen Handels. Ich konnte es nicht lassen, mit meinem senffarbenen Mercedes einen kurzen Stopp einzulegen, als Sowjetsoldaten am Straßenrand Diesel in großen Mengen anboten. Als ich meinen Wunsch auf Russisch äußerte und auch noch mit D-Mark bezahlen wollte, wurde den Rotarmisten die Sache zu heikel, sie nahmen schweren Herzens Abstand von unserem Geschäft.

In Wittenberg traf ich am Ende meiner Publikumstour auf einen pfiffigen Offizier, der zum Gespräch bereit war, nachdem der Oberkommandierende mich freundlich, aber entschieden abgewimmelt hatte. Unsere Unterhaltung schaffte es in die *Tagesthemen*:

Abb.: Fritz Pleitgen (rechts) im Gespräch mit einem Offizier der sowjetischen Streitkräfte in Wittenberg

„Was ist das für eine Einheit, die jetzt abzieht?"

„Die Einheit ist berühmt, sie hat im Großen Vaterländischen Krieg heroische Taten vollbracht und sich bis Berlin durchge-kämpft."

„Wie viele Panzer und wie viele Soldaten ziehen ab?"

„Wenn Sie die Rede unseres Genossen Breschnew gehört haben, dann wissen Sie es. 20.000 Soldaten, 1.000 Panzer."

„Wie viele Panzer sind es heute? Sind es 100 oder soll ich zählen?"

„Mehr als 100!"

„Wie viele Soldaten? Ist es ein Regiment?"

„Nein, mehr!"

„Wohin fährt die Einheit jetzt?"

„In die Sowjetunion!"

„Wohin genau?"

„In die Heimat. Die Soldaten freuen sich darauf."

„Wo ist die Heimat? Oder ist das ein Kriegsgeheimnis?"
„Die Sowjetunion ist groß."
„Was sind das für Panzer? Ich bin kein Waffenspezialist."
„T62."
„Ein guter Panzer?"
„Ja, sehr gut. Ausgezeichnete Maschine, starker Motor."
„Kennen Sie unseren Leopard?"
„Auch eine sehr gute Maschine. Aber unser T62 braucht sich nicht dahinter zu verstecken."
„Wie fühlen sich Ihre Soldaten?"
„Sehr gut. Es geht in die Heimat. Befehl ist Befehl."

Keine klare Auskunft, aber wenigstens Antworten mit etwas Pfiff. *Tagesthemen*-Moderator Wolf von Lojewski fand das Interview und das wohlwollende Urteil über unseren Panzer Leopard sympathisch. Dass ich auf Seiten der DDR-Obrigkeit mit dieser Art Berichterstattung keine Sympathien erwarb, war mir klar. Ebenso bewusst war mir, dass die Stasi noch Rechnungen mit mir offen hatte. Ich musste auf der Hut sen. Aber dann machte ich es ihr doch leicht.

Die Revanche der Stasi

Das Internationale Pressezentrum (IPZ) befand sich nur wenige Minuten von unserer Wohnung entfernt in der Jägerstraße. Für die Männer vom MfS war es ein interessantes Beobachtungsfeld, weil sich hier Journalisten aus dem Westen einfanden, um Reportageprojekte anzumelden oder deren Organisation abzusprechen. Zum IPZ gehörte ein Restaurant, das eine gute Küche hatte. Für Ost-Berlin eine Rarität. Auch das war ein Grund, dort vorbeizuschauen, für unsereins und auch für Mielkes Leute. Ich ging dorthin, um Kollegen zu treffen, doch sie waren schon gegangen.

Stattdessen bevölkerten Vertreter des Außenministeriums und mir nicht bekannte Menschen das IPZ-Restaurant. Über die Tische hinweg kamen wir ins Gespräch. Zum Abendessen ließen wir uns Bier und Nordhäuser Korn kommen. Wir unterhielten uns über das, was die Deutschen aus Ost und West in jener Zeit mit gegensätzlichen Ansichten beschäftigte: das Wettrüsten. Die Argumente wurden allmählich schärfer, bis hin zur Feindseligkeit, wozu meine spöttischen Bemerkungen wesentlich beigetragen haben. Das Thema gab das her. So weit reichte später meine Erinnerung an den Abend.

Gegen 22 Uhr las mich eine Mitarbeiterin der Ständigen Vertretung, die mit ihrer Familie ebenfalls in der Leipziger Straße 66 wohnte, in hilflosem Zustand vor dem Hintereingang auf, den wir normalerweise benutzten, um über den Parkplatz in unser Haus zu kommen; sie geleitete mich zu unserer Wohnung. Meine Frau war entsetzt. So hatte sie mich noch nicht erlebt. Ich fiel ins Bett. Erst am Nachmittag kam ich zu mir. Wir berieten uns. Ich wollte zum Arzt, um mein Blut untersuchen zu lassen, weil ich mir sicher war, dass mir Knockout-Tropfen ins Bier geträufelt worden waren. Um das einwandfrei zu überprüfen, hätte ich einen Arzt in West-Berlin aufsuchen müssen. In meiner angeschlagenen Verfassung konnte ich allerdings unmöglich die Grenze passieren. Am nächsten Tag war es für eine sichere medizinische Überprüfung zu spät, aber die Lektion habe ich mir dauerhaft gemerkt, sich nie zu sicher zu fühlen. Niederlagen können auch ihr Gutes haben.

Hilferufe und die Frage: Wer steckt dahinter?

In unserem merkwürdigen Biotop, in dem wir zwischen Ost und West lebten, war es ein Leichtes, in unübersichtliche Situationen zu geraten. Wenn ich während meiner Ost-Berliner Korrespondentenzeit von verzweifelt wirkenden Menschen gebeten wurde, bei der Ausreise oder gar Flucht zu helfen, wusste ich selten, ob es sich um ehrliche Anfragen oder um Provokationen der Stasi handelte. Unser Verhalten war eine Wanderung auf sehr schmalem Grat. Einerseits wollte man Menschen in Not nicht zurückstoßen, andererseits auch nicht in eine Falle tappen. Ein Beispiel dafür habe ich in einer Aktennotiz an meinen damaligen Fernsehdirektor Heinz Werner Hübner festgehalten, die ich jetzt in meinen privaten WDR-Unterlagen gefunden habe.

Es ging um einen Spion, der im Auftrag des DDR-Staatssicherheitsdienstes in der westdeutschen Firma Preussag jahrelang Spionage betrieben hatte. Er war nach Ost-Berlin zurückgerufen worden, nachdem der Stasi-Oberleutnant Werner Stiller in die Bundesrepublik geflohen und übergelaufen war. Als Morgengabe hatte er dem westdeutschen Nachrichtendienst eine Liste von 31 Wirtschaftsspionen mitgebracht, die für die DDR im Westen spionierten.

In der Aktennotiz beschreibe ich, dass ich den Mann im Restaurant „Sofia" auf der Leipziger Straße kennengelernt habe. An der Garderobe hatte er mir stiekum einen Zettel in die Hand gedrückt, auf dem er um ein Gespräch bat. Mit einem Zeichen machte er mich im Lokal auf sich aufmerksam. Wir setzten uns zusammen. Er erklärte mir gleich, er sei Spion gewesen und „Opfer" von Stiller. Er habe nach dessen Verrat Hals über Kopf die Bundesrepublik verlassen und sei mit seiner nichtsahnenden Familie über West-Berlin in die DDR eingereist.

Mein Gesprächspartner verlor keine Zeit und erklärte mir, er wolle in die Bundesrepublik zurück, ungeachtet wahrscheinlicher Bestrafung und anderer Unannehmlichkeiten. In der DDR hielten er und seine Familie es nicht aus. Sein volljähriger Sohn habe sich strikt geweigert, irgendein Papier in Ost-Berlin zu unterzeichnen. Er habe sich inzwischen unter großen Schwierigkeiten nach Hannover-Langenhagen zurückgekämpft. Dorthin wollten auch seine Frau und der jüngere Sohn.

Ich zitiere aus meiner Aktennotiz: Der Mann legte mir ein Dokument vor (ob Personal- oder Betriebsausweis war für mich nicht erkenntlich). Danach handelte es sich um Raufeisen (?), Armin (?). Zu seiner „nebenberuflichen" Tätigkeit sei er gezwungen worden. Das Ministerium für Staatssicherheit habe ihn 1957 nach Westdeutschland geschickt. Aus der Sache sei kein Rauskommen gewesen. Nun arbeite er im Geologischen Institut in der Invalidenstraße. Er hoffe, mit Hilfe westdeutscher oder amerikanischer Diplomaten bzw. der US-Militärmission in den Westen zu kommen. Ich erklärte dem Mann, dass ich unsere Ständige Vertretung informieren könnte. Von mir als Korrespondent könne er nicht erwarten, dass ich ihn in den Westen schaffe.

Der Aktennotiz entnehme ich, dass ich Günter Gaus, den Chef der Ständigen Vertretung, über meine Begegnung informiert habe. Gaus wiederum setzte Manfred Schüler in Kenntnis, den Leiter des Bundeskanzleramtes. Gaus tippte auf eine Provokation, ich schloss nicht aus, dass es sich um einen echten Hilferuf handelte.

Im Internet ist jetzt nachzulesen, dass Armin Raufeisen und seine Familie ein schlimmes Schicksal erlitten haben. Der Staatssicherheitsdienst der DDR war dahintergekommen, dass Raufeisen Kontakte mit West-Stellen, darunter angeblich auch mit der CIA, aufgenommen hatte. Er wurde wegen Spionage zu einer lebenslänglichen Gefängnisstrafe verurteilt. Seine Frau und sein jüngerer Sohn wurden ebenfalls mit Gefängnis bestraft. Raufeisen selbst starb vor der Wiedervereinigung in einer Haftanstalt nach einer Gallenoperation.

Ob es Bemühungen unserer Regierung gegeben hat, Raufeisen aus der DDR freizukaufen, weiß ich nicht. Rechtsanwalt Wolfgang Vogel und Günter Gaus hätten mir helfen können, aber sie sind wie viele andere meiner Zeitgenossen schon lange tot.

Ausflug in verbotenes Terrain

Am 9. Dezember 1979, es war ein Sonntag, klingelte gegen Mittag in unserer Ost-Berliner Wohnung an der Leipziger Straße das Telefon. Es meldete sich eine Sowjetbürgerin, wie die stets aufmerksame Stasi notierte. Die Russin bestellte herzliche Grüße von einem gemeinsamen Bekannten in Moskau, Valeri Lednew. Er war Politikchef der *Sowjetskaja Kultura* und, was ihn heraushob, Kurier zwischen dem Kreml und der Regierung von Willy Brandt in Bonn. Um diese Aufgabe diskret und effizient ausüben zu können, war er mit einem Dauervisum der Bundesbehörden ausgestattet. Valeri Lednew war verheiratet mit einer populären Schauspielerin des Satire-Theaters in Moskau. Am Telefon gab die von der Stasi identifizierte Sowjetbürgerin die Auskunft, sie sei eine Schauspielkollegin von Lednews Ehefrau. Für den Fall, dass sie bei ihrem Besuch in der DDR Hilfe benötige, habe Lednew ihr meine Telefonnummer anvertraut. Diese vagen Auskünfte reichten mir für die Zusage, sie am Bahnhof in Wünsdorf zu treffen. Mit Blick auf die Verkehrslage am Sonntag, versprach ich, in einer Dreiviertelstunde vor Ort zu sein. Meine Frau hatte das Telefonat mitbekommen, ich musste ihr nicht viel erklären. Ich bat sie lediglich, die Pressestelle unserer Ständigen Vertretung zu informieren, sollte ich um 18.00 nicht wieder zurück sein.

Ganz geheuer war mir die Sache nicht, in Wünsdorf befand sich das Hauptquartier der sowjetischen Streitkräfte in der DDR. Meine dunklen Vorahnungen wurden bestärkt, als sich mir kurz vor Wünsdorf Hinweisschilder in den Weg stellten mit der Aufschrift „Militärisches Sperrgebiet". Da ich bislang unbehelligt durchgekommen war, beschloss ich, den kleinen Rest auch noch zu wagen. Der Vorplatz am Bahnhof Wünsdorf war menschenleer. Ich drehte mit meinem Mercedes mit dem Korrespondentenkennzeichen „QA" eine schwungvolle Runde. Niemand zu sehen. Ich wollte schon davonfahren, als eine Frau aus dem Bahnhof stürmte. Ich ließ sie einsteigen. Es war die Anruferin. Umgehend erklärte sie mir ihr Anliegen. Sie sei mit ihrem Schauspielensemble unterwegs, um die in der DDR stationierten Sowjettruppen zu unterhalten. Es gäbe in der DDR viele Sachen, die in der Sowjetunion nicht zu haben seien. Ihr Wunsch sei es, eine Singer-Nähmaschine zu erwerben. Aber dafür fehle ihr das Geld. Ich erklärte ihr, dass ich auch keine DDR-Mark in der Tasche habe. Und bot ihr stattdessen 50 D-Mark West an. Meine Passagierin zeigte sich über dieses Angebot äußerst erfreut. „Das ist noch besser!" Was ich ihr gerne glaubte. Meine Mission war erfüllt, und ich bat die Schauspielerin, nun auszusteigen. Sie erhob keine Einwände, obwohl wir inzwischen bereits einen Kilometer vom Bahnhof Wünsdorf entfernt waren. Ohne weitere Probleme kehrte ich nach Ost-Berlin zurück, in der Annahme, dass mein Ausflug ins Herz der sowjetischen Schutzmacht unbemerkt geblieben war.

Dies sollte sich viele Jahre später als Irrtum erweisen. Bei der Abfassung dieses Buches hatte ich die Stasiunterlagenbehörde gebeten, mich mit beispielhaften Fotos zu versorgen, die die Observierung meiner Tätigkeit durch die Stasi belegen. Die meisten dieser Fotos sind von technisch minderer Qualität und deshalb für den Buchdruck unbrauchbar. Bis auf ein einziges Foto, das mich nachträglich außerordentlich verblüffte. Es trägt den Vermerk: „Treff zwischen ‚Tiger' und weiblicher Person am 9.12.1979 um 13.42 am Bahnhof Wünsdorf." Es hätte sich also doch um eine Falle handeln können. Laut Ministerbefehl sollte alles versucht werden, um Westkorrespondenten strafrechtliche Verfehlungen anzuhängen. Das Eindringen in ein militärisches Sperrgebiet wäre bei einem Zugriff sicher so auszulegen gewesen. Und die Übergabe von Westgeld an eine Sowjetbürgerin hätte meine Situation sicher nicht besser gemacht.

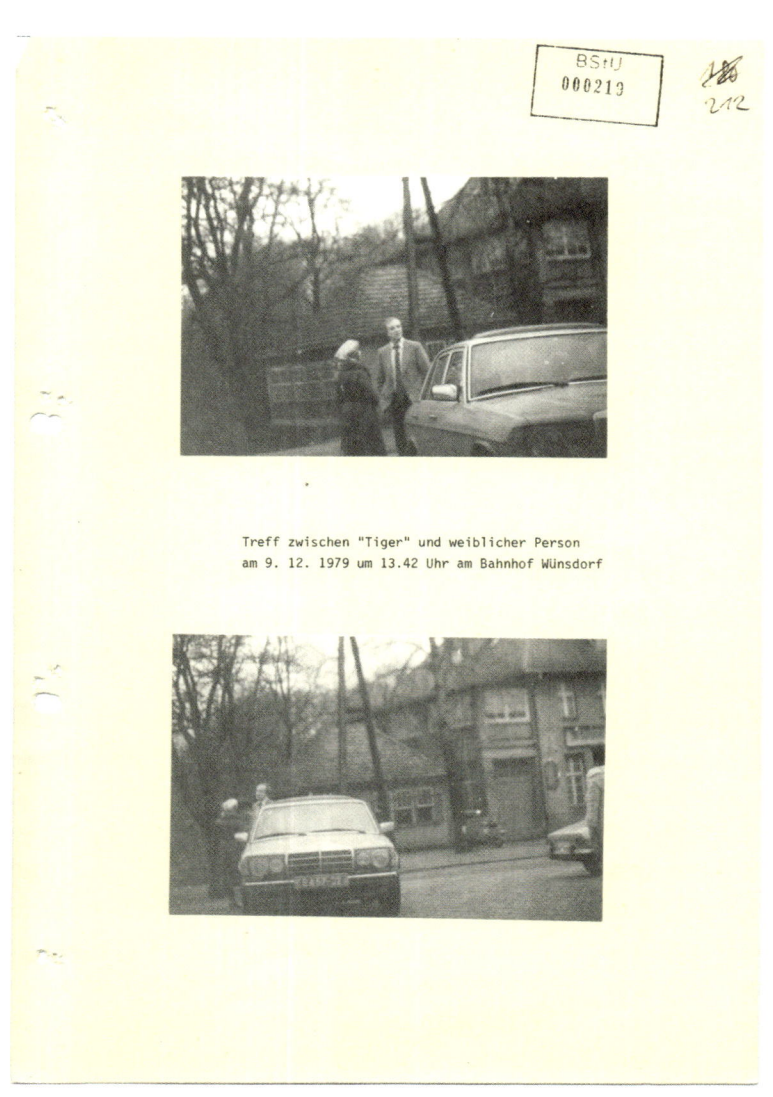

Treff zwischen "Tiger" und weiblicher Person
am 9. 12. 1979 um 13.42 Uhr am Bahnhof Wünsdorf

Abb.: Aus der Stasiakte von Fritz Pleitgen: Überwachungsfoto vom Treffen mit einer sowjetischen Schauspielerin in Wünsdorf, 9.12.1979

146

Befehl 17/81

Am 13. Dezember 1981 saßen Friedrich Nowottny, der Leiter des ARD-Studios Bonn, und ich im Jagdschloss Hubertusstock am Werbellinsee und redeten gegen leere Stühle an, auf denen eigentlich Erich Honecker, die Nummer Eins der DDR, und Helmut Schmidt, der Bundeskanzler der Bundesrepublik Deutschland, sitzen sollten. Die beiden deutschen Staatsmänner hatten ab 11.00 Uhr die Presse aus Deutschland-Ost und Deutschland-West über ihre Gespräche informieren wollen, die sie in den letzten Tagen geführt hatten. Da beide Seiten eisern dichtgehalten hatten, war über die Verhandlungen nichts nach draußen gedrungen.

Für die ARD war das Grund genug, die Pressekonferenz live zu übertragen. Die Kameras liefen; allein, es fehlten die Hauptdarsteller Honecker und Schmidt. Eine offizielle Erklärung gab es dafür nicht. Also reimten sich die am Werbellinsee versammelten Journalisten aus Deutschland-Ost und Deutschland-West selbst zusammen, warum die Pressekonferenz nicht pünktlich begann. Als wahrscheinlicher Grund drängte sich ein Ereignis im Nachbarstaat Polen auf, das die Welt über Nacht aufgeschreckt hatte.

Das kommunistische Regime hatte über die Volksrepublik das Kriegsrecht verhängt, um der oppositionellen Gewerkschaftsbewegung Solidarność mit Gewalt Herr zu werden. Die Entscheidung war in den Schluss der deutsch-deutschen Gespräche hineingehagelt. Es war naheliegend, dass Honecker und Schmidt sich erst einmal verständigen wollten, wie sie auf dieses international schwerwiegende Ereignis eingehen sollten, ohne ihre eigenen Verständigungsbemühungen in Frage zu stellen.

„Die werden schon kommen!", war sich Nowottny sicher. Das Licht auf den Kameras leuchtete auf. Wir legten los. Unverzagt bereiteten wir das Publikum auf die Themen vor, die vermutlich von Honecker und Schmidt angesprochen worden waren. Der Saal war bis auf den letzten Platz mit Journalisten gefüllt. Die Kolleginnen und Kollegen hörten sich gerne an, was wir über die deutsch-deutschen Gespräche zum Besten gaben. Als uns der Stoff auszugehen drohte, nahm sich Nowottny das Kommuniqué vor, das uns vorab ausgehändigt worden war, allerdings mit Sperrfrist. „Die halten sich nicht an Termine, dann müssen wir das auch nicht", befand der Leiter des ARD-Studios Bonn souverän und brachte den gesamten Text zur Verlesung. Große Geheimnisse verriet er damit nicht, was nicht an ihm, sondern am inhaltsleeren Kommuniqué lag.

Wir hatten unseren Piratenakt soeben abgeschlossen, als der Bundeskanzler und sein Gefolge mit den Ministern Franke und Graf Lambsdorff doch noch kamen und die Bühne vor uns bevölkerten. Als Entschuldigung für das späte Kommen musste ein verlängertes Abschlusstreffen der Delegationen herhalten. So richtig gelohnt hatte sich unser Warten nicht. Helmut Schmidt schaffte es, 20 Minuten lang bedeutungsschwer über die Verhandlungen zu referieren, ohne sich zu einer substanziellen Neuigkeit hinreißen zu lassen.

Für seine Vier-Augen-Gespräche mit Erich Honecker fand er schwärmerische Beschreibungen. Offen und freimütig sei man miteinander umgegangen. Vierzehn Stunden habe er mit Honecker alles besprechen könne, was ihnen beiden wichtig erschien. Vierzehn Stunden netto! Ohne Dolmetscher. So intensiv habe er sich in seiner ganzen Kanzlerschaft noch nie mit der Spitze eines anderen Staates austauschen können. Er sei sehr gut vorbereitet gewesen. Nach Aktenlage habe er sich über komplizierte Sachverhalte bestens im Bilde gefühlt, aber nach dem ausführlichen Gedankenaustausch mit Honecker seien für ihn verschiedene Handlungsweisen der Gegenseite verständlicher geworden.

Das Gleiche dürfe umgekehrt auch für Erich Honecker gelten. Sein Arbeitsbesuch werde nachhaltig wirken. Auf dieser Grundlage sei für die Zukunft auch unter schwierigen Umständen ein vernünftig funktionierendes Verhältnis zwischen den beiden deutschen Staaten herstellbar. Fragen nach Mindestumtausch, nach Swing (dem zinslosen Überziehungskredit), Erleichterungen bei Ein- und Ausreisen, völkerrechtlicher Anerkennung der DDR, Umwandlung der Ständigen Vertretungen in Botschaften, Festschreibung der deutsch-deutschen Grenze in der Flussmitte der Elbe verloren sich im Nebel dieser Erklärung.

In späteren Nachbetrachtungen von Helmut Schmidt und Klaus Bölling konnten wir lesen, die Gespräche am Werbellinsee hätten nichts gebracht. Da hatte die DDR allerdings schon längst das Zeitliche gesegnet.

Zur Deutschen Einheit war in Schmidts ausführlicher Eingangserklärung zur Pressekonferenz keine Andeutung zu erkennen. Im Gegenteil, der westdeutsche Bundeskanzler verwies auf die Geschichte, in der Deutschland von mehreren Staaten beherrscht wurde, die selten in Frieden miteinander ausgekommen seien. Umso wichtiger sei es im Zeitalter atomarer, chemischer und biologischer Massenvernichtungswaffen, dass die beiden deutschen Staaten ein auskömmliches Miteinander herstellten. Die Pressekonferenz fand ein jähes Ende. Regierungssprecher Kurt Becker bat um Verständnis. Man habe noch eine zweistündige Reise nach Güstrow vor sich. Er konnte nicht wissen, was die westdeutsche Delegation in der mecklenburgischen Kleinstadt bei Rostock erwartete.

Ost-Berlin und Bonn hatten sich sehr plagen müssen, um den Arbeitsbesuch des westdeutschen Bundeskanzlers Helmut Schmidt zustande zu bringen. Es dauerte Jahre, ehe der Termin feststand. Ohne eigene Souveränität mussten die Bundesrepublik und die DDR als Juniorpartner in den mächtigen Militärbündnissen NATO und Warschauer Pakt ihre politischen Vorstellungen mit den Führungsmächten ihrer Allianzen abstimmen: die Bundesrepublik mit den Vereinigten Staaten von Amerika und die DDR mit der Sowjetunion. Ständig funkte die politische Großwetterlage in ihre Planungen. Mal war es der sowjetische Einmarsch in Afghanistan, mal war es die Demokratiebewegung Solidarność in Polen, die die Fronten zwischen Ost und West verhärtete.

Am 11. Dezember 1981 war es endlich so weit. Bundeskanzler Helmut Schmidt landete mit seiner Delegation auf dem Flughafen Schönefeld im Südwesten Berlins. Publikum war nicht zugegen. Lediglich eine Handvoll Journalisten schaute sich die Begrüßung der beiden deutschen Staatsmänner an. Das trübe Dezemberwetter unterstrich die Armseligkeit des Protokolls, wie es für einen Arbeitsbesuch vorgesehen ist. Den Bonnern war es recht. Dies unterstrich die westdeutsche Position, dass die beiden deutschen Staaten füreinander kein Ausland waren. Dem SED-Regime kam das Format ebenfalls entgegen. Allerdings aus anderen Gründen!

„Keine Wiederholung von Erfurt", war die Devise der DDR-Führung, als es an die Programmplanung des Schmidt-Besuchs ging. Die Erfahrung von 1970, als beim ersten deutsch-deutschen Spitzentreffen Hunderte DDR-Bürger den westdeutschen Bundeskanzler Willy Brandt enthusiastisch begrüßten, war dem SED-Regime tief in die Knochen gefahren. Auch Brandt-Nachfolger Helmut Schmidt genoss in der DDR-Bevölkerung große Wertschätzung. Die Stasi konnte sich leicht ausrechnen, dass es bei einer Begegnung des westdeutschen Bundeskanzlers mit DDR-Bürgern zu Sympathiebekundungen für Schmidt kommen würde. Das wollte Ost-Berlin unbedingt verhindern. Stasichef Mielke nahm sich der Sache persönlich an, und zwar gründlich. Als der Termin heranrückte, brachte er den Befehl 17/81 heraus.

Auf 41 Seiten listete er „politisch-operative Maßnahmen zum Schutz und zur Sicherung der Aktion Dialog" auf. Man kann dem Minister für Staatssicherheit nicht den Vorwurf machen, dass er es sich einfach gemacht hat. Er witterte Störfaktoren, auf die nur Menschen seiner Denkungsart kommen konnten. Dazu zählten auch psychisch Kranke und Alkoholiker, die unter Kontrolle zu bringen seien. Betroffen von seinen Maßnahmen war eine bunte Mischung: Betriebe, Baustellen, Sprengmittelanlagen, Urlaubseinrichtungen, Gaststätten, Haltestellen, auch Bezirkskrankenhäuser für Psychiatrie und Neurologie, um nur einige Beispiele zu nennen. Verhindert werden sollten „unkontrollierte Annäherungen an die westdeutsche Delegation von Personen mit feindlich-negativen Absichten". Über die Hälfte des DDR-Territoriums umfasste die Minister-Liste. 19.000 Volkspolizisten und 18.000 Mitarbeiter des MfS wurden für die gigantische Operation in Bereitschaft versetzt.

Vom aberwitzigen Ausmaß und von der Wirkung des Befehls 17/81 bekam die Bonner Delegation in den ersten Tagen wenig mit. Zusammen mit dem Bundeskanzler wurde sie gleich nach der Ankunft in die Abgeschiedenheit der Uckermark befördert, wo die DDR-Obrigkeit am Werbellin- und Döllnsee über repräsentative Gästehäuser verfügte. Bis hierhin kam ohnehin kein Normalbürger durch. Die Delegationen hätten hier auch ohne Befehl 17/81 unbehelligt tagen können.

Es war das dritte deutsch-deutsche Spitzentreffen. Die ersten beiden hatten vor fast zehn Jahren stattgefunden. Die Vorbereitung einer dritten Runde stand von Anfang an unter einem unglücklichen Stern. Das internationale Klima hatte sich dramatisch verschlechtert. Dazu beigetragen hatten der sowjetische Einmarsch in Afghanistan und die harschen Reaktionen des Westens auf die militärische Intervention Moskaus am Hindukusch. Aber die Sterne standen für eine Politik eigener Wege insgesamt nicht gut. Das betraf insbesondere die Annäherung zwischen den beiden deutschen Staaten.

Zu einer Dauerbelastung der internationalen Beziehungen wurden die Abrüstungsverhandlungen zwischen Washington und Moskau, die ständig vom Scheitern bedroht schienen, was wiederum den Gesprächen zwischen Ost-Berlin und Bonn nicht gut bekam. Ständig gab es Gründe, den Arbeitsbesuch des westdeutschen Bundeskanzlers zu verschieben. Hinzu kam, dass die jeweiligen Verbündeten auf beiden Seiten jede Annäherung der Deutschen diesseits und jenseits des Eisernen Vorhangs mit äußerstem Misstrauen verfolgten. Mochten sich die Bundesrepublik und die DDR noch so spinnefeind geben, man traute den beiden deutschen Staaten zu, dass sie jederzeit bereit waren, zum eigenen Vorteil gemeinsame Sache gegen ihre Nachbarn zu machen.

Unter diesen Umständen war der Gedanke unvorstellbar, dass es weniger als zehn Jahre dauern würde, bis Deutschland wieder vereint war. Nicht der Wunsch nach Wiedervereinigung bewegte die Menschen in den beiden deutschen Staaten damals, sondern die apokalyptische Aussicht, zum Schlachtfeld in einem Krieg zwischen Ost und West zu werden. Daraus zogen die Regierungen in Bonn wie in Ost-Berlin als oberstes Gebot ihrer Politik wortgleich denselben Schluss, von deutschem Boden dürfe nie wieder ein Krieg ausgehen, was wiederum ihre besondere Verantwortung für Sicherheit und Frieden in Europa unterstreiche und die Notwendigkeit ihres Treffens begründe.

In ihren Tischreden am ersten Verhandlungstag beschrieben Honecker wie Schmidt die Weltlage nahezu identisch als angespannt und bedrohlich. Der deutsch-deutsche Schulterschluss dauerte allerdings nicht lange. Als es um die Schuldfrage ging, hatten die Ansichten des ostdeutschen Parteichefs und des westdeutschen Bundeskanzlers nichts mehr miteinander zu tun. Erich Honecker sah die USA als hauptverantwortlichen Treiber für das hemmungslose Wettrüsten, während Helmut Schmidt die Sowjetunion mit ihren atomaren SS-20-Mittelstreckenraketen als nicht hinnehmbare Bedrohung Europas bezeichnete. Streit gab es über die Kontroverse nicht. Dafür war der Einfluss der Deutschen auf die Rüstungspolitik der beiden Supermächte zu gering.

Wenn ich heute die Bilder vom Treffen am Werbellinsee betrachte, dann fällt mir auf, dass die Gesundheit von Erich Honecker bereits damals stark angeschlagen war. Seine Stimme war dünn und tonlos. Mit Mühe brachte er seine Tischrede zu Ende. Er sparte nicht mit Eigenlob für seinen Staat, aber seine Worte hinterließen nicht den Eindruck eines kraftvollen Politikers. Ganz anders dagegen Helmut Schmidt. Er agierte mit der Selbstsicherheit eines Weltstaatsmanns, ohne seine Überlegenheit gegenüber dem SED-Chef auszuspielen, den er mit Respekt und ausgesuchter Höflichkeit behandelte.

Die deutsch-deutschen Gespräche näherten sich ihrem Ende. Auch für die unvorhergesehene Verhängung des Kriegsrechts in Polen wurden verbindliche Worte gefunden. Man hoffe, dass Polen in eigener Souveränität seine Probleme löse, sei aber zu wirtschaftlicher Hilfe bereit, wenn es von Polen gewünscht würde.

Einen kultivierten Ausklang seines Arbeitsbesuchs in der DDR hatte sich der westdeutsche Bundeskanzler gewünscht. Den Vorschlag Güstrow nahm der Kunstliebhaber Helmut Schmidt gerne an. Er freute sich darauf, das weltberühmte Meisterwerk *Schwebender Engel* des von ihm verehrten Bildhauers Ernst Barlach im Dom zu Güstrow in Ruhe und Andacht betrachten zu können. So die arglose Vorstellung des westdeutschen Bundeskanzlers. Helmut Schmidt konnte nicht ahnen, dass sich für die DDR die Protokollregeln drastisch änderten, als die westdeutsche Delegation den durch seine Abgeschiedenheit geschützten Raum des Werbellinsees verließ. Ab nun galt der geheime

Befehl 17/81 von Stasichef Erich Mielke. Honecker klärte seinen Gast darüber nicht auf. So viel zum Freimut, der angeblich die deutsch-deutschen Gespräche auszeichnete!

Während Helmut Schmidt und Erich Honecker durch das winterliche Brandenburg und Mecklenburg auf Güstrow zurollten, setzte Mielke seine Maßnahmen in Gang. Güstrow wurde von Polizei und Staatssicherheit mit 5.000 Sicherheitskräften in Uniform und Zivil geflutet. Da die Stasi die Güstrower Bevölkerung für ideologisch nicht gefestigt hielt, wurden die Einwohner verdonnert, während des Honecker-Schmidt-Besuchs zu Hause zu bleiben. Stattdessen wurden einige tausend zuverlässige SED-Mitglieder aus der Umgebung herangeschafft. Die herbeitransportierten Kräfte hatten die Güstrower Bevölkerung nicht nur zu ersetzen, sondern auch in lautstarken Jubel auszubrechen.

„Unser Erich Honecker, er lebe hoch!" wurde etwas holprig skandiert, wenn der SED-Chef gesichtet wurde. Nicht sehr überzeugend, aber aus Sicht des Ministers für Staatssicherheit der DDR stimmte die Mischung. Kein einziger Ruf nach Helmut Schmidt war zu hören. Und doch wurde das „kafkaeske Theater von Güstrow", wie es unser Reporter Ernst Dieter Lueg bezeichnete, zu einem grandiosen, allerdings peinlichen Fehlschlag der DDR-Propaganda.

Schuld war wieder einmal die Westpresse. Da die deutsch-deutschen Gespräche keine konkreten politischen Ergebnisse produziert hatten, avancierte Mielkes Schildbürgerstreich für die mitgereisten West-Journalisten zum Topereignis des Arbeitsbesuchs des westdeutschen Bundeskanzlers in der DDR. Ich muss zugeben, wir im Ersten fanden daran auch großen Gefallen. Leider war uns damals die Existenz des Befehls 17/81 nicht bekannt.

Wir hätten Mielkes Fleißarbeit gerne der Weltöffentlichkeit mitgeteilt.

DDR-Bürger hatten gemeinhin keine Scheu, sich von West-journalisten ansprechen zu lassen. Aber in Güstrow war das anders. Die Mielke-Mischung von Güstrow hielt eisigen Abstand. Lutz Lehmann, einer unserer Männer vor Ort, ließ sich davon nicht abschrecken. Unnachsichtig bohrte er sich mit seinen Fragen in eine Gruppe von „Güstrower Bürgern", die am Dom das Geschehen mit engagiertem Beifall verfolgten. Am Ende stellte sich heraus, dass keiner der Befragten aus Güstrow stammte, dass alle im Auftrag der Partei oder der Sicherheitskräfte gekommen waren. Einige ließen sich sogar dazu hinreißen, sich für die Zukunft Reisemöglichkeiten in die BRD zu wünschen.

Über die unbotmäßigen Westjournalisten hat sich Stasichef Mielke vermutlich kaputt geärgert. Mit ihrer Berichterstattung vermasselten sie ihm seine Tour mit dem sorgsam ausgearbeiteten Befehl 17/81. Den DDR-Medien war die dreiste Manipulation beim Honecker-Schmidt-Besuch in Güstrow nicht zu entnehmen, während das Westfernsehen den Spuk aufdeckte und dies auch durch Befragungen belegte. Für die Menschen in der DDR, die sich ohnehin lieber über das Westfernsehen informierten als über die eigenen Medien, war das Schelmenstück ihrer Obrigkeit von Güstrow ein weiterer Beweis, dass die DDR-Führung ihrer Bevölkerung nicht über den Weg traute.

Helmut Schmidt ertrug das Spektakel mit stoischer Miene. Er hatte nicht nur Honecker an seiner Seite, sondern reichlich Sicherheitsleute um sich herum, deren aufdringliche Präsenz ihm das private Genießen der Kunst des Bildhauers Ernst Barlach völlig vermieste. Mielkes Mannen hielten Schmidt fest im Auge, als gelte es, eine konspirative Annäherung zwischen dem schwebenden Engel und dem obersten Repräsentanten des Klassenfeinds zu verhindern.

Schmidt rettete sich schließlich in den Zug, der die Bonner Delegation vom Bahnhof Güstrow Richtung Westen beförderte. Die letzte Geste des dritten deutsch-deutschen Gipfeltreffens war Erich Honecker vorbehalten. Er kramte aus seiner Manteltasche ein Hustenbonbon und reichte es seinem Gast aus Bonn durch das Abteilfenster. Die Geste passte irgendwie zum armseligen Auftritt der DDR-Führung bei der Verabschiedung des Bundeskanzlers in Güstrow, sie passte in ihrer Biederkeit auch zum SED-Chef. Wie viel Zukunft konnte man einem Staat mit dieser Obrigkeit noch geben?

Genosse Heinrich Heine

In meinem Arbeitszimmer erinnern mich Fotos an die Städte, in denen wir während meiner Korrespondentenzeit gelebt haben. Für Berlin haben wir eine Darstellung des Grenzübergangs Heinrich-Heine-Straße gewählt. Sie stammt aus dem Jahr 1967, als der Übergang Heinrich Heine noch nicht sein volles Ausmaß erreicht hatte. Die GÜSt, wie die Grenzübergangsstelle abgekürzt im Fachjargon hieß, hat unser Leben zwischen Ost und West geprägt. Wir haben sie viele hundert Male passiert, im Slalom an schweren Betonblöcken vorbei. Aus westlicher Perspektive sah die Anlage mit Mauer und Drahtverhau tatsächlich wie ein Gefängnis aus.

Der Druck des Künstlers Kuschnerus ist mit einem Zitat von Heinrich Heine versehen. In seiner Lutetia-Vorrede lesen wir über die Kommunisten: „Nur mit Grauen und Schrecken denke ich an die Zeit, wo jene dunklen Bilderstürmer zur Herrschaft gelangen werden. Mit ihren rohen Fäusten zerschlagen sie alsdann erbarmungslos alle Marmorbilder der Schönheit, die meinem Herzen so teuer sind. Sie zertrümmern alle jene Spielzeuge, die dem Poeten so lieb waren. Sie hacken mir meine Lorbeerwälder um und pflanzen darauf Kartoffeln. Und dennoch übt eben dieser Kommunismus, so feindlich er allen meinen Interessen und Neigungen ist, auf mein Gemüt einen Zauber aus, dessen ich mich nicht erwehren kann."

Heine wurde in der DDR hoch in Ehren gehalten, als sei er ein geistiger Vorläufer des sozialistischen deutschen Staates. Ob der SED-Sozialismus auf ihn einen Zauber ausgeübt hätte, ist allerdings mehr als zweifelhaft.

Für uns Korrespondenten war der Grenzübergang Heinrich Heine eine positive Einrichtung, „mit Einschränkungen", würde meine Frau hinzufügen. Obwohl sie allgemein als umgänglicher Mensch galt, geriet sie ständig mit einem kleinen, akkurat

gescheitelten, spitzbäuchigen Grenzer aneinander. Bei jeder Passkontrolle forderte „Spitzbauch", wie er in unserer Familie genannt
wurde, meine Frau auf, ihr rechtes Ohr freizulegen, bis sie in den
offenen Widerstand ging. Sie weigerte sich, seiner Aufforderung
nachzukommen. Das Ohr müsse ihm allmählich bekannt sein.
Die Passkontrolle stockte, schnell bildete sich eine Schlange.
Es wurde gehupt, obwohl das eigentlich in der Übergangsstelle
verboten war. Der Diensthabende erschien. Meine Frau zeigte
ihm freiwillig ihr Ohr und erklärte den Sachverhalt. Der Diensthabende erwies sich als galant. Meine Frau konnte passieren. Ihr
Widersacher blieb mit seiner Beschwerde zurück, unsere Kinder
hätten ihn auf Anweisung ihrer Mutter mit dem Lied „Da steht
der kleine Futzemann" verspottet. Am Wahrheitsgehalt der Beschwerde hatte ich wenig Zweifel.

Was wir an der Grenze erlebten, war in unserer Familie ständiges Gesprächsthema. Das Kontroll-Regime war für uns nicht
durchschaubar. Die eigentliche Passkontrolle fand hinter einer
stark getönten Scheibe statt, die keine Sicht nach innen erlaubte.
Die Kinder wollten wissen, was sich hinter der Scheibe abspielte.
Unsere Tochter Vanessa nahm ihren kleineren Freund Florens,
genannt Flo, auf die Schulter. Florens presste seine Nase an die
Scheibe, um nach innen zu spähen.

Der Grenzer hinter der Scheibe versuchte, Florens mit entschiedenen Gesten zu verscheuchen. Flo hielt durch. Er konnte
gar nicht anders. Vanessa hielt ihn an den Beinen fest. Erst als
ihre Kräfte nachließen, konnte Florens seine Beobachtung einstellen. Der Diensthabende, diesmal ein anderer, sprach sehr
ernst mit mir. Ich gewann den Eindruck, dass sich die Neugier
der Kinder dem Strafrecht der DDR bedenklich näherte.

Die schönste Geschichte um die Grenzübergangsstelle Heinrich-
Heine-Straße stammt von meinem Vorgänger Lothar Loewe. Als
die Fußball-Auswahl der DDR bei der Fußball-Weltmeisterschaft
1974 das hochfavorisierte Team der Bundesrepublik Deutschland

um Franz Beckenbauer durch ein Tor des famosen Jürgen Sparwasser vom FC Magdeburg überraschend 1:0 besiegte, wurde der ARD-Korrespondent am nächsten Tag von den Grenzern gefragt, wie ihm das Spiel gefallen habe. „Ausgezeichnet", erklärte Loewe. „Ich freue mich immer, wenn die Deutschen gewinnen."

Zum Schluss wurde es am Grenzübergang Heinrich Heine fast familiär. Wir erwarteten unser viertes Kind. Es sollte im Martin-Luther-Krankenhaus in West-Berlin zur Welt kommen. Drei Anläufe waren nötig. Die Wehen setzten immer abends ein. Für uns musste extra die Lkw-Spur geöffnet werden, weil der Grenzübergang offiziell bereits geschlossen worden war. Wir hörten keinerlei Häme, wenn wir erfolglos zurückkehrten, sondern ein aufmunterndes: „Es wird schon werden!"

Nach unserem dritten Versuch war ich nachts vom behandelnden Arzt nach Hause geschickt worden. Ich würde rechtzeitig informiert, wenn es so weit wäre. Der Anruf kam. Die Grenze war noch geschlossen. Ich wurde mit den besten Wünschen durchgelassen. Im Wilmersdorfer Krankenhaus traf ich ein paar Minuten zu spät ein. Nach meiner Abfahrt sei es wie das Brezelbacken losgegangen, erklärte mir die Stationsschwester. Ein Kind nach dem anderen sei geboren worden. Meine Frau und ich haben auf die Geburt unseres Sohns Benjamin Alexander ein Gläschen Champagner getrunken.

Als ich nach Ost-Berlin zurückfuhr, hörte ich im Radio, dass ein DDR-Grenzsoldat am Tag vorher unter dramatischen Umständen geflüchtet war und dabei seinen Kameraden erschossen hatte. Am Grenzübergang Heinrich-Heine-Straße schien man davon nichts zu wissen. Ich wurde entspannt ausgefragt. Als ich Vollzug meldete, wurde mir freundlichst gratuliert. Nach Gewicht und Größe des neuen Erdenbürgers wurde sich erkundigt, auch nach dem Namen. Alles kam gut an. Keine normale Abfertigung. Nicht jeden Tag passierten den Grenzübergang Heinrich-Heine-Straße werdende und frisch gebackene Väter.

Bilanz mit gemischten Gefühlen

Die Nachrichten wurden im Laufe des Tages schlechter. Die Großwetterlage zwischen Ost und West hatte sich wieder einmal verdüstert. Ende der 1970er Jahre war der Entspannungspolitik in Ost wie in West die Luft ausgegangen. Die Vereinbarungen auf der Konferenz für Sicherheit und Zusammenarbeit (KSZE) in Europa waren nicht eingehalten worden. Die Sowjetunion und ihre Verbündeten vermissten die in Aussicht gestellte und dringend benötigte wirtschaftliche Zusammenarbeit, der Westen sah im Ostblock die Menschenrechte weiter mit Füßen getreten. Die Enttäuschungen hüben und drüben steigerten das gegenseitige Misstrauen in krankhafte Höhen. Ein aberwitziges Wettrüsten war die Folge.

Die Verschärfung der Ost-West-Konfrontation kam der US-Rüstungsindustrie sehr gelegen. Die Aussicht auf eine ergiebige Goldgrube beflügelte die Phantasie der Waffentechniker. Fabelhafte Mordwerkzeuge drängten auf den Markt, sie animierten Militär und Politik, über extravagante Formen moderner Kriegführung nachzudenken, wobei der „begrenzte Atomkrieg" in den Köpfen der Strategen immer mehr Gestalt annahm.

Eine geeignete Waffe stand mit der Neutronenbombe zur Verfügung, sie besaß die Fähigkeit, Menschen zu töten, aber Gebäude und Straßen zu verschonen. Eine faszinierende Kombination! Nach Vernichtung der Bevölkerung konnte mit intakter Infrastruktur und neuer Zivilisation gleich weitergemacht werden. Für die Sowjetunion und die USA war das durchaus denkbar, denn als Schlachtfeld kam Westeuropa in Frage, weit genug von Moskau und Washington entfernt.

Die europäische Bevölkerung mochte sich indes nicht mit derartigen Gedankenspielen abfinden und rebellierte dagegen mit massiven Demonstrationen. Die Neutronenbombe schaffte es zwar, in reichlicher Zahl in die amerikanische Waffenkammer aufgenommen zu werden, aber Element der NATO-Verteidigung wurde sie nicht. Kaum war diese Schreckensvision verscheucht, tauchte eine neue auf.

Unser Bundeskanzler Schmidt hatte auf westlicher Seite eine Lücke im Bereich der atomaren Mittelstreckenraketen erspäht. In diesem Segment war die Sowjetunion mit der SS-20-Rakete üppig ausgestattet, während sich die Westeuropäer schutzlos fühlten. Aber nicht mehr lange. Die nordatlantische Allianz fasste einen Doppelbeschluss. Sie entschied sich für die Aufstellung von atomaren Mittelstreckenraketen in Westeuropa und bot Moskau gleichzeitig Verhandlungen über den kompletten Abbau dieser Waffengattung an. „Aufrüsten, um abzurüsten", hieß die dialektische Parole.

Die Bevölkerung war nicht glücklich darüber. Die amerikanische Rüstungsindustrie war hingegen happy, sie hatte das passende Gerät auf Lager und machte ein Riesengeschäft. Auf einen Schlag wurde sie 108 Pershing-II-Raketen und 464 Cruise Missiles vom Typ Tomahawk los, allesamt bestückt mit Atomsprengköpfen von verheerender Wirkung. Den Menschen in Europa war der Deal nicht geheuer, sie wollten keine weiteren Massenvernichtungswaffen auf ihrem Territorium. Eine mächtige Friedensbewegung baute sich auf. Der Staatssicherheitsdienst der DDR ließ sich nicht lumpen und unterstützte diskret, aber mit Hingabe alles, was sich gegen die Aufstellung der Pershings und Tomahawks richtete.

Wer hingegen in der DDR die Hochrüstung der eigenen Seite hinterfragte, wurde rabiat verfolgt. Doch auf Dauer ließ sich die ostdeutsche Friedensbewegung – wie sich schon beim Forum in der Dresdner Kreuzkirche zeigte – nicht unterdrücken. In Kürze sollte sie mit einem neuen Sowjetführer einen unerwarteten Verbündeten erhalten. Als ich 1982 die DDR verließ und nach

Amerika ging, wusste ich die Zeichen noch nicht zu deuten. Später fiel mir ein Bild ein, das mir der russische Regimekritiker Roy Medwedew mit auf den Weg gegeben hatte: „Die Sowjetunion ist wie ein gewaltiger Gletscher, unter dem sich viele kleine Bäche bilden. Wir sehen sie von außen nicht, aber sie werden immer mehr, und eines Tages gerät der Gletscher unhaltbar ins Rutschen."

Zum Ende meiner Korrespondentenzeit zog ich in der SFB-Sendung *Kontraste* und in der *ZEIT* Bilanz. „Zehn Jahre Grundlagenvertrag zwischen der DDR und der Bundesrepublik Deutschland liegen hinter uns", resümierte ich. „Im Westen spricht man ständig von Vorleistung. Tatsächlich aber hat Ost-Berlin mehr riskiert. Die Millionen Besucher wie die ständige Anwesenheit von Westkorrespondenten haben die DDR-Bevölkerung verändert. Nicht rebellisch, aber kesser ist sie geworden, sie nimmt nicht mehr alles unwidersprochen von der Staatsmacht hin. Und wie hat sich der Grundlagenvertrag auf unsere Gesellschaft ausgewirkt? Überhaupt nicht! In den deutsch-deutschen Beziehungen war der Staat DDR weiter an die Grenzen seiner Möglichkeiten gegangen als die Bundesrepublik Deutschland an die ihren."

Das war 1982. Sieben Jahre später fiel die Mauer. Meine Einschätzung hat damals bei uns im Westen viel Empörung ausgelöst. Kein Wunder, wir waren der ehrlichen Überzeugung, dass unsere großherzige Einstellung vom Osten schamlos ausgenutzt wurde. Von oben herab sahen wir die Probleme des Nachbarn mit seinen schwierigen Verhältnissen nicht. An dieser Haltung hat sich im Grunde wenig geändert.

TEIL 2

Eine andere Welt: Die USA (1982–1989)

Getrennte Wege

Nach dem Krieg war der Hunger der Deutschen auf Nachrichten und Berichte aus dem Ausland groß. All das, was ihnen an Informationen vom Naziregime vorenthalten worden war, lieferten nun die öffentlich-rechtlichen Rundfunkanstalten, die unter der Aufsicht der westlichen Siegermächte in der neu geschaffenen Bundesrepublik Deutschland entstanden waren.

Die Auslandskorrespondenz wurde zur Domäne und zum Markenzeichen der ARD (Arbeitsgemeinschaft der Rundfunkanstalten in Deutschland). Im Laufe von wenigen Jahren wurden in aller Welt Büros und Studios eingerichtet, oft auf Eigeninitiative von Journalisten mit Pioniergeist. In Washington war das Peter von Zahn und in Moskau Gerd Ruge. Dank ihrer Erzählkunst lernten die Deutschen die Länder kennen, deren Regierungen hauptverantwortlich für die politische und gesellschaftliche Zukunft im besiegten Deutschland waren.

Fünf Jahre hatten Lutz Lehmann und ich in der DDR zusammengearbeitet. Nun trennten sich unsere Wege. Lehmann ging nach Moskau, ich nach Washington. Die heftigen Auseinandersetzungen zwischen den beiden Atommächten brachten uns in der Berichterstattung wieder zusammen, allerdings auf entgegengesetzten Positionen. Lehmann erklärte die Haltung der Sowjetunion, ich die der USA.

Abb.: Familie Pleitgen am Flughafen, auf dem Weg nach Washington

Auf unsere gemeinsame Zeit in politisch unfreundlicher Umgebung habe ich immer gerne zurückgeschaut. Lehmanns Kompromisslosigkeit gegenüber dem SED-Regime hat mich beeindruckt. Deshalb verstand ich seine Empörung, als ihm nach der Wende eine Studie seines eigenen Senders „Giftspinne im Netz" unterstellte, er habe sich vor seiner Korrespondentenzeit in der DDR von der Stasi instrumentalisieren lassen. Dazu befragte ich Jochen Staadt vom Forschungsverbund SED-Staat der FU Berlin, der die Aktivitäten des Ministeriums für Staatssicherheit für die ARD untersuchte. Sein Urteil entlastet Lutz Lehmann eindeutig.

Hier Auszüge aus Staadts gutachterlicher Bewertung:

Lutz Lehmann stand der DDR als junger Journalist [...] kritisch gegenüber. Der DDR-Generalstaatsanwalt Josef Streit, den Lehmann im Februar 1964 über belastende NS-Unterlagen aus DDR-Archiven befragte, berichtete dem SED-Politbüromitglied Albert Norden über das Interview und merkte an, dass es im Nachgespräch zu einer heftigen Diskussion über die DDR-Justiz kam, wobei Lehmann sich auf den Fall Flade bezog sowie andere Fälle politischer Inhaftierungen. Auch über die Gewalttaten an der Mauer habe Lehmann mit ihm gestritten.

[...]

Durch seine Magazinbeiträge über NS-Juristen, die an Todesurteilen beteiligt waren und sich Mitte der 60er Jahre noch im Justizdienst der Bundesrepublik befanden, hat Lutz Lehmann entschieden und unbeirrt zur öffentlichen Diskussion dieses traurigen Kapitels der westdeutschen Justizgeschichte beigetragen. Er hat sich dabei zu keiner Zeit von den Versuchen der DDR-Staatsanwaltschaft, ihn für DDR-Kampagnen zu instrumentalisieren, vereinnahmen lassen.

Als die DDR im Februar 1966 mehrere westdeutsche Journalisten nach Neu-Straßfurth einlud, um vor Ort zu beweisen, Bundespräsident Heinrich Lübke sei dort als KZ-Baumeister tätig gewesen, berichtete Lutz Lehmann am 18. Februar 1966 in *Der ZEIT* unter der Überschrift „Die enthüllten Enthüller": „Ost-Berlin blieb den Beweis für die Anklage gegen Lübke schuldig" über diese gescheiterte Propagandaaktion des „Nationalrats der Nationalen Front der DDR".

Der gegen Lutz Lehmann erhobene Vorwurf, durch die Verwendung von NS-Schriftgut aus DDR-Archiven habe er die SED-Propaganda unterstützt, ist weder durch Lehmanns damalige Texte und Magazinsendungen noch durch die heute auswertbaren SED- und MfS-Akten zu belegen.

[...]

Als Feindperson wurde Lutz Lehmann in der Operativen Personenkontrolle (OPK) „Leopard" vom DDR-Staatssicherheitsdienst überwacht. Mehrfach behinderten ihn MfS-Leute bei der Berichterstattung von Zwischenfällen auf öffentlichen Plätzen in der DDR oder an Interviews mit Bürgern und Schriftstellern.

[...]

In den Überlieferungen des Büros Lamberz findet sich ein Dossier, das den Vorschlag enthält, Lutz Lehmann wegen nachgewiesener nachrichtendienstlicher Tätigkeit aus der DDR auszuweisen.

Der lange nach dem Ende der DDR auf einer quellenunkritischen Fehlinterpretation von MfS-Dokumenten und dürftigster Quellengrundlage gegen ihn erhobene Vorwurf, er habe mit dem DDR-Staatssicherheitsdienst kooperiert, hat Lutz Lehmann zutiefst verletzt und aufgewühlt. Er ist darüber bis zu seinem Tod nicht hinweggekommen.

Ende Gutachten

Der Genuss frischer Luft nach der Zeit unter Tage

In Washington nahm ich als Studioleiter den Platz von Peter Merseburger ein, dessen Vertragszeit abgelaufen war. Er löste mich in Ost-Berlin ab. Um diesen Wechsel habe ich ihn nicht beneidet. Statt des ersten Zusatzes der amerikanischen Verfassung bestimmte nun die dritte Durchführungsbestimmung der Journalistenverordnung der DDR seine Arbeit! Mit anderen Worten: Peter Merseburger musste die völlige Freiheit für seine Berichterstattung, die ihm die US-Verfassung garantiert hatte, gegen die gesetzliche Presseunfreiheit der DDR eintauschen. Mit journalistischem Geschick und fester Haltung hat er sich aus dieser Zwangsjacke mehr und mehr befreit. Dabei kam ihm zugute, dass dem SED-Regime in den 1980er Jahren die Kräfte ausgingen.

Für mich hingegen verbesserten sich auf der anderen Seite des Atlantiks die Arbeitsbedingungen schlagartig auf märchenhafte Art und Weise. Gegensätzlicher hätte mein neues Milieu am Potomac River im Vergleich zu meinem journalistischen Vorleben unter Zensurbedingungen und ständiger Beobachtung von Staatssicherheitsdiensten nicht sein können. Ich brauchte einige Zeit, ehe ich mir abgewöhnt hatte, bei Fahrten über Land immer wieder in den Rückspiegel zu schauen. Es war niemand hinter mir her.

Während ich in Moskau und Ost-Berlin die gleichgeschalteten sozialistischen Medien mit der Lupe vergeblich nach relevanten Erkenntnissen abgesucht hatte, wurde ich jetzt von Informationen vielfältigster Art überflutet. *Boston Globe, Christian Science, Monitor, New York Times, Chicago Tribune, Los Angeles Times* und *Washington Post*: Die Lektüre der amerikanischen Presse war wie der Genuss von frischer Luft nach langer Zeit in muffiger Umgebung tief unter Tage.

Die amerikanische Presse jener Zeit strotzte vor Selbstbewusstsein, das sie sich in den schwierigen Jahren des Vietnamkrieges und der Nixon-Administration erworben hatte. In zähen Auseinandersetzungen mit dem Weißen Haus hatte sie die Bevölkerung mit der Veröffentlichung der Pentagon-Papers und der Aufdeckung des Watergate-Skandals darüber aufgeklärt, was elementar falsch lief in der Politik der Vereinigten Staaten von Amerika.

Das Vertrauen der Bürgerinnen und Bürger in die Wachsamkeit der Presse stärkte gleichzeitig das Vertrauen in das demokratische System. Was in anderen Staaten zu schweren Krisen geführt hätte, wurde souverän und schnell gemeistert. Als ich meine Korrespondentenzeit in Washington aufnahm, erlebte ich einen völlig intakten Staat.

Reagan: Ein Präsident nicht nach deutschem Geschmack

Präsident der Vereinigten Staaten von Amerika war in meiner Korrespondentenzeit Ronald Reagan. Er war vorher Sportreporter, Schauspieler und Gouverneur von Kalifornien gewesen. Das Idealbild eines amerikanischen Präsidenten war Ronald Reagan für uns Deutsche nicht. Wir schwärmten immer noch von John F. Kennedy, der uns auf seinem Staatsbesuch mit dem Satz „Ich bin ein Berliner" entzückt hatte. Als er 1963 erschossen wurde, haben wir sehr geweint. Der Mord ist bis heute nicht überzeugend aufgeklärt worden.

Bei den US-Bürgern nimmt Kennedy Umfragen zufolge in der langen Liste amerikanischer Präsidenten einen hinteren Rang ein. Innenpolitisch unterstützte er die Bürgerrechtsbewegung von Martin Luther King nur halbherzig. Außenpolitisch wurde sein Versuch, das Regime von Fidel Castro in Kuba zu stürzen, zu einem Desaster und die in seiner Zeit begonnene Militärintervention in Vietnam zu einer der schlimmsten Niederlagen in der amerikanischen Geschichte.

Ronald Reagan hingegen genießt posthum ein hohes Ansehen. Er war schon zu seinen Amtszeiten bei seiner Bevölkerung sehr beliebt. Einen Menschen wie ihn wünschte man sich als Nachbarn, so wurde seine Popularität erklärt, die ihm zwei deutliche Wahlsiege einbrachte. Sich in komplizierte Vorgänge hineinzuarbeiten, war nicht seine Art, aber er besaß das Geschick, schwierige Vorhaben politisch durchzusetzen – ähnlich wie Lyndon Baines Johnson, ein anderer US-Präsident, den wir Deutschen unterschätzten.

Als sich Donald Trump anschickte, 45. US-Präsident zu werden, glaubte man, Parallelen zu Ronald Reagan, dem 40. Präsidenten der Vereinigten Staaten von Amerika, zu entdecken.

Auch Reagan besaß ein schlichtes Weltbild, auch er verfügte über die Gabe, die Welt zu erschrecken, zum Beispiel durch wahnwitzige Rüstungsvorhaben wie Star Wars (Militarisierung des Weltraums) und die Anschaffung der Neutronenbombe. Aber Ronald Reagan war auch zur Einsicht fähig. Wenn er erkannte, dass seine Ideen die USA und die Welt nicht weiterbrachten, ließ er davon ab. Das machte ihn zu einem großen Präsidenten, der zusammen mit seinem sowjetischen Gegenüber Gorbatschow das umfangreichste Abrüstungsabkommen aller Zeiten verwirklichte.

Die heutige Verehrung von Ronald Reagan ist nicht rundum gerechtfertigt. Mit christlicher Nächstenliebe hatte seine Wirtschaftspolitik wenig zu tun. Bedürftige Menschen hatten von ihm wenig zu erwarten, während die oberen zwei Prozent der Bevölkerung eine gute Zeit bei ihm genossen. „Trickle-down economics" hieß die Parole. Die Spitzensteuersätze wurden um mehr als die Hälfte gekürzt. Dadurch sollte das Wirtschaftswachstum angekurbelt werden, was zu mehr Arbeitsplätzen führen sollte. Die steuerlichen Wohltaten sollten von oben nach unten sickern. Bei uns wird diese Wirtschaftstheorie mit Pferdeäpfeln verglichen. Man gibt den Pferden reichlich Hafer, was die Produktion von Pferdeäpfeln anregt und den Spatzen üppig Futter bietet. Um bei Kasse zu bleiben, wurden Sozialleistungen drastisch gestrichen. Dennoch sorgten die „Reaganomics", wie sie von Wirtschaftsexperten genannt wurden, für beträchtliche Haushaltsdefizite und eine enorme Anhäufung von Schulden, was die Nachfolger ausbaden mussten. Auf ähnlichen Kurs begab sich Donald Trump.

Bleiben wir beim direkten Vergleich, dann stellen wir indes fest, wie sehr sich der Zustand der USA und der westlichen Welt mit Trump verschlechtert haben. Für Reagan war Europa ein befreundeter Partner. Er war ein Mann mit gutem Benehmen und gewinnender Selbstironie. Peinliches Selbstlob war von ihm nicht zu befürchten. Reagan achtete die Verfassung und verteidigte die Freiheit der Presse, obwohl sie mit ihm nicht immer zimperlich umging.

Unangenehmen Fragen ging er nicht aus dem Weg. Vor dem Weltwirtschaftsgipfel in Bonn fragte ich ihn nach seiner Absicht, zusammen mit Bundeskanzler Helmut Kohl als Geste der Versöhnung in Bitburg einen Friedhof zu besuchen, auf dem Gefallene der Ardennenschlacht, in der Amerikaner und Deutsche erbittert gegeneinander gekämpft hatten, ihre letzte Ruhe gefunden hatten. Die hehre Idee löste in den USA massiven Protest aus. Es war bekannt geworden, dass unter den Toten auch Angehörige der Waffen-SS waren. Kongress, Medien und auch Reagans Ehefrau Nancy warnten den Präsidenten, sein Besuch des Friedhofs könnte als Freispruch einer Organisation missverstanden werden, die als Inbegriff der Naziverbrechen galt.

Gegen den Rat seines Stabes akzeptierte Reagan meine Bitburg-Frage, er bekräftigte auch noch seine Besuchsabsicht, was ihn viel Zustimmung in der Bevölkerung kosten sollte. Das Interview wurde aus dem Oval Office direkt in den Raum für Pressebriefings übertragen und dort sofort von den anwesenden Journalisten für ihre Medien verarbeitet. Reagans Mitarbeiter konnten sich die Auswirkungen gleich ausrechnen. Eine für den Präsidenten abträgliche Debatte wurde noch einmal heftig entfacht. Sie hätten mich am liebsten gelyncht. Reagan verstand die Empörung nicht. „He had his job to do", beschied er seinen aufgebrachten Leuten. Eine solche Parteinahme für die Presse wäre heute im Weißen Haus undenkbar.

Ronald Reagan war ein großer Geschichtenerzähler. Als Filmschauspieler war er vom Hollywoodgeist der Kriegszeit geprägt. The American Hero war eines seiner Lieblingsthemen, mit dem er seine Bevölkerung zu Tränen rührte. Einmal erzählte er von einem Bomberpiloten, dessen Maschine auf dem Rückflug vom feindlichen Deutschland über dem Ärmelkanal in

To Fritz Pleitgen – With Best Wishes
Ronald Reagan

Abb.: Familie Pleitgen am Flughafen, auf dem Weg nach Washington

Brand geschossen wurde. Alle sprangen ab. Nur der Bordschütze war dazu nicht in der Lage. Er war verwundet und eingeklemmt. „Hang on", tröstete ihn der Pilot. „Ich bleibe bei dir, wir gehen gemeinsam runter."

Die Presse recherchierte. Ein Bericht darüber war in den Kriegsdokumenten nicht zu finden. Das Weiße Haus korrigierte. Die

Geschichte habe sich im pazifischen Raum abgespielt. Geografisch war das richtig. Nur hatte der Präsident den Film „Wing and a Prayer" mit der Wirklichkeit verwechselt. Die Bevölkerung nahm es ihm nicht krumm. Die Geschichte war einfach zu gut erzählt. So ging das häufig weiter. Nach Pressekonferenzen musste sein Stab reihenweise Richtigstellungen hinterherschicken. Deshalb versuchte man, Reagan von der Presse fernzuhalten. Die Zahl seiner Pressekonferenzen war jedenfalls auffallend gering.

Reagan besaß einen unwiderstehlichen Humor. Eine Gabe, mit der er fleißig punktete. Als er von der Kugel eines Attentäters getroffen wurde, sagte er seiner erschrockenen Ehefrau Nancy: „Honey, I forgot to duck." Er hatte gute Nerven. Wenn er Reden hielt und mit lautem Knall die Birne einer Lampe platzte, kommentierte er trocken: „Missed me." Vor einem Konzert des Pianisten Horowitz im Weißen Haus führte er kurz in das Programm ein, währenddessen geriet der Stuhl seiner Frau über den Rand der Bühne und Nancy Reagan landete mit einem Salto rückwärts in einem großen Blumentopf. Alle Gäste sprangen entsetzt auf. Nur der Ehemann blieb ruhig. „Nancy", ermahnte er seine Frau. „Dies sollst du nur machen, wenn ich überhaupt keinen Beifall bekomme."

Gegen diesen Mann war in der Bevölkerung schwer anzukommen. Seine mangelnde Faktenkenntnis bescherte dem Weißen Haus viele Schnitzer. Die Bürger regten sich darüber nicht auf. An Reagan blieb kaum etwas hängen, was ihm zwangsläufig die Bezeichnung „Teflon-Präsident" einbrachte. Mit 60 bis 70 Prozent Zustimmung war er immer weit beliebter als die Politik seiner Administration, die es nur auf 40 Prozent brachte. Sein Stab gab es auf, ihn zu Aktenstudium und Disziplin zu erziehen. Nach der Devise „let Reagan be Reagan" ließen sie ihn agieren, wie er am besten beim Volk ankam. Im Team von Trump gab es ähnliche Überlegungen. „Let Trump be Trump!" Aber man hat es schnell gelassen. Es war zu heikel, Trump freien Lauf zu lassen.

Wir Deutsche haben eine Weile gebraucht, um uns an den unkonventionellen Regierungsstil von Ronald Reagan zu gewöhnen. Seine Landsleute hingegen mochten seine ungezwungene Art, mit der er sein Land durch das oft unübersichtliche Weltgeschehen führte. Sie amüsierten sich über seine Ausrutscher, während wir fast in Ohnmacht fielen, als er vor einer Videobotschaft als Tonprobe den Satz lieferte: „My fellow Americans, I'm pleased to tell you today that I've signed legislation that will outlaw Russia forever. We begin bombing in five minutes."

Der missratene Scherz blieb natürlich nicht geheim. Für seine Landsleute war es ein kleiner Lapsus, die Welt außerhalb der USA reagierte mit Fassungslosigkeit und Entsetzen. Die Angst ging um, der Untergang unseres Planeten könne durch ein Missverständnis ausgelöst werden. Zu unserem Glück bekamen wir nicht mit, dass diese Gefahr tatsächlich bestand.

Wie nach dem Zusammenbruch der Sowjetunion herauskam, kündigten am 10. September 1983 Signale im sowjetischen Frühwarnsystem den Anflug von amerikanischen Interkontinentalraketen an. Der diensthabende Offizier, Oberstleutnant Stanislaw Petrow, der den Luftraum seines Riesenlandes zu überwachen hatte, behielt die Nerven. Als lebenserfahrener Sowjetbürger misstraute er offenbar der Technik seines Landes. Er gab seine Beobachtung, wie es seine soldatische Pflicht gewesen wäre, nicht unverzüglich weiter, sonst wären sowjetische Atomraketen zum Gegenschlag gestartet worden, und es gäbe uns alle nicht mehr.

Nur wenige Tage vorher hatten die Sowjets keine guten Nerven bewiesen. Sie schossen einen koreanischen Airliner ab, der sich tief auf ihr Territorium verirrt hatte. 269 Menschen verloren ihr Leben. Möglicherweise hat ihr grausames Schicksal die Menschheit vor dem Schlimmsten bewahrte, indem es Oberstleutnant Petrow in seinem Serpuchow-15-Bunker bei Moskau gemahnte, für einige Minuten Ruhe zu bewahren. So kamen wir statt des Weltuntergangs mit einer schweren Ost-West-Krise als Folge des Flugzeugabschusses davon.

Moskau wirkte in dieser Zeit wie abgeschaltet. Die sowjetische Führung jener Jahre war offensichtlich durch Alter und Krankheit handlungsunfähig geworden. Breschnew starb und nach ihm kurz hintereinander auch seine Nachfolger Andropow und Tschernenko. Der neue Mann im Kreml, Michail Gorbatschow aus Südrussland, brachte frischen Wind in die internationale Politik.

Die Herzen der Deutschen gewann Ronald Reagan 1987, als er bei seinem Besuch in Berlin den Sowjetführer Gorbatschow aufforderte, die Mauer, die die Stadt, das Land und Europa teilte, niederzureißen. Schön, aber naiv fanden wir seine Aufforderung. Der Satz ist in die Weltgeschichte eingegangen, wir Fachleute des Ost-West-Geschehens hingegen sahen darin nur leere Propaganda eines ahnungslosen Amis. Weit weg von unserer unromantischen Wirklichkeit in Europa! Zwei Jahre später fiel die Mauer.

Ahnungslos auf der Elbe

Wenige Tage nach Reagans Berlinauftritt verschaffte mir Hansjürgen Rosenbauer, Fernseh-Kulturchef im WDR, am 17. Juni 1987 eine Elbpartie auf einem Ausflugsdampfer zwischen Schnackenburg und Lauenburg. 94 Kilometer ging es an einem hinreißend schönen Mittsommertag durch das Niemandsland zwischen Ost und West. Wo die Grenze in der Elbe verlief, war bis zum Ende der DDR zwischen den beiden deutschen Staaten umstritten. Am linken, dem westlichen Ufer war der Ausblick auf Dörfer und Felder frei, rechts versperrte uns ein drei Meter hoher Metallzaun die Sicht ins Land. Ein Stück Zaun befand sich an Bord. Wir Passagiere durften es befühlen. Ordentliche deutsche Wertarbeit, vom freien Westen an die DDR für gutes Geld verkauft. Das Wissen um die Verwendung des Zauns hat unsere braven Kaufleute nicht von dem trüben Geschäft abgehalten.

Die Episode „17. Juni 1987" verdient, ausführlich beschrieben zu werden, weil sie belegt, wie unvorbereitet wir der Deutschen Einheit entgegenschlenderten.

Mit mir an Bord waren der Schriftsteller Erich Loest und der Dichter und Liedermacher Wolf Biermann mit seiner Mutter Emma. Wir waren Teil einer Live-Fernsehsendung, mit der Rosenbauer herausfinden wollte, wie die Menschen in Deutschland-West zum 17. Juni stehen, der in Erinnerung an einen von den Sowjets blutig niedergeschlagenen Volksaufstand in Ostdeutschland von Deutschland-West als „Tag der Deutschen Einheit" gefeiert wurde. Unter dem schlichten Titel „Deutschland heute Abend" wurde fleißig durch die Republik geschaltet, die damals noch eine halbe deutsche Portion war.

Rosenbauer hatte im Kölner WDR-Studio als Gesprächspartner für den Westen Egon Bahr, den Architekten der Bonner

Ostverträge, und für die Ostdeutschen den Schriftsteller Stefan Heym, Autor des Buchs „Fünf Tage im Juni", an seiner Seite, der als Rentner problemlos aus der DDR ausreisen konnte. Das Ausflugsschiff, mit dem wir entlang der Grenze die Elbe flussabwärts dampften, beschallte die DDR aus seinem Lautsprecher mit dem Gassenhauer „Rosamunde".

Die Redaktion hatte mir mit Wolf Biermann und Erich Loest viel Wissen um das zerrissene Deutschland mitgegeben, selbst erfahren und auch selbst erlitten. Biermann hatte als Liedermacher in der DDR das SED-Regime mit unglaublich frechen Liedern gepiesackt, was ihm in Ost- wie in Westdeutschland eine enorme Bekanntheit verschaffte. Als die DDR-Obrigkeit ihn zu einem Konzert nach Köln hinausließ, hat sie die Chance gleich genutzt und ihn ausgebürgert, weil Biermann auch im Westen mit seinem Regime keine Gnade walten ließ.

Erich Loest lebte im Juni 1953 in Leipzig. Er war bei den Unruhen dabei. 1957, als in der DDR über die Entstalinisierung diskutiert wurde, erwischte es ihn schlimm. Er wurde wegen konterrevolutionärer Gruppenbildung zu siebeneinhalb Jahren Zuchthaus verurteilt. Nach seiner Entlassung hatte er es schwer, als Schriftsteller tätig zu werden. Als er wegen seines Romans „Es geht seinen Gang" wieder Ärger bekam, reichte es ihm. Er setzte durch, dass er in die Bundesrepublik ausreisen durfte, wo er nach der Wiedervereinigung zum Vorsitzenden des Schriftstellerverbandes gewählt wurde.

Ich weiß nicht, wie die Sendung beim Publikum angekommen ist. Das ZDF hatte seine populäre *Schwarzwaldklinik* dagegengesetzt. Seinem Ruf verpflichtet, baute der WDR hingegen auf politische Bildung. Mir gefiel die Sendung, sie gefällt mir bei der Betrachtung heute noch. Es wurde damals dem Publikum ein durchaus ansehnliches Programm angeboten. Rosenbauer und sein Team schafften es, einen zutreffenden Querschnitt des politischen Denkens in der damaligen Bundesrepublik Deutschland zu liefern.

Aus Saarlouis meldete sich Elke Herrmann vom Saarländischen Rundfunk. Sie saß mit den Verantwortlichen der ersten deutsch-deutschen Städtepartnerschaft Saarlouis-Eisenhüttenstadt zusammen. Die schilderten ihr, dass es mit den französischen Städtepartnern leichter sei, ins Gespräch zu kommen, als mit den ostdeutschen, aber es lohne sich. Randi Crott diskutierte am Rande eines Jazzkonzerts im Kölner Stadtgarten mit Jugendlichen über ihre Vorstellungen zur Wiedervereinigung und den Sinn des 17. Juni als Tag der Deutschen Einheit.

WDR-Reporter Wolfgang Korruhn hatte sich in einer West-Berliner Kneipe mit Gästen aus Westdeutschland und West-Berlin direkt an der Mauer eingenistet. Udo Lindenberg, Wolfgang Niedecken, die DDR Rockband Karat und der Kabarettist Hanns Dieter Hüsch steuerten Nachdenkliches und Unterhaltsames zu den sehr unterschiedlichen Fragerunden bei. Eine sachgerechte Darstellung des dramatischen Geschehens im Juni 1953 passte sich gut in die Sendung ein. Leicht war das nicht, weil die herrschenden Meinungen über den 17. Juni in Ost und West völlig entgegengesetzt waren. Wie aus einem Protestmarsch, der als Streik von Bauarbeitern begann, nach wenigen Kilometern ein Volksaufstand wurde, bei dem freie Wahlen und die Deutsche Einheit gefordert wurden, darüber wurde erbittert gestritten. Mit oder ohne westliche Einflussnahme? Das war die entscheidende Frage. Nie ganz geklärt.

Was ist vom 17. Juni als Feiertag der westdeutschen Bundesrepublik zu halten? Heym und Bahr waren sich einig, sie fanden ihn als Tag der Deutschen Einheit unpassend, wenn auch mit unterschiedlichen Begründungen. Heym nannte es völlig unverständlich, die Staatskrise des einen deutschen Staates zum nationalen Feiertag des anderen zu machen. Auch für Bahr war es die falsche Entscheidung, einen nationalen Feiertag auszuwählen, zu dem die Westdeutschen nichts beigetragen hatten. Für Erich Loest war der 17. Juni 1953 ein Volksaufstand. Auch alte Nazis hätten Morgenluft gewittert. Am Ende sei es ein irres und wirres Gemisch gewesen, aus dem jeder das Ereignis gemacht habe, das er haben wollte.

Die jungen Leute beim Jazzkonzert waren zwar erstaunlich gut über die Geschichte des 17. Juni im Bilde. Ihr Wissen hatten sie aus dem Geschichtsunterricht in der Schule, immerhin. Den Sinn als Tag der Einheit vermochten sie nicht zu erkennen, der 17. Juni wurde mehr als arbeitsfreier Tag wahrgenommen. Gute Noten bekam die DDR von ihnen nicht, vor allem das Nichtvorhandensein von Freizügigkeit wurde entschieden kritisiert. Charakteristisch dafür sei die Mauer. Urlaub in Ostdeutschland? Eher nein, nicht attraktiv.

Auffallend apathisch verhielten sich die Gäste in der Berliner Kneipe an der Mauer gegenüber der Frage, die ihnen unser Reporter Wolfgang Korruhn nach der Deutschen Einheit stellte. „Nicht zu unseren Lebzeiten zu erwarten", war die Antwort. Was ist der Wunsch für die Zukunft? „Den Leuten in der DDR soll es so gut gehen wie uns." Frei zu reisen und zu reden, wurde ihnen gewünscht. Wenn ihnen das gewährt würde, dann würde die Mauer schnell überflüssig. Die DDR sei Realität, die anzuerkennen sei, ebenso wie die Staatsbürgerschaft der DDR. Wenn das passiere, dann würden die Leute nicht gleich als unsere Staatsbürger vereinnahmt, wenn sie in die Bundesrepublik reisten und bei uns Urlaub machten. Auf diese Weise würde sich das Mauerthema bald erledigen. „Deutsche Einheit? Besser nicht! Nach dem Unheil, das wir in der Vergangenheit angerichtet haben, keine gute Idee."

Bahr, Biermann, Heym bekräftigten hingegen ihren Wunsch nach der Deutschen Einheit. Heym allerdings unter der Prämisse „sozialistisch". Niemand konnte sich die Wiedervereinigung in absehbarer Zeit vorstellen. Bahr hatte einen Fahrplan. Erst Abrüstung, bis 2000 konventionell, dann 2010 Auflösung beider Militärblöcke, danach Deutsche Einheit. Die Einheit, wie wir wissen, kam viel früher. Zur Auflösung der beiden Militärblöcke ist es nicht gekommen. Wäre das geschehen, würde es möglicherweise nicht schon wieder einen tiefen Graben zwischen Russland und dem Westen geben.

Anderthalb Stunden haben wir geredet. Unkonventionelle und auch kluge Gedanken wurden geäußert, aber nicht ein einziges Mal wurde auch nur angetippt, dass die Deutsche Einheit rasend schnell kommen könnte, obwohl Gorbatschow schon dabei war, die internationalen Verhältnisse mit seinem missionarischen Abrüstungswillen aus den Angeln zu heben. Dass er selbst darüber zugrunde gehen könnte, wollte niemand wahrhaben. Also wurde nicht darüber geredet. Niemand mochte den schönen Traum vom „ewigen Frieden" zerstören. Dabei hätte ich als Journalist meine Skepsis kundtun können.

Der WDR hatte mich noch einmal aus Amerika in die Sowjetunion zurückgeschickt, um an Bilder von den geheimnisumwitterten SS-20-Raketen heranzukommen. Mehr als den Besuch in der Militärakademie „Oberster Sowjet" und eine Diskussion mit Kadetten der Roten Armee brachte ich nicht zustande. Um nicht mit leeren Händen zurückzukommen, sah ich mich im Land um und brachte einen Stimmungsbericht mit. Dabei geriet ich im damaligen Leningrad, das heute wieder Sankt Petersburg heißt, in einen Betrieb, der ursprünglich mal zum deutschen Unternehmen Siemens & Halske gehörte.

Als ich mit den Arbeitern über Gorbatschow sprach, hörte ich nur negative Kommentare: „Baltun" (Schwätzer), „Nichts in den Geschäften", „alles nur leere Losungen". Dass Gorbatschows notwendigen Reformen von den alten Kadern systematisch sabotiert wurden, woran die Sowjetwirtschaft schließlich verendete, wurde nicht gesehen. Ich kehrte ziemlich ernüchtert zurück.

Auf der Elbe am 17. Juni 1987 setzte Wolf Biermann den Schlusspunkt. Für ihn war die Deutsche Einheit kein aktuelles Thema. Er sprach über ein Rockkonzert an der Mauer, das im Zusammenhang mit den Feiern zu „750 Jahre Berlin" kurz vorher zu Pfingsten stattgefunden hatte. Der britische Rockstar David Bowie hatte zusammen mit Eurythmics, Genesis, New Model Army, Bruce Hornsby, Paul Young am Reichstag aufgespielt. RIAS 2 war der Veranstalter. So konnte fast die ganze DDR mithören. Da der Sender auf das Konzert eifrig hingewiesen hatte, versammelten sich auch auf der Ostseite der Mauer in der Nähe des Brandenburger Tors Hunderte Jugendliche, um wenigstens etwas von der Musik mitzubekommen. ARD und ZDF waren mit ihren Teams auch dabei.

Es kam zu heftigen Auseinandersetzungen mit den Sicherheitsorganen der DDR. Die jungen Leute skandierten: „Die Mauer muss weg!" Das hatte es seit dem 17. Juni 1953 nicht mehr gegeben. Anschließend begaben sich die jungen Leute zur Sowjetbotschaft Unter den Linden. Dort riefen sie nicht nach der Deutschen Einheit, sondern ausdauernd: „Gorbatschow, Gorbatschow!" „Das macht mir Mut", stellte Biermann fest. Er nahm seine Gitarre und setzte sich ins Cockpit des Schiffs, von wo er spitzbübisch mitteilte: „Wenn im Jahr 2050 die Deutsche Einheit vollzogen werden sollte, dann habe ich bereits die passende Nationalhymne, weit besser als die beiden von Becher und Hoffmann von Fallersleben, das Kinderlied von Bertolt Brecht." Und dann sang er über Lautsprecher in die DDR und in die Bundesrepublik Deutschland hinein.

„Anmut sparet nicht noch Mühe,
Leidenschaft nicht noch Verstand,
dass ein gutes Deutschland blühe
wie ein andres gutes Land.

Dass die Völker nicht erbleichen
Wie vor einer Räuberin,
sondern ihre Hände reichen
uns wie andern Völkern hin."

Die restlichen Strophen verliefen im Nachspann.

Reagan: Politik der Stärke statt Entspannung

Da das Rockkonzert kurz vor dem Berlinbesuch von Ronald Reagan stattfand, ist es gut möglich, dass die Rufe der jungen DDR-Bürger „Die Mauer muss weg!" und „Gorbatschow, Gorbatschow!" die smarten Redenschreiber des Weißen Hauses animierten, ihrem Präsidenten den schlichten, aber starken Satz in die Rede zu schreiben: „Mr. Gorbatschov, tear down this wall!"

Auch für US-Präsident Reagan war Gorbatschow ein Glücksfall. Er änderte seinen Kurs von bedingungsloser Aufrüstung in Verhandlungsbereitschaft. So brachten er und der Sowjetführer etwas zustande, was vor ihnen niemand geschafft hatte. Nach langen und zähen Verhandlungen unterzeichneten sie ein Abrüstungsabkommen, das vorher für unmöglich gehalten worden war. Tausende Atomraketen unterschiedlichster Reichweiten, Wunderwerke der Technik, wurden vernichtet. Milliardenwerte verschwanden im Orkus. Die Menschheit atmete auf, die Angst vor einem Dritten Weltkrieg verzog sich.

Dabei hatte alles ganz anders begonnen. Ronald Reagan war mit Hilfe des mächtigen militärisch industriellen Komplexes zum 40. Präsidenten der Vereinigten Staaten von Amerika gewählt worden, weil er versprochen hatte, unter seiner Führung werde die USA den roten Rivalen Sowjetunion in die Knie rüsten. Gleich nach seinem Amtsantritt hatte Reagan sein Wahlversprechen wahr gemacht und die Entspannungspolitik seiner Vorgänger abrupt beendet. Großmut und Vertrauensseligkeit des Westens seien von Moskau schamlos ausgenutzt worden. Als besonders verabscheuungswürdiges Beispiel galt der Einmarsch der Sowjetarmee 1979 in Afghanistan.

Härteste Konsequenzen wurden in Politik und Medien gefordert, auch bei uns in Deutschland. Ausbaden mussten unseren heiligen Zorn die Sportler. Ihnen wurde 1980 die Teilnahme an den Olympischen Spielen in Moskau untersagt. Damals konnten wir nicht wissen, dass nur zwei Dekaden später der Westen in Afghanistan einfallen und im Namen von Freiheit, Gerechtigkeit und Demokratie gut 20 Jahre Krieg am Hindukusch führen würde, mit deutscher Beteiligung.

Als ich 1982 in Washington meine Tätigkeit als Fernsehkorrespondent der ARD aufnahm, war die Entspannungspolitik, die zum Viermächteabkommen von Berlin geführt hatte, bereits auf dem Komposthaufen der Geschichte gelandet. Washington setzte voll und ganz auf Aufrüstung und die Politik der militärischen Stärke.

Wer wie ich Entspannung weiter als ein Mittel politischer Vernunft betrachtete, galt als „liberal" (Linker) und „Detentnik". Kein Ehrentitel in jener Zeit, aber er verschaffte mir eine Reihe interessanter Einladungen. Es gehörte zur Diskussionskultur im damaligen Washington, sich zivilisiert mit gegensätzlichen Meinungen auseinanderzusetzen, mochten sie noch so aus der Zeit gefallen wirken. Ein attraktiver Gegensatz zu Deutschland, wo das Für und Wider einer Sache sehr verbissen ausgetragen wurde.

Kaum hatte er seinen Amtssitz im Weißen Haus an der 1600 Pennsylvania Avenue in Washington D.C. bezogen, da begann Ronald Reagan die Waffenarsenale der US-Streitkräfte aufzufüllen. Er nahm gleich ein schwieriges Projekt in Angriff, mit dem sein Vorgänger Jimmy Carter am Widerspruch des Abgeordnetenhauses gescheitert war. Es ging um die Aufstellung von MX-Interkontinentalraketen. Gigantische Meisterwerke der Technik, die mit ihren zwölf Atomsprengköpfen auf einen Schlag die Zivilisation eines weit entfernt liegenden Kontinents auslöschen konnten.

Das große internationale Thema waren indes die Verhandlungen zwischen der Sowjetunion und den Vereinigten Staaten von Amerika über die atomaren Mittelstreckenwaffen.

In Genf saßen sich die Delegationen gegenüber. Ständig fuhren sich die Gespräche fest. Mit Gorbatschow kam Dynamik in die Verhandlungen. Der neue Sowjetführer bekam von den amerikanischen Medien Bestnoten. Er wurde als totaler Gegensatz zu seinen Vorgängern geschildert. Seine Forderungen nach Transparenz (Glasnost) und Erneuerung durch Umbau des kommunistischen Systems (Perestroika) würden nicht nur sein eigenes Land, sondern auch das Verhältnis zum Westen grundsätzlich verändern. Die Vorhersage sollte sich bewahrheiten. Allerdings mit unvorhergesehener Wucht und weltweiter Wirkung.

Das Weiße Haus reagierte auf den Führungswechsel in Moskau verhalten. Für Präsident Reagan war die Sowjetunion ein Reich des Bösen. In dieses Bild passte ein redegewandter und ideenreicher Sowjetführer mit guten Manieren überhaupt nicht. Reagan blieb bei seinem Konfrontationskurs. Zu den Verhandlungen nach Genf hatte er mit Paul Nitze den härtesten Antikommunisten seiner Administration geschickt.

Es ging um den Abbau von atomaren Mittelstreckenwaffen mit einer Reichweite von 5.000 Kilometern. Auf der sowjetischen Seite handelte es sich um SS-20-Raketen (so der NATO-Code), auf westlicher Seite handelte es sich um amerikanische Pershing-II-Raketen und Marschflugkörper (Cruise Missiles) vom Typ Tomahawk.

In Genf drang von den amerikanisch-sowjetischen Sondierungen nichts nach draußen. In Moskau hielten die alten Kader um den ewigen Außenminister Andrej Gromyko, der sich seit Stalins Zeiten den internationalen Ehrentitel „Mr. Njet" erworben hatte, eisern dicht. SS 20? Nie gehört. Lutz Lehmann hatte es da nicht einfach, Licht ins Dunkel der sowjetischen Raketenpolitik zu bringen. Wir hatten in Washington keine Probleme dieser Art. Ich brauchte nur die amerikanischen Zeitungen zu lesen und war über die Pershings und Tomahawks im Bilde. Stärken waren detailliert beschrieben, Schwächen auch.

Dank der soliden Recherchen meiner amerikanischen Kollegen konnte ich unser Publikum darüber informieren, dass die Pershings und Tomahawks keineswegs unfehlbare Technikwunder waren. Lobbyisten hatten für die Zielgenauigkeit der Marschflugkörper ein Bild von besonderer Einprägsamkeit genutzt. Die Tomahawk sei in der Lage, durch ein Toilettenfenster ihren Weg in ein Gebäude zu finden.

Dem Bericht amerikanischer Zeitungen konnte ich entnehmen, dass die Tomahawk bei einem Testschuss ihr Ziel gleich um Hunderte Kilometer verfehlt hatte. Auch bei den Pershings war nachgeholfen worden. Für einen Testflug hatte man in der Wüste von White Sands in New Mexico Folien ausgelegt, die sich in der Sonne schön aufheizten. So konnte der Wärmesuchkopf der Rakete sein Ziel gut finden. Von den Sowjets war solches Entgegenkommen kaum zu erwarten. Die Friedensbewegung griff die Informationen gerne auf, um die Aufstellung der beiden Waffensysteme nicht nur als politischen Fehler, sondern auch als technischen Schwindel und Unsinn infrage zu stellen.

Wenn mir in Washington etwas fehlte, dann konnte ich mich an einen der vielen Think Tanks wenden, in denen mir ehemalige Militärs qualifiziert Auskunft gaben. An Bildern der Flugkörper gab es keinen Mangel. So konnte ich die vielen Anfragen aus unseren Redaktionen zufriedenstellend beantworten.

Wir Journalisten mutierten allmählich zu Waffenspezialisten. In unserem Sprachschatz nisteten sich Expertenkürzel wie MIRV für Mehrfachsprengköpfe, ICBM für Ballistische Interkontinentalraketen oder INF für Mittelstreckenwaffen wie selbstverständlich ein. Unsere sprachliche Weiterentwicklung reichte unserem Publikum auf Dauer nicht. Es wollte Resultate. Doch die Abrüstungsverhandlungen kamen nicht voran, obwohl die beiden Delegationsleiter Paul Nitze und Juli Kwizinski viel Phantasie entwickelten, um Auswege aus Sackgassen zu finden. Um sich fern von allgegenwärtigen Mikrofonen ungezwungen auszutauschen, unternahmen sie einen Waldspaziergang, an dessen Ende sie eine akzeptable Lösung für beide Seiten gefunden hatten. Auch darüber klärte die amerikanische Presse die Öffentlichkeit auf, aber die Betonköpfe im Kreml und im Weißen Haus gaben sich mit dem unkonventionell erzielten Ergebnis nicht zufrieden. So wurde weiter verhandelt.

Weltmacht Friedensbewegung

Die Friedensbewegung verstärkte ihrerseits ihre Aktivitäten. Sie wurde zu einem ernst zu nehmenden politischen Faktor. Amerikanische Medien berichten traditionell wenig über Geschehnisse und Entwicklungen in Europa. Die Friedensbewegung fand hingegen auffallend viel Beachtung. So erfuhr die amerikanische Bevölkerung, dass in Brüssel und Amsterdam Hunderttausende gegen die Raketen aus den USA protestierten. Im Bonner Hofgarten versammelten sich 350.000 Menschen, um gegen die Aufstellung von Pershing-Raketen und Tomahawk-Marschflugkörpern zu demonstrieren. Hauptredner war der Schriftsteller Heinrich Böll. Er nannte den Vorwurf, die Demonstranten verhielten sich anti-amerikanisch, absurd und idiotisch.

„Wir vergessen nicht", sagte er, „dass wir auch von der amerikanischen Literatur befreit wurden. Von Saroyan bis Salinger, von Hemingway bis Steinbeck. Ich bin sicher, dass viele amerikanische Kollegen denken wie wir. Wir sind nicht anti-amerikanisch, wenn wir uns gegen eine bestimmte Politik einer bestimmten amerikanischen Regierung wenden. Regierungen sind ja nicht ewig. Auch in den USA ist die Politik der Regierung Reagan nicht unumstritten."

In der Tat hatte sich auch in den Vereinigten Staaten von Amerika eine starke Friedensbewegung entwickelt. Was ihr fehlte, war ein starker ziviler Partner. Zur Rüstungsdebatte, die die ganze Welt in Wallung brachte, war lange Zeit von den amerikanischen Kirchen nichts zu hören, während die Friedensbewegung in den beiden deutschen Staaten viel Unterstützung von den evangelischen Kirchen erhielt, was von politischen Hardlinern in den USA wie Richard Perle als „Protestant angst" verspottet wurde. Aber dann meldete sich die katholische Kirche der USA doch noch mit einem Hirtenbrief zu Wort, und zwar vehement.

Traditionell sehr konservativ, stand sie eigentlich der Weltsicht von Präsident Reagan nahe. Nun aber wandte sie sich entschieden gegen seine Politik der Aufrüstung. 288 Bischöfe trafen sich 1983 zur Bischofskonferenz in Chicago. Zwei Tage lang debattierten sie in aller Öffentlichkeit und mit großer Leidenschaft über die endgültige Formulierung des Hirtenbriefes. Ihre Forderungen wurden immer entschiedener. Sie sprachen nicht mehr davon, dass die nukleare Aufrüstung zu zügeln, sondern sofort zu beenden sei. Nicht nur die Produktion, sondern auch die Stationierung von Waffen. Es sei nicht genug, sich einer solchen Politik zu widersetzen, sie müsse bekämpft werden. Die Bischöfe, die zeitweise wie Militärexperten debattierten, beriefen sich auf die Bibel und auf den Papst. Dem Vatikan gingen sie allerdings mit ihren Forderungen zu weit, dem Weißen Haus sowieso.

Alle amerikanischen Medien berichteten ausführlich darüber. Den Bericht über die Bischofskonferenz veröffentlichte die New York Times als Aufmacher auf Seite eins unter der Schlagzeile „Katholische Bischöfe verstärken ihre Haltung gegen das nukleare Wettrüsten".

Der Hirtenbrief der amerikanischen Bischöfe löste im ganzen Land Diskussionen aus. Für große Nachdenklichkeit sorgte zudem der düstere Film *The Day After*, in dem die Folgen eines Atomkrieges eindringlich dargestellt wurden. Auch Roland Reagan soll davon sehr beeindruckt gewesen sein.

Nach dem Hirtenbrief und dem Film *The Day After* setzte ein Stimmungsumschwung ein. An die Durchführbarkeit eines Atomkrieges, von der einige amerikanische Politiker und Militärs schwadronierten, glaubten die Wenigsten. Mehr und mehr Initiativen – Gruppen und einzelne Personen – traten hervor, um sich für eine Verständigung mit der anderen Seite einzusetzen.

Der entscheidende Impuls kam überraschenderweise von der sowjetischen Seite, durch Michail Gorbatschow. Die sowjetische Delegation in Genf zeigte sich bei den Verhandlungen zunehmend flexibler. Der große Durchbruch sollte bei einem Gipfeltreffen zwischen dem US-Präsidenten Ronald Reagan und dem Sowjetführer Michail Gorbatschow 1986 in Island erzielt werden.

Reagans Flucht, Gorbatschows großer Auftritt

Als Tagungsort wurde das Gästehaus der Regierung etwas außerhalb der Hauptstadt Reykjavik ausgewählt. Wir Journalisten
belagerten das schlichte weiße Holzhaus, ohne wirklich etwas
herauszubekommen. Nach dreitägigen Verhandlungen reiste die
amerikanische Delegation plötzlich ab. Es sei keine Einigung erzielt worden. Wieder einmal wähnte sich die Welt am Rande
eines Dritten Weltkrieges.

Michail Gorbatschow sorgte für Beruhigung. Er lud die gut
tausend zurückgebliebenen Journalisten zu einer Pressekonferenz ein. Zu unserer Verwunderung teilte er der Weltöffentlichkeit mit, die Gespräche seien keineswegs gescheitert, sondern
im Gegenteil konstruktiv verlaufen. Die Voraussetzungen seien
geschaffen worden, um in einem weiteren Treffen zu einer Einigung zu kommen.

Im Lichte dieser Auskünfte sah die hastige Abreise der US-
Delegation wie eine nervenschwache Flucht aus. Im fernen Washington blieb dem amerikanischen Präsidenten nichts anderes
übrig, als die Darstellung Gorbatschows zu bestätigen. Ein gutes
Jahr später traf man sich wieder. Dieses Mal in Washington. Am
Ende der Gespräche unterschrieben die Präsidenten der USA und
der Sowjetunion einen Vertrag, der die Vernichtung aller Atomwaffen kürzerer und mittlerer Reichweite (500 – 5.500 Kilometer) besiegelte.

Da es sich um zwei Raketentypen handelte, sprach die Fach-
welt von einer doppelten Null-Lösung. Ein radikaleres Abrüstungsabkommen hat es weder vorher noch nachher gegeben.
Über gut 20 Jahre hat es gehalten. Vernünftiger ist die Politik
in dieser Zeit nicht geworden. Ost und West sind wieder dabei,
kräftig aufzurüsten.

Ein Nachmittag mit Arthur Miller

Meine Vertragszeit in Washington lief 1987 aus. Meine nächste Station war New York. Hier hatte ich weniger mit Weltpolitik als mit Kultur auf höchstem Niveau zu tun. Zu den eindrucksvollsten Erlebnissen in dieser Zeit zählte meine Begegnung mit dem amerikanischen Schriftsteller Arthur Miller. Er hatte im September 1988 seine Memoiren *Timebends* herausgebracht. Alle Welt wollte ihn sprechen. Ich auch. Sein deutscher Verlag verschaffte mir Zutritt zu ihm. Mit meinem Kamerateam fuhr ich von New York nach Roxbury in Connecticut. Arthur Miller und seine Ehefrau, die österreichische Fotografin Inge Morath, empfingen uns im Garten ihres behaglichen Anwesens. Um uns herum gediegenes Neuengland. Es wurde ein angenehmer, unterhaltsamer Nachmittag.

Arthur Miller nahm sich Zeit, weil ich mich nicht nur für die Passagen über Marilyn Monroe interessierte, sondern für das ganze Buch und mich zudem mit seinen übrigen Werken passabel auskannte. Nachdem unsere Unterhaltung über lange Strecken entlang der amerikanischen Verfassung gewandert war, fragte ich den Schriftsteller unvermittelt: „Was war ausschlaggebend für die Erfolgsgeschichte der USA?" „Der Anfang!", erklärte Miller kategorisch. Als habe er auf die Frage gewartet.

„Am Anfang der Vereinigten Staaten", erklärte er mir, „stand eine Ansammlung von fähigen Politikern, wie sie die USA nie wieder hervorgebracht hat: die Gründerväter." Fünf Dutzend Persönlichkeiten, mit George Washington, Benjamin Franklin, Alexander Hamilton, James Madison und George Mason, nach dem Urteil von Thomas Jefferson der Weiseste von allen, an der Spitze. Hochgebildete, lebenserfahrene Rechtsanwälte und Richter, erfolgreiche Geschäftsleute und Militärs.

Ärzte, Hochschullehrer und Wissenschaftler. Vertraut mit der Magna Charta und der Bill of Rights, schufen sie nach langem Ringen mit der US-Constitution ein Dokument von unverwüstlicher Autorität.

Dass die amerikanische Verfassung über weit mehr als 200 Jahre ihre bewundernswerte Autorität bewahrte, habe sie nicht zuletzt der Pressefreiheit zu verdanken, der mit dem Ersten Verfassungszusatz ein hoher Rang gesichert wurde, so Arthur Miller. Die Pressefreiheit habe der Verfassung die Elastizität und Widerstandskraft verliehen, die dem Land durch alle Krisen geholfen haben.

An das Gespräch mit Arthur Miller dachte ich oft, als der 45. Präsident der Vereinigten Staaten von Amerika zu Beginn seiner Amtszeit loslegte, als sei er der Alleinherrscher seines Landes. Es ist ihm nahezu gelungen, das Prinzip der Checks and Balances, auf dem die Demokratie der USA ruht, aus den Angeln zu heben. Abgeordnetenhaus und Senat wurden von seiner Partei beherrscht. Auch beim Obersten Gericht, dem Supreme Court, ist er auf dem Weg, sich eine Mehrheit zu verschaffen. Als einzige Macht stellt sich ihm die Presse entgegen, geschützt durch das First Amendment. Nach einigen Monaten gesellte sich nach dem Wahlsieg der Demokraten als Kontrollinstanz das Abgeordnetenhaus dazu.

Arthur Miller fällt mir immer ein, wenn Presse als lästig empfunden wird – von Autokraten oder extremen Kräften anderswo und auch in unserem Land. In meiner langen Korrespondentenzeit, in der ich in Ländern mit und ohne Pressefreiheit gearbeitet habe, habe ich erfahren, was die Abwesenheit oder Anwesenheit von Pressefreiheit für die Stabilität der Demokratie bedeutet. Leider gibt es für mich öfter Anlass, an mein Gespräch mit Arthur Miller zu denken.

Im Sommer 1988 verließ ich den Korrespondentenplatz New York, um in Köln das Amt des Fernsehchefredakteurs im WDR zu übernehmen. Das Interesse an Europa hatte in den USA nachgelassen. „Europe is dead", sagten meine amerikanischen Freunde, als ich ihnen von meiner bevorstehenden Rückkehr nach Deutschland erzählte. Sie sollten sich gewaltig irren.

TEIL 3

Die Zeit der Wende

Vom Broadway an die Breite Straße

Der Anruf des Intendanten im Sommer 1988 war überraschend gekommen. Seine Nachricht auch. „Wollen Sie Fernseh-Chefredakteur beim WDR werden?", begann Friedrich Nowottny ohne Umschweife. „Rolf Schmidt-Holtz geht zum *Stern*. Wir wollen die Nachfolge schnell regeln. Es ist viel los hier." Die Antwort erwartete er am nächsten Tag.

Das Angebot war unwiderstehlich. Trotzdem waren wir hin- und hergerissen. Ich war erst ein Jahr vorher vom Studio Washington ins Studio New York gewechselt. Daraufhin waren wir von Potomac, einem Vorort von Washington, nach Scarsdale gezogen, etwa 20 Meilen nördlich von New York. Scarsdale war ein gepflegter Ort. Wir empfanden die Atmosphäre in der Kleinstadt als wohltuend, insbesondere für Kinder. In den Schul- und Sporteinrichtungen wurden sie zu aufgewecktem und selbstbewusstem Auftreten angehalten. Wir merkten das an Benjamin, unserem Jüngsten. Er ging in die preschool „Green Acre". Bei Einkäufen übernahm er wie selbstverständlich die Verhandlungen. „Mom, I'll do the talking." Als es um ein Skateboard ging, legte er sich entschieden ins Zeug.

Der Ladenbesitzer war vom Geschäftssinn seines jungen Kunden angetan und gewährte ihm einen schönen Rabatt. Wir haben die vorwiegend jüdische Community als ein Vorbild an Hilfsbereitschaft und Weltoffenheit in Erinnerung. Wir wurden gebeten, ein bisschen aus unserem Leben zu erzählen.

Unsere Vergangenheit in der Sowjetunion und der DDR fand großes Interesse. Man nahm uns Deutsche freundlich auf und integrierte uns schnell in das Gemeindeleben.

Nun sollten wir wieder einpacken und weiterziehen. Die häufigen Umzüge kosteten die Familie viel Kraft.. Ich hatte es vergleichsweise leicht. Über unsere Studios fand ich schnell Anschluss an die Gesellschaft. So bequem hatten es meine Frau und unsere Kinder nicht. Sie mussten sich ihre neuen Umfelder selbst aufbauen, was seine Zeit brauchte. Je älter die Kinder wurden, desto mehr wurden die Abschiede von Freunden zu Tragödien. In Washington waren unsere Ältesten zu Teenagern herangewachsen, sie standen vor Schulabschlüssen und waren deshalb bei befreundeten Familien in Washington geblieben.

Durch die Rückkehr nach Deutschland bot sich die Chance, unsere Familie wieder zu vereinen. Das gab den Ausschlag. Am nächsten Tag teilte ich Intendant Friedrich Nowottny mit, dass ich das Amt des Fernsehchefredakteurs beim WDR gerne übernehme.

Anfang Oktober wurde ich in Köln erwartet. Die Organisation des Umzugs habe ich noch in die Wege geleitet. Die Durchführung blieb an meiner Frau hängen. Es war eine alles andere als leichte Aufgabe, denn unser Haushalt war im Lauf der Jahre auf zwei Container angeschwollen.

In New York war unser Büro in einem Wolkenkratzer am Broadway/Ecke 57. Straße untergebracht. Die Lage war exquisit, zwischen Times Square und Central Park, unweit der Carnegie Hall. Die Räume waren hingegen nicht exquisit zu nennen, sondern ziemlich heruntergekommen. Bei Sprachaufnahmen konnte ich das muntere Spiel kleiner Mäuschen verfolgen. Darauf musste ich in Köln verzichten. Meine neue Büroadresse war das Filmhaus an der Nord-Süd-Fahrt. Die Breite Straße lag ganz in der Nähe. Ein Hauch von Broadway. Wenigstens vom Namen her. Die Ortspresse ließ sich daraufhin zu der Überschrift „Vom

Broadway an die Breite Straße" hinreißen. Die Rückkehr nach 19 Jahren Wanderschaft zwischen Ost und West hatte ich mir schwerer vorgestellt. Doch Köln mit seiner Laissez-faire-Lebensart machte mir als „Immi", wie die Kölner die Zugereisten bezeichnen, das Eingewöhnen leicht.

Fürsorglich bot Friedrich Nowottny an, mich der Mannschaft der Hauptabteilung Zeitgeschehen vorzustellen. Ich wollte es nicht. Ich mochte nicht als Chefredakteur allein von Gnaden des Intendanten zurückkehren, denn ich wusste um das feine Gespür der Mitarbeiter im Maschinenraum. In der ersten Redaktionskonferenz schaute ich in vertraute Gesichter, nur ein bisschen älter geworden waren sie, die Kolleginnen und Kollegen. Den gleichen Eindruck hatten sie von mir. Als Intellektueller galt ich nicht. Ich gab mich auch nie als solcher. Ich verließ mich auf meine Erfahrungen und Beobachtungen, die ich mir im Laufe meiner Wanderjahre angeeignet hatte.

Beim WDR war ich einst auf der untersten Stufe der untersten Vergütungsgruppe für Redakteure eingestiegen. Beworben hatte ich mich nicht. Der Chef der WDR-Tagesschauredaktion hatte mich zum Wechsel von der Zeitung zum Rundfunk überredet. So blieb es in meinem Leben. Ich habe mich nie um eine Aufgabe bewerben müssen, was mir in allen Positionen eine gewisse Selbstsicherheit gab. Als Jungredakteur hatte ich bei den Konferenzen in den hinteren Reihen gesessen. Nun war ich an allen vorbeigezogen und saß als Chef am Kopfende. Geneidet wurde mir das nicht. Ich wusste ein loyales und fähiges Team hinter mir, aber ich ahnte, dass große Herausforderungen vor uns lagen.

Unser Berichtsgebiet war nicht klein. In West-Europa gehörten von Anfang an Frankreich, Benelux und das Studio Brüssel mit seinen EU- und NATO-Verpflichtungen dazu. Später richtete der WDR in Kenia ein Studio für Ostafrika ein. In Nordamerika waren wir zuständig für die USA und Kanada mit Studios in Washington (zusammen mit dem NDR) und in New York. Nachdem die Sowjetführung unter Gorbatschow den Verbündeten Moskaus das Recht auf Selbstbestimmung zugesagt hatte, galt unser Hauptinteresse in jener Zeit den Entwicklungen in der DDR, in Polen und der Sowjetunion,.

Die Inlandsberichterstattung unter der Leitung meines Stellvertreters Werner Filmer war eine Domäne des WDR. Mir war klar, dass wir uns für die Auslandsberichterstattung noch verstärken mussten. Zwei Topjournalisten konnte ich mit Nikolaus Brender und Thomas Roth (beide vom Südwestfunk) gewinnen. Da ich meine Pläne freimütig Zeitungskollegen offenbart hatte, erfuhr unser Intendant erst nachträglich davon. Seinen Tadel hielt er nicht zurück. Sicherheitshalber aktivierte er unseren Personalchef, um mir das Handwerk zu legen.

Walter Odenthal war nicht nur ein exzellenter Fachmann, sondern auch ein verständnisvoller Mensch. Er brachte mir schonend bei, dass ich für meine Personalaquisitionen Planstellen benötigte. Planstellen standen allerdings nicht zur Verfügung. Brender und Roth hatten sich bereits bei ihren Sendern verabschiedet. Ich war in Nöten und präsentierte unserem Personalchef ein Hypothekenmodell. Für jede neue Planstelle wollte ich künftig eine alte zur Verfügung stellen, beispielsweise meine. Für die zweite nannte ich die Planstelle unseres Fernsehdirektors. Odenthal fand die Überlegung originell, wollte sie aber nicht übernehmen. Er fand einen soliden Weg, um Brender und Roth mit WDR-Verträgen zu versorgen. Seitdem sparte ich zum Erstaunen meiner Redaktion nicht mit Lob für die Verwaltung. „Wenn wir die nicht hätten, könnten wir einpacken."

Odyssee nach Moskau

Kleine Interna im Vergleich zu dem, was uns programmatisch beschäftigte. Europa zeigte sich keinesfalls tot, wie es meine amerikanischen Freunde vorhergesagt hatten. In Polen neigte sich die kommunistische Alleinherrschaft dem Ende zu. Die stärkste Kraft im Land war die Gewerkschaftsbewegung Solidarność. Jahrelanges Kriegsrecht hatte sie nicht brechen können. Zusammen mit der Katholischen Kirche zwang die Solidarność die bis dahin regierenden Kommunisten von der PVAP, der Vereinigten Polnischen Arbeiterpartei, an einen Runden Tisch, um gemeinsam einen neuen Weg in die Zukunft Polens zu finden. Das Ergebnis der Verhandlungen war entscheidend für das Schicksal des bis dahin von Moskau dominierten Ostblocks. Seit dem Amtsantritt von Michail Gorbatschow war von Seiten der Sowjetunion keine Intervention zu befürchten. Es war klar, dass Moskaus Satelliten die unverhofften Freiräume nutzen würden.

Die Sowjetunion selbst war durch die Reformpolitik von Gorbatschow unter starke Spannung geraten. Die baltischen Republiken strebten nach Trennung von Moskau. Das Gleiche war im Kaukasus zu beobachten. Der Widerstand der alten Kader gegen Gorbatschows Modernisierungspläne wuchs. Noch verstand er es, Gegner seines Kurses aus dem Politbüro zu entfernen. Doch die Situation wurde allmählich prekär für ihn, zumal sich die Versorgungslage drastisch verschlechterte.

Ich sollte bald Gelegenheit bekommen, mir selbst ein Bild zu machen. Bundeskanzler Helmut Kohl plante eine Moskaureise, um ein neues Kapitel in den deutsch-sowjetischen Beziehungen aufzuschlagen.

Was eine Odyssee ist, weiß ich seit dem 24. Oktober 1988 aus eigener Erfahrung. Kohl war bereits in Moskau, unser Team auch. Ich flog hinterher. Zum Ende des Kanzlerbesuchs wollten wir in einer *Brennpunkt*-Sendung Bilanz ziehen. In Frankfurt bestieg ich die Lufthansamaschine nach Moskau. Der Start verzögerte sich. Ein Passagier fehlte, aber sein Gepäck war schon an Bord. Der Kapitän eröffnete uns zwei Möglichkeiten: weiter warten oder das Gepäck ausladen, um den unbegleiteten Koffer auszusortieren und loszuwerden. Nach einer Stunde erschien der Passagier. Ein Inder, nach seinem Turban zu urteilen. Die Stimmung unter den Passagieren war gereizt, die Begrüßung des Nachzüglers fiel politisch nicht korrekt aus. „Hey, du Scheich, kauf dir mal 'ne Uhr." Der Inder nahm die Schmähung stoisch hin. Kurz vor dem Ziel meldete sich wieder der Kapitän. Er könne beim besten Willen nicht landen. Über Moskau zöge ein starker Blizzard hinweg. Der Pilot konnte sich den Zusatz nicht verkneifen, dass wir es ohne den verzögerten Start noch rechtzeitig nach Moskau geschafft hätten, was die Stimmung gegenüber dem indischen Mitpassagier weiter verdüsterte.

Wir drehten, wie wir glaubten, endlose Warteschleifen. Zu sehen war nichts. Nach fast zwei Stunden hieß es: „Fertigmachen zum Landen", aber nicht in Moskau, sondern in Helsinki. In der finnischen Hauptstadt durften wir nicht umsteigen. Nachdem sie aufgetankt hatte, hob die Maschine wieder ab. Im guten Glauben, es ginge nun nach Moskau, genehmigten wir uns auf Kosten der Airline ein paar Drinks. Nach fast drei Stunden Flug ging es wieder in den Landeanflug. Wieder nicht in Moskau, sondern in Frankfurt. Widerstandslos ließen wir uns in Busse verfrachten. Wir wurden in ein Vertragshotel nach Rüdesheim befördert, am nächsten Morgen wieder abgeholt und dieses Mal ohne Zwischenfall nach Moskau geflogen.

Der Gletscher beginnt zu rutschen

Unser Team hatte im damals noch existierenden Hotel Rossija ein kleines Studio mit Blick auf Kreml und Basilius-Kathedrale aufgebaut. Alles war angerichtet. Ich konnte mich ein wenig umsehen. Ich wanderte am Warenhaus GUM entlang über den Roten Platz, wandte mich dann rechts Richtung Alter Platz, sprach hier und da Leute an und bekam keine euphorischen Antworten. Nach den Auskünften der Sowjetbürger zu urteilen, war der Stern von Michail Gorbatschow deutlich im Sinken.

Auch das Hotel hatte seine besten Tage hinter sich. Einen Superlativ hatte es noch bewahrt. Mit 3.182 Betten war es das größte Hotel in Europa. 1977 war es in einem gigantischen Feuer nahezu untergegangen. Mit viel Aufwand hatte man es wieder hergerichtet. Gemütlich war es nicht, aber die Lage suchte ihresgleichen. Am 1. Januar 2006 wurde das Hotel geschlossen und zum Abriss freigegeben. Wegen der Nähe zum Kreml konnte es nicht einfach weggesprengt werden. Es dauerte gut vier Jahre, bis es dem Erdboden gleichgemacht wurde.

Das Riesengrundstück galt als das begehrteste und teuerste des Landes. Große Pläne wurden geschmiedet. Stararchitekten zerbrachen sich ihre Köpfe. Am Ende wurde es kein Super-Hotel oder eine Kolonie von Luxusapartments, sondern ein höchst ungewöhnlicher Park, in dem ganz Russland in klein abgebildet ist, von der Tundra im Norden bis zur Steppe im Süden. Da ich den Park noch nicht gesehen habe, übernehme ich die Beschreibung des *SPIEGEL*. „Der neue Sarjadje-Park ist ein kostbares Geschenk, das die Stadt verändert. Auf einen Schlag wurde aus dem teuersten Baugrund des Landes öffentlicher Erholungsraum." Laut *SPIEGEL* ein Verdienst von Putin.

An einen Präsidenten Putin dachte beim Moskaubesuch von Bundeskanzler Helmut Kohl im Jahre 1988 niemand. Wladimir Putin erlebte damals als kleiner KGB-Offizier in Deutschland-Ost den Zusammenbruch der sozialistischen DDR. Es wäre verwunderlich, wenn er daraus nicht seine eigenen Rückschlüsse gezogen hätte. Er regiert jedenfalls deutlich anders als Gorbatschow.

Ein Vorbild ist Michail Sergejewitsch für Putin ersichtlich nicht. Der Michail Gorbatschow, den wir beim Kohl-Besuch Ende Oktober erlebten, beeindruckte uns durch seine ungebrochene Selbstsicherheit. Ich musste wieder an den Spruch von Roy Medwedew denken: „Die Sowjetunion ist wie ein gewaltiger Gletscher, unter dem sich viele kleine Bäche bilden. Wir sehen sie von außen nicht, aber sie werden immer mehr, und eines Tages gerät der Gletscher unhaltbar ins Rutschen." Dass sein Imperium bedenklich ins Wanken geraten war, ließ Gorbatschow sich nicht anmerken. Ein Befürworter der Deutschen Einheit war er ganz und gar nicht.

Der deutsche Bundeskanzler erwähnte den Wunsch der Deutschen nach Wiedervereinigung in einer Tischrede dezent, wie es seine Vorgänger bei Moskaureisen auch getan hatten. Gorbatschow reagierte darauf sehr harsch. Was die sogenannte deutsche Frage angehe, könne er nur warnen. Alle Versuche, Geschichte zu verändern, seien risikoreich und gefährlich.

In beiden Tischreden wurde an die bitteren Erfahrungen der Vergangenheit erinnert und sehr viel Hoffnung auf die Zukunft verbreitet. In diesem Sinne verfolgte unser Reporter Klaus Bednarz das Programm des Bundeskanzlers. Es begann mit der Kranzniederlegung für die sowjetischen Opfer des Krieges und setzte sich mit einem Besuch des deutschen Kriegsgefangenenfriedhofs in Lublino bei Moskau fort. Hass der russischen Bevölkerung auf die Deutschen fand Bednarz in seinen Interviews nicht. Die Deutschen von heute seien ein friedliebendes Volk, meinten die befragten Moskowiter, von einer gemeinsamen Zukunft sei viel Gutes zu erwarten.

Ähnlich hatte sich Gorbatschow ausgedrückt. Die Sowjetunion sei bereit, intensive Wirtschaftsbeziehungen aufzunehmen. Wie schwer die Umsetzung seiner großen Ideen würde, kam in den Berichten von Gabriele Krone-Schmalz und Gerd Ruge mit Beispielen aus dem Süden und dem Nordosten der Sowjetunion zum Ausdruck. In Odessa funktionierte der Umbau von Lafetten für SS-20-Raketen in Bühnen für gewaltige Baukräne nur unzulänglich, und auf der Halbinsel Kola zwischen Finnland und dem Eismeer überstieg die Aufgabe, die riesigen Bodenschätze zu bergen, bei weitem die finanziellen Möglichkeiten deutscher Investoren. So überwog am Ende des Kanzler-Besuchs die Ahnung, dass der neue Abschnitt in den deutsch-sowjetischen Beziehungen enorme Anstrengungen kosten würde. Mit sehr eingeschränkter Erfolgsgarantie!

Noch mehr stellte sich die Frage, ob Gorbatschow überhaupt durchhalten kann. Und so hieß die nächste *Brennpunkt*-Sendung folgerichtig „Pulverfass Perestroika". Nach den Berichten unserer Korrespondenten aus dem Baltikum und aus dem Kaukasus konnten sich die Zuschauer kaum vorstellen, dass es Michail Gorbatschow gelingen könnte, den Vielvölkerstaat Sowjetunion zusammenzuhalten. In Estland, wo eine große russische Minderheit lebt, wurde der Konflikt zwischen Esten und Russen immer heftiger. Vor unseren Kameras gifteten in der Hauptstadt Tallin Esten ihre russischen Mitbürger als Okkupanten an, sie sollten endlich abhauen. Mit ihrer Politik hätten sie Umwelt und Wirtschaft ruiniert. Die Russen wehrten sich, sie seien seit dem Zweiten Weltkrieg Bürger der Republik und würden sich nicht vertreiben lassen. Ob sie die estnische Sprache beherrschten, wurden die Russen gefragt. „Sicher!" „Aber nur so viel, um Sto Gramm (russisch für 100 Gramm Wodka) zu bestellen", war die spöttische Reaktion.

In Vilnius, der Hauptstadt Litauens, war man schon weiter. Mit ihrer starken katholischen Kirche im Rücken hatten die Litauer von jeher Abstand zu Moskau gehalten. Als die sowjetischen Zügel unter Gorbatschow lockerer wurden, arbeitete man zielstrebig am Abschied von der Sowjetunion. Nach dem Text der Verfassung war das durchaus möglich. Es hatte bis dahin nur keiner gewagt. In den kaukasischen Republiken regten sich ebenfalls starke nationale Kräfte. Es kam zu harten Auseinandersetzungen, bei denen die Moskauer Zentralmacht brutal vorging. Es gab viele Tote. Zwischen Armenien und Aserbaidschan war überdies ein erbitterter Krieg um die Exklave Bergkarabach ausgebrochen.

Doch nach außen hin trat Michail Gorbatschow weiterhin souverän auf. Mit spektakulären Vorschlägen setzte er seine Abrüstungspolitik fort, was ihm im Westen viel aufmunternden Beifall einbrachte. In unserer nächsten *Brennpunkt*-Sendung „Doppelgipfel in New York" erlebten wir ihn auf der Versammlung der Vereinten Nationen. Er war nach Nikita Chruschtschow der zweite Sowjetführer, der vor der UN redete. Auch sein Auftritt wurde ein Ereignis, aber anders als bei Chruschtschow, der seine Tiraden gegen die USA auf originelle Weise unterstrich, indem er mit seinem Schuh auf das Rednerpult einhieb. Gorbatschow ging gesitteter vor. Er teilte der Weltversammlung mit, dass die Sowjetunion 500.000 Soldaten ausmustern würden – etwa ein Zehntel der Streitkräfte –, was wenig Zustimmung unter den sowjetischen Militärs fand.

Der Sowjetführer nutzte die Gelegenheit seines New Yorker Aufenthalts zu einem Doppelgipfel mit seinem langjährigen Gesprächspartner Ronald Reagan und dem soeben gewählten neuen Präsidenten George Bush senior, bei dem er beide Präsidenten glatt in den Schatten stellte. Die New Yorker waren von dem redegewandten Russen und seiner Frau Raissa verzückt und ertrugen den gewaltigen Verkehrsstau, den die Anwesenheit der

Gorbatschows über Tage verursachte, mit Humor. So endete das Jahr 1988, das grundsätzliche Veränderungen im Ost-West-Verhältnis für die Zukunft versprach.

Abstecher nach Heidelberg

Zurück in die Zukunft, das Jahr 2020: Während ich mich immer tiefer in die Vorgeschichte der Deutschen Einheit hineinarbeitete, schlich sich an meine Gesundheit wie ein Partisan eine Erkrankung heran, die ich wie keine andere fürchtete. Unauffällig bezog sie in meinem Körperzentrum Quartier, wo Magen, Leber, Gallenblase und Bauchspeicheldrüse, verbunden mit Dünn- und Dickdarm auf engstem Raum in trauter Eintracht miteinander lagern. Der Erkrankung namens „Bauchspeicheldrüsenkrebs" waren aus meinem Bekanntenkreis Menschen zum Opfer gefallen, die mir viel bedeuteten. In allen Fällen waren die Diagnosen gleichbedeutend mit dem Todesurteil gewesen.

Die Bilanz ist bedrückend.

19.000 Menschen (paritätisch 9.500 Männer und 9.500 Frauen) erkranken jährlich in der Bundesrepublik Deutschland an Bauchspeicheldrüsenkrebs. Das Pankreaskarzinom weist unter allen Krebserkrankungen die niedrigste Überlebensrate auf.

Es gibt derzeit nur ein Gegenmittel. Der Krebs muss frühzeitig aufgespürt werden. Je früher der Krebs erkannt wird, desto größer sind die Rettungschancen. Die Formel ist einfach und überzeugend, erst recht für medizinische Laien wie mich. Als Präsident der Deutschen Krebshilfe habe ich in Reden und Interviews das Thema „Früherkennung" häufig angesprochen. Nun bin ich selbst zum Beispiel geworden.

Mit meiner Geschichte möchte ich die Menschen ermutigen, die sich von Bauspeicheldrüsenkrebs bedroht fühlen, selbst leiseste Warnzeichen zu nutzen, um eine schnelle und eindeutige Klärung der Ursache herbeizuführen. Es kommt entscheidend darauf an, dass das Pankreaskarzinom in einem frühen Stadium diagnostiziert wird. Das klingt einleuchtend, ist aber zugegebenermaßen nicht ganz so einfach.

Bedauerlicherweise gibt es für diese fatale Krebserkrankung noch keine geeigneten Möglichkeiten der Früherkennung, wie beispielsweise für Brust- und Darmkrebs. Umso mehr gilt es, wachsam zu sein und bei erstem Auftauchen von Warnzeichen entschieden zu handeln. Im Zweifel wenden Sie sich an den Informationsdienst der Deutschen Krebshilfe! Nur nicht ablenken lassen, wie ich es getan habe!

Da ich mich spät entschieden hatte, meine persönlichen Erfahrungen mit der Deutschen Einheit in einem Buch zusammenzufassen, stand ich von Anfang an unter Zeitdruck. Als Erscheinungstermin war der 30. Jahrestag der Deutschen Einheit ins Auge gefasst worden. Für die Fertigstellung des Manuskripts hatte ich nur wenige Monate Zeit. Mein restliches Leben hatte sich diesem Ziel unterzuordnen. Was störte, wurde verdrängt.

So schenkte ich dem leisen Pochen, das von Zeit zu Zeit unter meinem rechten Rippenbogen auftauchte und wieder verschwand, um nach einigen Tagen zurückzukehren und wieder zu gehen, nicht die gebotene Beachtung. Eine riskante Strategie! Besser hätte ich mich den vorzüglichen Aufklärungsschriften der Deutsche Krebshilfe anvertraut. Im blauen Ratgeber zum Bauchspeicheldrüsenkrebs hätte mich vermutlich schon der erste Absatz alarmiert:

„Das Pankreaskarzinom gehört in die Gruppe der Tumoren, die in den meisten Fällen erst in einem fortgeschrittenen Stadium Beschwerden verursachen. Dies macht eine frühzeitige Erkennung besonders schwierig. Wenn Sie längere Zeit Beschwerden haben, verharmlosen Sie sie nicht!" So die Broschüre.

Untätig blieb ich nicht. Ich suchte meinen Hausarzt auf. Trotz sorgfältigen Abtastens der Schmerzgegend und einer Ultraschall-Überprüfung konnte er nichts Bedrohliches feststellen. Ich unterließ es, auf weitere Untersuchungen zu dringen, zum Beispiel auf eine Computertomografie. Mit meiner unentschiedenen Haltung löste ich im Grunde in meinem Körper bereits einen Wettlauf zwischen Rettung und Tod aus. Der unstete Besucher unter meinem Rippenbogen war beharrlicher als ich. Er ließ sich nicht abschütteln, auch nicht durch unser Allheilmittel Porridge, das mir meine Frau zum Frühstück bereitete. Ich suchte erneut meinen Hausarzt auf. Wieder ergab das Abtasten nichts Auffälliges. Eine weitere Ultraschalluntersuchung wurde für die darauffolgende Woche vereinbart.

Zu meinem Glück rief Professor Möbius an. Wir kennen uns von unserem gemeinsamen Engagement für die Deutsche Krebshilfe. Ich schilderte ihm meine Beschwerden und meine Sorge, an der Bauchspeicheldrüse zu erkranken. Walter Möbius ist ein Arzt, wie man ihn sich wünscht. Er hört aufmerksam zu und ist den Patienten in beruhigender Weise zugewandt. In seiner Zeit als Chefarzt am Johanniter-Krankenhaus haben sich viele führende Politiker der „Bonner Republik" in seine Obhut begeben, darunter auch Bundeskanzler Helmut Kohl.

Möbius betrachtete mich als Fall für eine fachärztliche Untersuchung. Wenig später teilte er mir mit, dass ich mich am nächsten Morgen bei Professor Yon-Dschun Ko, dem Chefarzt für Internistische Onkologie, am Johanniter-Krankenhaus in Bonn vorstellen sollte. Ich nahm die Verabredung erleichtert an.

Auch im Johanniter-Krankenhaus wurde beim routinemäßigen Abtasten meines Bauchs nichts Bedenkliches festgestellt. Ich richtete mich darauf ein, als Hypochonder aus den Untersuchungen hervorzugehen. Der Oberarzt, der die Ultraschallüberprüfung durchführte, befreite mich von diesem Verdacht. Ein eingebildeter Kranker sei ich nicht. Auf dem Ultraschallbild wies er auf eine Stelle hin, die eine krankhafte Veränderung anzeigte. Eindeutige Aufklärung sollte die radiologische Untersuchung durch eine Computertomografie bringen.

Als ich im Warteraum über meine Lage nachdachte, stellte ich fest, dass ich mich und meine Familie auf ein schnelles Lebensende nicht vorbereitet hatte. Das Testament war zwar schon lange geschrieben, aber mein beruflicher Nachlass war ebenso ungeordnet wie unsere umfangreiche familiäre Hinterlassenschaft. Diese Aufgabe hatte ich mir für dieses Jahr vorgenommen, aber dann wegen meines Buchprojekts verschoben. Eine Klärung hatte ich noch geschafft. Die Archive von WDR und der Stadt Köln hatten bereits vertraglich vereinbart, wie der Nachlass aufzuteilen war.

Aber das letzte Wort war noch nicht gesprochen. Es galt, die CT-Aufnahme abzuwarten. Die Fachkräfte brauchten dafür nur fünf Minuten. Professor Wilhelm, der zuständige Radiologe, bat mich in sein Büro und rückte seinen Rechner zurecht. Auf dem Display erschien ein lebhaftes Bild von meinem Körperinneren. Der Arzt deutete auf eine Stelle und sprach von einer Raumforderung Oberbauch, später von einem Tumor. „Bauchspeicheldrüsenkrebs?", fragte ich. „Ja", bestätigte er. Mein Alptraum war Wirklichkeit geworden.

Dennoch verlor ich nicht meine Zuversicht. Wegen der Pankreasfälle in meinem Bekanntenkreis hatte ich mich bei Fachleuten kundig gemacht und erfahren, dass wir in dieser Hinsicht in Deutschland gut aufgestellt sind, nicht zuletzt dank der 13 von der Krebshilfe initiierten onkologischen Spitzenzentren.

Professor Ko kam hinzu. Beruhigend legte er seinen Arm auf meine Schulter. Die Diagnose sei schlimm, aber nicht hoffnungslos. Die Gefäße seien nicht angegriffen, Metastasen hätten sich auch noch nicht gebildet. Der Krebs sei operabel. Ein Fall für Professor Büchler von der chirurgischen Klinik der Universitätsklinik Heidelberg. Professor Markus Büchler war mir ein Begriff. Ich war einverstanden, dass mit ihm sofort Kontakt aufgenommen wurde.

Meine Frau ahnte wenig Gutes, als ich ihr übermittelte, dass wir Wichtiges zu erörtern hätten. Wir sprachen uns gegenseitig Mut zu. Die Aussicht, dass ich bereits in den nächsten Tagen von Professor Büchler operiert werden sollte, gab uns Auftrieb.

Unser jüngster Sohn Benjamin ließ alles stehen und liegen, als er von meiner Krebsdiagnose hörte. Er bestand darauf, mich am nächsten Morgen mit seinem Ford Transit, den er liebevoll in einen Campingbus umgebaut hat, nach Heidelberg zu fahren. Um meinen Sitzkomfort zu erhöhen, schob er mir sein Schlauchboot unter die Beine. Der perfekte Krankentransport!

Nach meinem Besuch im Johanniter-Krankenhaus hatte ich Gerd Nettekoven, den Vorsitzenden der Deutschen Krebshilfe, über meine Diagnose informiert. Er sagte mir jedwede Unterstützung zu. Zu meinem Glück standen keine Pflichttermine an. Erst im September war ich wieder gefordert. So hatte die Corona-Pandemie für mich ihr Gutes.

Auf der Fahrt nach Heidelberg tauschte ich mich mit Benjamin darüber aus, wie die plötzlich veränderten Verhältnisse ohne mich familiär am besten zu meistern seien. Im Grunde hatte ich mit meinem Leben abgeschlossen. Mir war kein Fall von Bauchspeicheldrüsenkrebs bekannt, der nicht mit dem schnellen Tod endete. Ich kam mir vor wie dead man walking. Mich tröstete, dass unsere Familie wie immer reagierte. Die Kinder kamen – ob aus Köln, London oder Moskau – sofort zusammen, um meiner Frau beizustehen.

Als wir in Heidelberg vorzeitig ankamen, befand sich Professor Büchler noch im Operationsraum. Oberärztin Dr. Tjaden führte das Aufnahmegespräch durch. Vom Johanniter-Krankenhaus lagen die Untersuchungsergebnisse vor. Professor Büchler kam bald hinzu. Von ihm ging – so mein spontaner Eindruck – eine ansteckende Zuversicht aus. Mit wenigen Fragen verschaffte er sich ein Bild von mir. Meine Klage, dass ich mein Buchprojekt nun abbrechen müsse, ließ er nicht gelten. „Sie werden Ihr Buch zu Ende schreiben und nicht nur dieses Buch, sondern auch noch andere, wenn Ihnen danach gelüstet." Im letzten Moment vor der OP machte mir diese Auskunft des Chirurgen wirklich Hoffnung.

Ich begab mich in das mir zugewiesene Krankenzimmer. Der Ausblick in einen blütenstrotzenden Park sorgte für zusätzlichen Stimmungsaufschwung. Die Oberärztin der Station, Dr. Angelescu, malte mir mit einer Batterie von Buntstiften auf, was meine Organe von der Operation am nächsten Morgen zu erwarten hatten. Leider ist das Kunstwerk abhandengekommen.

Am nächsten Morgen wurde ich um 6 Uhr 40 behutsam in den Operationssaal befördert. Dank der beruhigenden Gespräche hatte ich sehr gut geschlafen. Das geschäftige Treiben bekam ich kaum noch mit. Auf dem Weg in die Empfindungslosigkeit gab man mir noch mit, dass die Operation vier Stunden dauern würde.

Anschließend würde Professor Büchler meine Frau persönlich über Verlauf und Ergebnis der Operation informieren. Da ich mich in Narkose befand und von dem Geschehen im Operationsraum bewusst nichts mitbekommen habe, habe ich Professor Büchler gebeten, an dieser Stelle den operativen Eingriff zu schildern, wofür ich ihn von der ärztlichen Schweigepflicht befreie.

Hier sein Bericht:

Nachdem Professor Markus Weigand unseren Patienten in eine sanfte Narkose versetzt hatte, betrat ich zusammen mit Professor Markus Diener, meinem ersten Oberarzt, den Operationssaal, in dem sich das OP-Team bereits versammelt hatte. Da sie alle für unseren Patienten lebenswichtige Aufgaben zu erfüllen hatten, seien sie hier aufgezählt. Professor Weigand, Ärztlicher Direktor Anästhesie, Anästhesist Dr. Stephan Katzenschlager, OP-Schwester Laura Schaab, OP-Springer Sissy Burger, 1. OP-Assistent Dr. Alexander Hamm und PJ-Student. Wir überprüften wie üblich Schritt für Schritt alle gebotenen Sicherheitsaspekte.

In diesem sogenannten „Team-Timeout" werden alle Maßnahmen am und um den Patienten angehalten, um grundlegende Dinge wie Patientenidentität, Einverständnis, essentielle Befunde und auch die Vollständigkeit des Operationsinstrumentariums noch einmal zu überprüfen. Nachdem sich das gesamte Team auf diese Weise „eingeschworen" hatte, konnten wir beginnen. Ich setzte einen geraden Schnitt in der Mitte des Bauches, vom Brustbein bis fünf Zentimeter unterhalb des Nabels. Für den Chirurgen wie für das ganze Team ist dies der Augenblick der Offenbarung. Werden wir Absiedelungen des Krebses, Metastasen finden? Wäre das der Fall, dann stünden wir vor einer gänzlich anderen Situation mit völlig veränderten Aussichten für das Leben unseres Patienten. Nach einer kurzen Phase der Anspannung kann ich Entwarnung geben. Es zeigen sich keine Aussaat des Bauchspeicheldrüsentumors, keine Metastasen, weder in der Leber noch im Bauchraum an anderer Stelle. Gott sei Dank! Erleichterung im Team. Der Krebs ist operabel. Wir wissen, die Operation, die wir durchführen, ist möglich und sinnvoll.

Mit Zuversicht arbeiten wir weiter. Ich taste den gesamten Bauchraum nach Veränderungen ab. Nun spüre ich den fünf Zentimeter großen, holzharten Tumor im Bereich des Bauchspeicheldrüsen-Kopfes. Nach chirurgischer Freilegung der entsprechenden Region kann ich den Tumor nun auch sehen. Er ist unschön, unregelmäßig gestaltet und farblich anders als das für einen Chirurgen sonst sehr ästhetisch anmutende, gesunde Gewebe. Im Team herrscht ein positives Gefühl. Wir können helfen. Wichtig ist neben der eigentlichen Tumorentfernung vor allem, dass weit „im Gesunden" geschnitten wird, also sämtliche weichgewebigen, den Tumor umgebenden Strukturen mit entfernt werden, so dass keinerlei Reste von Tumor im Bauchraum verbleiben. Davon hängt der Erfolg der Operation ab.

Dieses umgebende Gewebe besteht aus Lymphknoten, Lymphgefäßen, Nerven, Fettgewebe, Bauchfell und Faszien. Der Kopf der Bauchspeicheldrüse, der Tumor tragende Teil im Falle unseres Patienten, hat eine zentrale Position. Er grenzt an den Zwölffingerdarm, den Gallengang, den Magen, die Gallenblase, die Leber und den Dünndarm unmittelbar an, sodass Teile dieser genannten Organe mit entfernt werden müssen, um den Bauchspeicheldrüsenkopf selbst entfernen zu können. So verbleiben am Ende dieser Operation die linke Hälfte der Bauchspeicheldrüse, ein Drittel des Gallengangs, fast der ganze Magen und 90 Prozent des Dünndarmes.

Die fünfstündige Operation ist eine besondere Herausforderung, weil die Bauchspeicheldrüse schwer zu nähen ist. Sie ist weich und zerfließlich und sie steckt voll von hoch aktiven und daher gefährlichen Verdauungsenzymen. Wenn diese ins „Freie" gelangen, wird alles Gewebe in der Nähe verdaut und zerstört. Daher muss sichergestellt werden, dass kein Sekret der Bauchspeicheldrüse nach außen gelangt und die Nähte wasserdicht angelegt werden. Es gelingt uns. Die Pathologen Professor Peter Schirmacher und Dr. Gunhild Mechtersheimer bestätigen anhand der eingeschickten Proben, dass alle Geweberänder tumorfrei sind. Die Operation ist, wie unbedingt angestrebt, im „Gesunden" erfolgt. Große Erleichterung beim OP Team! Geschafft!

Am Ende sind Magen, Gallengang und Pankreasrest wieder angeschlossen und der Verdauungstrakt neu rekonstruiert, sodass künftig eine normale Ernährung wie auch eine gute Verdauung möglich ist. Die Operation endet mit einer ausgiebigen Spülung der Bauchhöhle mit vielen Litern klarer Flüssigkeit, die zu absoluter Sauberkeit im Bauch führt. Alle Instrumente und Tücher werden zweimal gezählt und anschließend der Bauch sorgfältig verschlossen. Alle sind glücklich und zufrieden. Vor allem ich selbst. Unser Patient hat eine realistische Chance auf eine gute Zukunft.

So weit der Bericht von Professor Büchler. Seine Ausführungen sind für mich die beruhigende Bestätigung, dass die Operation rechtzeitig erfolgte.

Meine Frau war erleichtert, als aus Heidelberg der verabredete Anruf kam. Die Operation sei erfolgreich verlaufen, teilte ihr Professor Büchler mit, die Zeichen für die Zukunft stünden gut. Unsere Söhne organisierten für ihre Mutter einen Shuttle-Service. Abwechselnd fuhren sie mit ihr nach Heidelberg. Ich war schnell ansprechbar. Dass die Operation gut verlaufen war, war auch mein Eindruck. Ich fühlte mich wie befreit, die erste Hürde war genommen. Ich hatte die schwerste Operation meines Lebens hinter mir und spürte weder Schmerz noch Übelkeit. Der lebhafte Betrieb auf der Intensivstation hielt mich wach.

Am ersten Tag nach der Operation ging es mir erstaunlich gut. Am zweiten und dritten Tag ebenfalls. Doch dann setzten Schmerzen, Krämpfe und Übelkeit ein, die mir fast den Verstand raubten. Meine Anatomie wehrte sich mit Leibeskräften gegen die Veränderungen, die in meinem Körper vorgenommen worden waren. Ich verlor jede Orientierung. Selbst die große Uhr an der Wand vor mir half mir nicht weiter. Ich wusste nicht, wann Morgen und wann Abend war.

Ärzte, Krankenschwestern und Pfleger gaben alles, um mich über die Runden zu bringen. Ihr Engagement werde ich in dankbarer Erinnerung behalten. Nie vergaßen sie, mir Mut zuzusprechen. Das Schlimmste sei bald überstanden. Ich hörte es gerne, aber ich konnte es mir nicht vorstellen.

Durch mein Delirium irrlichterte plötzlich der Bundesminister für Arbeit und Soziales Hubertus Heil mit seinem Lob für das Pflegepersonal und seiner Forderung nach einer angemesseneren Entlohnung für deren schwere und verantwortungsvolle Arbeit. Das war zu Beginn der Corona-Pandemie. Ich nahm mir vor, Heil zu schreiben, mit der entsprechenden Gesetzgebung nicht lange zu warten. Die Pflegekräfte sind aus meiner Sicht nicht unwichtiger als die Lufthansa. Den Brief habe ich inzwischen geschrieben, inklusive Verweis auf Lufthansa.

In der Intensivstation richtete sich mein ganzes Sinnen und Trachten auf die Rückgewinnung meiner Autonomie. Dabei spielte der Infusionsständer neben meinem Bett eine wichtige Rolle. Wie einen Hirtenstab nutzte ich ihn, um die wenigen Schritte vom Bett zum Bad und zurück mit eigener Kraft zu schaffen.

In Brechts Gedicht „Das Lied von der Moldau" heißt es, „die Nacht hat zwölf Stunden, dann kommt schon der Tag." Meine Nacht dauerte gefühlte 70 Stunden, aber dann kam der Tag, und er blieb. Die dunklen Stunden vorher waren nur noch schemenhafte Erinnerungen. Ich fühlte mich wie in einem Meer der Ruhe.

Die Muße nutzte ich, um das Erlebte zu überdenken. Beklagen konnte ich mich nicht. Ich hatte sehr viel Glück gehabt. Reisen nach Sylt und Usedom hatte ich wegen Corona absagen müssen. Während der Reisezeit hätte ich kaum auf die Pankreas-Warnzeichen geachtet. Wertvolle Zeit wäre verloren gegangen. Der Glücksfall Möbius bescherte mir Professor Ko und die Verbindung zu Professor Büchler. Die Zeit von der Diagnose bis nach der Operation war strapaziös, aber sie war eine Erfahrung von unschätzbarem Wert, sie hat mich im hohen Alter noch einmal viel über mein Leben gelehrt. In Ruhe schaute ich mir an, was an Post eingegangen war. Das WDR-Archiv legte mir die Liste von Sondersendungen aus dem Jahre 1989 vor. Ich war wieder zurück in meinem Buch.

Das Schicksalsjahr 1989

Das Jahr 1989 begann für mich mit einer Niederlage. Nach den Erfahrungen mit dem Vorjahr hatte ich um mehr Mittel für unsere Berichterstattung gebeten. Trotz überzeugender Begründungen wurde mein Antrag souverän abgewiesen. Mit Bedacht hatte ich dargelegt, dass in unserem Berichtsgebiet Osteuropa bis zum Jahresende drastische Veränderungen der politischen Verhältnisse zu erwarten seien. Aufgeführt hatte ich verstärkte Fluchtbewegungen. Auch bewaffnete Konflikte brachte ich ins Gespräch, wie sie bereits im Kaukasus zwischen Armenien und Aserbeidschan ausgebrochen waren. Den Fall der Mauer in Berlin hatte ich nicht auf meiner Rechnung. Nicht im Traum hatte ich daran gedacht. Andere auch nicht.

Mit einer kaltherzigen Absage wollte man es nicht bewenden lassen. Man gab mir gute Ratschläge mit auf den Weg. Hellwach sollte ich bleiben. Ebenso wurde mir geraten, tiefgreifende politische Änderungen zu antizipieren, um in unseren Regelsendungen frühzeitig darauf einzugehen, statt allein auf teure und technisch unsichere Sondersendungen zu setzen.

Der Hinweis auf die technische Unsicherheit kam nicht von ungefähr. Die Fernsehtechnik war in jenen Jahren bei weitem nicht so stabil, wie das heute der Fall ist, was zu sensationellen Pannen führte, die auf das Fernsehpublikum eine faszinierende Wirkung ausübten. Wenn wir uns tief in die Sowjetunion trauten, erwischte es uns besonders heftig. Zu Bildern aus dem Kaukasus meldeten sich unvermittelt Korrespondenten aus dem Baltikum zu Wort. Unsere Sendungen galten als Musterbeispiele der Methode „trial and error". Meine verzweifelten Rufe in den Äther „Herr Kollege, hören Sie mich!" entwickelten sich zu einem Markenzeichen. Nach jeder Sendung war ich wie gerädert.

Es war klar, dass ich in Kollegenkreisen weder mit Anerkennung noch mit Mitgefühl zu rechnen hatte. Trost fand ich beim Publikum. Mit den schlimmsten Pannen erzielten wir die höchsten Einschaltquoten, vergleichbar mit populären Unterhaltungssendungen.

Wir Politikjournalisten wie auch die Normalbürger genossen damals paradiesische Zeiten. Nach Jahren mürrischer Politikverdrossenheit erlebten wir eine Hochkonjunktur des politischen Interesses, wie sie uns vorher nur Willy Brandt mit seiner Ostpolitik beschert hatte. Den neuen Boom hatten wir ausgerechnet einem Kommunisten aus der Sowjetunion, dem Land der politischen Langeweiler, zu verdanken. Im März 1985 war er in Moskau an die Macht gekommen. Eloquent und mit weltmännischen Manieren war Michail Sergejewitsch Gorbatschow das genaue Gegenteil seiner Vorgänger Breschnew, Andropow und Tschernjenko, denen es nachhaltig gelungen war, ihrem Volk mit blutleeren Reden jegliches Interesse an Politik auszutreiben.

Gorbatschow war nicht nur ein mitreißender Redner, er brachte auch frische Ideen mit, auf die die sowjetische Bevölkerung seit Jahrzehnten gewartet hatte. Mit den Reformprogrammen „Glasnost" und „Perestroika" wollte er aus dem wirtschaftlich und politisch rückständigen Polizeistaat Sowjetunion eine offene, demokratisch-sozialistische Gesellschaft machen.

Wie Sturmböen rauschten Gorbatschows Initiativen in die internationale Politik. Sie lösten im Westen Hoffnungen auf ein Ende des hemmungslosen Wettrüstens und die Beilegung von mörderischen Regionalkonflikten aus. „Exportware Perestroika" nannten wir eine Sendung, in der unsere Korrespondenten beschrieben, wie Gorbatschows Reformprogramme von Moskaus Verbündeten aufgenommen wurden. Die Unterschiede waren eklatant. Für die einen, wie die Polen und Ungarn, versprachen

Glasnost und Perestroika zu wenig Reform und zu wenig Aufbruch in bessere Zeiten. Andere, wie die DDR, die Tschechoslowakei, Kuba und Rumänien, betrachteten Gorbatschows Ideen als gefährlichen Sprengstoff, der am Ende ihre sozialistischen Staaten in die Luft zu jagen drohte.

Ein SED-Mann ohne Idee und ein Bischof
mit Forderungen

Claus Richter, als Nachfolger von Peter Merseburger unser Mann in Ost-Berlin, setzte sich mit dem Rektor der SED-Parteihochschule Professor Otto Reinhold zusammen, Fachgebiet Politische Ökonomie. Er galt als Vordenker der SED. Von Reinhold wollte unser Korrespondent erfahren, wie die SED aus ihrer Misere herauskommen konnte oder wollte. Gleichermaßen interessierte ihn die Frage, ob die Reformideen des Sowjetführers Gorbatschow wichtige Hilfen für die DDR sein könnten, frei nach der Losung „Von der Sowjetunion lernen, heißt siegen lernen". Prof. Reinhold sah das nicht so. Die DDR sei nicht mit der Sowjetunion zu vergleichen. Claus Richter gab sich viel Mühe, um aus dem Professor für politische Ökonomie mehr herauszuholen. Vergeblich! Otto Reinhold lächelte alle Fragen müde weg.

Nach dem matten Parteivordenker wandte sich Claus Richter dem Evangelischen Kirchentag in Leipzig zu. Hier fanden seine Fragen konkrete Antworten, insbesondere bei den jungen Besucherinnen und Besuchern. Sie forderten mehr Offenheit in der Politik, wie sie Michail Gorbatschow mit seinem Reformprogramm Glasnost anstrebte. Zornig wurde die Entscheidung der DDR-Obrigkeit kritisiert, die sowjetische Zeitschrift *Sputnik* aus dem Verkehr zu ziehen, in der viel über Gorbatschows Reformideen zu lesen war.

Einmal in Fahrt, legten die von Richter Befragten kräftig nach. Sie wollten nicht auf ewig von der übrigen Welt ausgesperrt sein. Sie wollten frei reisen und frei reden dürfen. Eine ehrliche Friedenspolitik wünschten sie sich von ihrer politischen Führung, nicht nur Kritik am Westen, sondern auch eine offene Auseinandersetzung mit der Hochrüstung auf der eigenen Seite.

Unterstützung fanden die Kritiker bei der evangelischen Kirchenleitung. Thüringens Bischof Werner Leich sagte in Richters Westmikrofon: „Unsere Politik braucht dringend die Öffnung zur Wahrheit und eine verständnisvolle Haltung gegenüber Andersdenkenden." In ihrer Klarheit und Offenheit war Leichs Aussage von deutlich anderer Qualität als kirchliche Erklärungen früherer Jahre.

Mit falschen Pässen über die Grenze

Richters ruhiger Beitrag fand viel Zustimmung in der DDR-Bevölkerung. Auch auf das DDR-Außenministerium machte der Bericht Eindruck. Aus Sicht der Funktionäre hatte der WDR-Korrespondent die Durchführungsbestimmung zur Journalistenverordnung zu weit ausgelegt. WDR-Intendant Friedrich Nowottny wurde zu einem Gespräch nach Ost-Berlin gebeten. Nowottny nahm die Einladung gerne an, sie bot ihm die willkommene Gelegenheit, den Rechtsstandpunkt der ARD zu einem leidigen Thema zu bekräftigen. Als Begleiter nahm er mit Wolfgang Nette vom Hörfunk und mir zwei ehemalige Korrespondenten mit.

Es wurde eine muntere Spritztour, wie immer, wenn man mit Nowottny unterwegs war. Nebenbei unterzogen wir – wenn auch ungewollt – den Grenzübergang Bornholmer Straße einem Stresstest, was uns die Erkenntnis einbrachte, dass der Übergang Bornholmer Straße für Aufgaben von historischer Bedeutung qualifiziert war.

Bei der Einreise in die Hauptstadt der DDR sammelte Intendant Nowottny in Chef-Manier unsere Pässe ein, um sie dem bereitstehenden Grenzer auszuhändigen. Nach kurzer Überprüfung wurden die drei Pässe an Friedrich Nowottny zurückgegeben. Der Intendant übernahm auch die Verteilung. Unglücklicherweise schauten wir nicht nach, ob die Pässe in die richtigen Hände geraten waren. Sie waren es nicht, wie sich zu spät herausstellte. Ahnungslos war ich nach der Einreise in Ost-Berlin laut Pass als Friedrich Nowottny unterwegs, während unser Intendant zu Fritz Pleitgen mutierte. Das Malheur wäre unentdeckt geblieben, wenn wir uns nicht getrennt hätten.

Das Gespräch im DDR-Außenministerium verlief freundlich bis destruktiv. Erwartungsgemäß gab es nicht den Ansatz einer Einigung, als wir uns dem Thema „Arbeitsbedingungen von Westkorrespondenten in der DDR" zuwandten. Die Stimmung hellte sich auf, als wir auf die ARD-Sendung „Abrüstung, die neue Bedrohung" zu sprechen kamen, die ich noch am selben Abend zu moderieren hatte. Es ging um die Abrüstungsverhandlungen in Wien. Pressechef Meyer sagte eine hochrangige Beteiligung von Seiten der DDR zu. So trennten wir uns im guten Einvernehmen.

Während ich mich auf den Weg zum Flughafen Tegel machte, um rechtzeitig zur Sendung in Köln zu sein, begaben sich Friedrich Nowottny und Wolfgang Nette zu unseren Korrespondenten ins Studio an der Schadowstraße. Bewaffnet mit dem Nowottny-Pass, aber immer noch arglos, steuerte ich derweil den Grenzübergang Bornholmer Straße an. Derselbe Grenzer stand bereit, der uns bei der Einreise kontrolliert hatte. Er begrüßte mich freundlich, warf einen Blick in den Pass, den ich ihm gereicht hatte, schüttelte den Kopf, schaute mich intensiv an und zog sich samt Pass längere Zeit zurück.

Als sich ein kleinerer Stau hinter meinem Auto bildete, kehrte er zurück, händigte mir wortlos den Pass aus und ließ mich fahren. Ich bedankte mich und kündigte im Wegfahren das baldige Erscheinen meiner ursprünglichen Wegbegleiter Nowottny und Nette an.

Als ich in Köln das Studio betrat, informierte mich Ulrich Deppendorf, der Redakteur der Sendung, über eine bemerkenswerte Beobachtung. Im Ost-Berliner Studio säße ein mit Orden reichlich behangener Typ, der wie der DDR-Verteidigungsminister Heinz Keßler aussähe. Pressechef Wolfgang Meyer hatte also Wort gehalten. Einen DDR-Verteidigungsminister im Westfernsehen hatten wir noch nicht. Für damalige Verhältnisse eine Sensation.

Dem quicken Pressechef Meyer bescheinige ich gerne, dass er sich, wenn es ihm passte, unserer Anfragen sehr effizient annahm. Er verschaffte unseren Gesprächspartnern aus der DDR, die wir per Live-Schaltungen aus Ost-Berlin in unsere Sondersendungen holten, Zutritt zu den Studios des DDR-Fernsehens in Adlershof. Nicht nur SED-Funktionären und Vertretern der Blockparteien, sondern einige Monate später auch der Sprecherin der Opposition, der Malerin Bärbel Bohley vom NEUEN FORUM, was noch sensationeller war als die Mitwirkung von Armeegeneral Heinz Keßler.

Doch so weit gingen meine Gedanken im Kölner Studio nicht. Jetzt, Anfang des Jahres, hatte ich mich auf das Thema Abrüstung zu konzentrieren. Auch Moskau hatte sich nicht lumpen lassen und mit Armeegeneral Tscherwow den ranghöchsten sowjetischen Militärexperten für die Abrüstung konventioneller Waffen in unsere Fernsehdiskussion geschickt. Wir hatten der Sendung den hintersinnigen Titel „Abrüstung, die neue Bedrohung" gegeben, weil sich die Falken beider Seiten verbissen gegen jedwede Abrüstung zur Wehr setzten. Mit der Besetzung unserer Diskussionsrunde konnten wir sehr zufrieden sein. Die westliche Seite war mit den Sicherheitsexperten von CDU/CSU und SPD, Volker Rühe und Egon Bahr, sowie dem stellvertretenden US-Botschafter bei der NATO, John Kornblum, ebenfalls hochrangig vertreten.

Auf die Sendung hatte ich mich mit Hilfe von Abrüstungsexperten des Auswärtigen Amtes und des Verteidigungsministeriums intensiv vorbereitet. Die Crux beim Streitkräftevergleich seien die unterschiedlichen Zählweisen zwischen Ost und West, wurde mir eingeimpft. Um dem Publikum einen vernünftigen Überblick zu verschaffen, sei es notwendig, gleiche Kriterien für die Waffen hüben wie drüben herauszuarbeiten. Ich befolgte den Rat, was ich besser nicht getan hätte. Statt die Diskussionsteilnehmer gleich aufeinander loszulassen, führte ich sie in eine fürchterliche Zahlendiskussion, die in eine unerträgliche Erbsenzählerei ausartete.

Als ich erkannte, dass ich dabei war, unser Publikum völlig zu verwirren, hatte ich bereits die Hälfte der Sendezeit verpulvert. Wütend auf mich selbst, weil ich eine gute Chance vertan hatte, mit einer selten guten Besetzung über das militärische Kräfteverhältnis zwischen NATO und Warschauer Pakt sinnvoll aufzuklären, versuchte ich, die Diskussion in geordnete Bahnen zu lenken. Es gelang nur halbwegs. Trotzdem spendeten die Teilnehmer Lob für das Zustandekommen einer öffentlichen Diskussion zwischen hochrangigen Vertretern aus Ost und West. Eine Neuauflage wäre mir lieber gewesen, die ich aber nicht zustande brachte.

Während ich im Studio mit fliegenden Fahnen unterging, näherten sich die Herren Nowottny und Nette dem Grenzübergang Bornholmer Straße. Als Chef übernahm der Intendant erneut die Übergabe der Pässe. Wieder stutzte der Beamte, was Nowottny nicht entging. „Junge, das ist ein Jugendfoto von mir", ließ er den verunsicherten Grenzer wissen. Der Mann verstand die Aufmunterung, sah sich trotzdem veranlasst, höheren Ortes nachzufragen. Westlichen Journalisten war allerhand zuzutrauen. Vielleicht wollten sie auf plumpe Weise die Wachsamkeit der Grenztruppen am antifaschistischen Schutzwall testen, mag man sich an der Bornholmer Straße gefragt haben.

Andererseits war die Sachlage klar. Die Personen Nowottny und Pleitgen waren am Grenzübergang erschienen, deren Pässe ebenfalls, wenn auch in den falschen Taschen. Nowottny musste nicht allzu lange warten. Auch er konnte passieren. Ebenfalls ohne jeden Kommentar. Wolfgang Nette kam die Sache spanisch vor. Er schaute kurz in die Pässe und sprach Nowottny seine Anerkennung aus. Er sei als Friedrich Nowottny in die DDR eingereist und habe diese als Fritz Pleitgen verlassen. Offensichtlich mit amtlicher Billigung. Einen solchen Fall habe es vermutlich an der deutsch-deutschen Grenze noch nicht gegeben. Nowottny ließ an der nächsten West-Berliner Kneipe anhalten, wo er von lauter Nowottny-Fans mit großem Hallo begrüßt wurde. „Schön, dass du uns mal besuchst. Im Fernsehen kommst du größer rüber." „Fernsehen zählt nicht", konterte Nowottny, „entscheidend ist der Pass. Hier steht eindeutig: Körpergröße 1,91 Meter."

Ich war der Letzte, der erfuhr, was wir auf unserer Reise angerichtet hatten. Nach der Sendung rief Nowottny an und forderte mich auf, ihm endlich seinen Pass auszuhändigen. Als am 9. November 1989 die Mauer an der Bornholmer Straße aufging, fühlten wir uns bestätigt: „Unsere Jungs an der Bornholmer Straße wissen mit außergewöhnlichen Situationen souverän umzugehen!" Allerdings, mit dem Fall der Mauer hatte keiner von uns gerechnet, nachdem wir den Grenzübergang auf extravagante Weise passiert hatten.

Wiedervereinigung: Kein Thema für die Bürgerrechtler

Wir hatten uns seit Jahren daran gewöhnt, die Berichterstattung für die DDR-Bevölkerung mit wahrzunehmen. Einen offiziellen Auftrag dazu hatten wir nicht. Solange die DDR-Medien vom SED-Regime zu Propagandainstrumenten deklassiert wurden und keine Chance hatten, die Belange ihrer Bürgerinnen und Bürger zu vertreten, nutzten die Menschen östlich der Elbe unsere Berichterstattung als ihre Hauptinformationsquelle. Was wir anboten, fand auf beiden Seiten des Eisernen Vorhangs gleichermaßen Zustimmung. Das begann sich im Laufe des Jahres 1989 zu ändern. Da gingen die Ansichten langsam, aber sicher auseinander.

Die Ablehnung des SED-Regimes wurde in der DDR immer öffentlicher. Die dreisten Fälschungen bei den Kommunalwahlen im Mai 1989 lösten offenen Volkszorn aus. Die Saat für vitale Bürgerrechtsbewegungen war gesät. Im Sommer ging sie auf. Im Hause Havemann wurde das NEUE FORUM gegründet, was das SED-Regime prompt als staatsfeindliche Aktion zu unterdrücken versuchte. Vergebens. Das NEUE FORUM wurde immer kräftiger. Zu seinem Gesicht wurde die Malerin Bärbel Bohley. Mit leiser Stimme, aber großer Überzeugungskraft wurde sie zur Symbolfigur der friedlichen Revolution. Sie ließ sich nicht vereinnahmen, auch nicht von uns. Die Zukunft ihres Staates sah sie anders als wir im Westen. Ich war von ihrer zurückhaltenden Selbstsicherheit sehr beeindruckt.

An Bärbel Bohley konnte unser Publikum ablesen, wohin die Reise mit der DDR ging. Anfangs der Überraschungsgast in unserer Sendung, wurde sie danach zum Dauergast unserer *Brennpunkt*-Ausgaben. Nach dem Mauerfall blieb nur noch die Bürgerrechtlerin Bärbel Bohley als Gesprächspartnerin, die in

Adlershof für das Westfernsehen eine Meinung aus der DDR-Bevölkerung vertrat.

Während bei uns bereits engagiert über die Wiedervereinigung diskutiert wurde, formulierte Bärbel Bohley im privaten Gespräch, aber auch öffentlich in unseren Sendungen andere Ziele. „Uns geht es nicht um die Wiedervereinigung, sondern um das Selbstbestimmungsrecht der Menschen in der DDR. Um Versammlungsfreiheit, Meinungsvielfalt, Reisefreiheit und politischen Pluralismus. Für diese Ziele gehen die Menschen in der DDR auf die Straße und nicht für die Wiedervereinigung."

Freundlich, aber bestimmt verbat sie sich, ihren Widerspruch und den wachsenden Bürgerprotest mit dem Aufstand am 17. Juni 1953 in Verbindung zu bringen. Stefan Heym und andere sahen das genauso. „Der Vergleich ist nicht nur falsch, sondern auch gefährlich", so der Schriftsteller. In der Angst, es könne bereits ums Ganze gehen, könnten sich die alten Kader herausgefordert fühlen, die Opposition mit militärischen Mitteln niederzuschlagen. Die Besorgnis wurde nicht von ungefähr geäußert. Soeben hatten die Autokraten in Peking den friedlichen Protest von Studenten auf dem Platz des Himmlischen Friedens mit Panzern brutal niedergewalzt. Das Politbüromitglied Egon Krenz, Honeckers Kronprinz, hatte für das Vorgehen der chinesischen Führung Verständnis geäußert. Viele sahen darin eine versteckte Drohung.

Ich beriet mich mit meinen Kollegen Jürgen Engert vom Sender Freies Berlin und Wilhelm von Sternburg vom Hessischen Rundfunk. Wir kamen überein, unseren Reportern zu empfehlen, auf Reizbegriffe wie „17. Juni" und „Wiedervereinigung" zu verzichten. Während alle Welt von einer möglichen Wiedervereinigung Deutschlands sprach, haben wir unsere Enthaltsamkeit mit Rücksicht auf unsere Landsleute in der DDR bis September 1989 eisern durchgehalten.

„Wer hat Angst vor der Wiedervereinigung?" nannte ARD-Chefredakteur Martin Schulze seine Sendung am 20. September 1989, zu der er die Schriftsteller Günter Grass aus Westdeutschland und Stefan Heym aus Ostdeutschland sowie die Politiker Oskar Lafontaine von der SPD und Volker Rühe von der CDU/CSU eingeladen hatte. Keiner hatte Angst, aber alle hatten eine andere Vorstellung von der Zukunft Deutschlands.

Stefan Heym blieb sich treu. Nach den geschichtlichen Erfahrungen, die Europa mit Deutschland gemacht hatte, sei für unsere Nachbarn nur ein deutscher Staat zumutbar, der vom demokratischen Sozialismus und nicht von Mercedes, Messerschmitt-Bölkow-Blohm, BASF und der Deutschen Bank geprägt sei. Auch Günter Grass war mit Blick auf die Vergangenheit seit Bismarck skeptisch, ob für Europa auf Dauer eine deutsche Machtballung im Zentrum des Kontinents gut verkraftbar sei. Er empfahl, behutsam vorzugehen. Eine solide Basis sei die Kultur. Im Gegensatz zu Politik, Wirtschaft und auch Sport habe sie sich in den Jahrzehnten der Teilung nicht trennen lassen, sondern sei gesamtdeutsch geblieben. Er könne sich für den Anfang eine Konföderation der beiden deutschen Staaten gut vorstellen.

Oskar Lafontaine hatte klare Vorstellungen. Auflösung der Militärblöcke, politisch vereintes Europa, danach vereintes Deutschland. Für Volker Rühe war die westdeutsche Bundesrepublik ein Muster an Demokratie, vor der in Europa niemand Angst hatte und zu haben brauchte. Er vertrat eine Linie, wie sie sich später bis zur Vollendung der Deutschen Einheit durchsetzen sollte.

Und wie waren meine eigenen Vorstellungen? Ich hätte den Bürgerrechtlern gegönnt, ihren Traum vom Selbstbestimmungsrecht der Menschen in der DDR aus eigener Kraft zu verwirklichen, um auf dieser Basis einen demokratischen Staat ihrer Vorstellung aufzubauen. Eine Konföderation der beiden deutschen Staaten erschien auch mir als die verträglichste Form für ein gedeihliches Miteinander in Europa zu sein.

40. Jahrestag der DDR: Ein Jubiläum wird zum Desaster

Es näherte sich der 40. Gründungstag der DDR am 7. Oktober 1989, was den ersten „Arbeiter- und Bauernstaat auf deutschem Boden" für seine Bürgerinnen und Bürger nicht attraktiver machte. Bei meinen gelegentlichen Besuchen in der DDR wurde ich häufig um Rat gefragt: ausreisen oder bleiben? Ich habe zum Bleiben geraten. Begründet habe ich meinen Rat mit der angespannten Lage auf dem Arbeits- und Wohnungsmarkt in der Bundesrepublik. Seit der Öffnung der ungarischen Grenze am 11. September waren bereits Tausende Menschen aus der DDR in den Westen geflüchtet. Die anfängliche Aufnahmebereitschaft hatte auf unserer Seite inzwischen deutlich nachgelassen.

Die Versorgung mit Arbeitsplätzen ließ sich eher gewährleisten als die Beschaffung von Wohnungen, was Henning Scherf von der SPD aus Bremen zu originellen Vorschlägen veranlasste. Einen Angriff aus dem Osten könne er sich nicht vorstellen. Deshalb könne die Hälfte der Bundeswehr in den Urlaub geschickt werden. Die leerstehenden Kasernen böten Wohnungssuchenden aus der DDR akzeptable Unterkünfte.

Außerdem stünden ja noch die Bunker zur Verfügung, die für einen eventuellen Atomkrieg gebaut worden waren. Nicht anheimelnd, aber sauber. Nach diesen Worten hütete ich mich, DDR-Bürgerinnen und Bürger zu überreden, in den paradiesischen Westen umzuziehen. Außerdem hatten die Bürgerrechtler inzwischen die Parole ausgegeben: „Wir bleiben hier!", was ich absolut richtig fand. Gerade die kritischen und agilen Geister wurden für den Aufbau einer wirklich demokratischen Republik gebraucht.

Den 40. Staatsgründungstag der DDR begrüßte ich unter der Dusche mit dem Absingen der Internationalen. Meine Frau war nicht verwundert. Meine Schwäche für die Hymne der Arbeiterklasse hatte ich bereits mit in die Ehe gebracht. Zur DDR passe die Internationale nicht, bekam ich allerdings zu hören. Weniger zur DDR, räumte ich ein, aber zur Protestbewegung gegen das SED-Regime. Text und Melodie animierten zum Widerstand. So geschah es auch am Ende des 40. Gründungstages der DDR, als 2.000 zumeist junge Leute mit dem Lied von Eugène Pottier und Pierre Degeyter auf den Lippen und unter „Gorbi, Gorbi"-Rufen gegen die Stasi Front machten.

Selbstverständlich war uns der 40. Staatsgründungstag der DDR eine Sondersendung wert. Wir gingen davon aus, dass dieser Tag für die deutsche Zukunft eine entscheidende Rolle spielen könnte. Im Laufe des Tages trafen die Berichte unserer Korrespondenten Claus Richter und Horst Hano ein. Was sie sachlich beschrieben, ließ nur den Schluss zu, dass das SED-Regime nach 40 Jahren seiner Existenz am Tiefpunkt angekommen war.

Mit der Ära Honecker war es vorbei. Die *BILD*-Zeitung wollte es genau wissen und veröffentlichte das präzise Ende. 18. Oktober 1989! „Erichs letzter Arbeitstag", lautete die Schlagzeile.

Die Parteigremien tagten und lieferten tatsächlich das vorhergesagte Ergebnis. Diesmal kam uns die *Aktuelle Kamera* des DDR-Fernsehens zuvor. Sie verbreitete die Nachricht vom Rücktritt Honeckers als Erste. Die schnelle Reaktion sollte kein einmaliges Erlebnis bleiben.

DDR Funktionär mit Rückgrat

In Adlershof war mit Hans Bentzien ein anderer Geist eingezogen. Der neue Generalintendant des Deutschen Fernsehfunks (DFF) begann sofort, mit guten journalistischen und unterhaltenden Programmen einen Teil des in die Westmedien abgewanderten DDR-Publikums wieder zurückzuholen. In besonders guter Erinnerung habe ich die Jugendsendung *Elf 99*, benannt nach der Postleitzahl von Adlershof. *Elf 99*, frisch und kess, erwarb sich in kurzer Zeit die Anerkennung aller Fachleute in beiden Staaten Deutschlands. Leider ist die Sendung in den bewegten Zeiten der Wende auf der Strecke geblieben. Wie auch Hans Bentzien.

Unter den SED-Funktionären war er eine Ausnahmeerscheinung. Seine Ideen von einem fortschrittlichen Sozialismus und sein Sinn für attraktive Programme verschafften ihm beim Publikum ebenso wie bei den Künstlern einen guten Leumund. Ebenso konsequent sicherte er sich das tiefe Misstrauen seiner Partei-Oberen, weil er unbeirrt an seinem Kurs festhielt, was zu einem ständigen Auf und Ab seiner beruflichen Karriere führte. Immerhin sind unter seiner Verantwortung eindrucksvolle Filme zustande gekommen. Das 1966 produzierte Arbeiterepos *Spur der Steine* von Frank Beyer mit Manfred Krug, Krystyna Stypulkowska und Eberhard Esche in den Hauptrollen hatte das Zeug zu einem Klassiker. Die Zustimmung des Publikums zählte allerdings im SED-Apparat nicht. Die Sittenwächter der Partei stellten unnachsichtig „antisozialistische Tendenzen" fest. Der Film verschwand in der Versenkung und Hans Bentzien aus seinem Amt als Chef der Hauptabteilung Fernsehfilm, die in Adlershof unter „Funkdramatik" firmierte.

Zehn Jahre später wurde der geschasste Kulturfachmann für den DFF in anderer Funktion reaktiviert. Wieder beging er den Sündenfall, einen Film von Frank Beyer, diesmal in der Starbesetzung mit Armin Mueller-Stahl und Jutta Hoffmann gutzuheißen. *Geschlossene Gesellschaft* war ein künstlerisch hochwertiger Film, der den DDR-Alltag realistisch und ungeschminkt darstellte. Dem Idealbild des von oben verordneten sozialistischen Realismus entsprach der Beyer-Film (Buch: Klaus Poche) sicher nicht. Gegen solche Entgleisungen hatten die Kulturfunktionäre ein probates Mittel. Sie organisierten eine Kampagne, in der Vertreter der Arbeiterklasse ihre Empörung über die Entstellung ihres ordentlichen Alltags massiv zum Ausdruck brachten.

Das Resultat war vorhersehbar. Der Film wurde aus dem Verkehr gezogen und Hans Bentzien gleich mit. Je weiter er nach unten befördert wurde, desto befreiter fühlte er sich. Er sprach von einer „erfüllten Zeit". Ich nahm ihm die Auskunft gerne ab, als ich hörte, dass er in diesen Jahren als einfacher Redakteur 50 Filmen zur Sendung verhalf.

Hans Bentzien habe ich als Generalintendant des DFF schätzen gelernt. Er war ein anregender und verlässlicher Gesprächspartner. Ich hätte mir den gebildeten und integren Mann gut in einem gesamtdeutschen Kreis der ARD-Intendanten vorstellen können. Er wäre eine Bereicherung gewesen, aber so aufgeweckt war unsere Politik damals nicht. Hans Bentzien war sicher nicht die einzige DDR-Begabung, die vom Westen übersehen wurde, als mit der Vereinigung der Deutschen Ernst gemacht wurde.

40 Jahre Honecker: Schnell abgehakt

Als Erich Honecker am 18. Oktober 1989 zum Rücktritt gezwungen wurde, hatte ich Altbundeskanzler Helmut Schmidt und Kanzleramtsminister Rudolf Seiters zu Gast im Studio. Helmut Schmidt hatte die Entwicklung kommen sehen. Im Privatgespräch (vermutlich beim Treffen am Werbellinsee im Dezember 1981) habe er Honecker geraten, möglichst frühzeitig und selbst seine Nachfolge zu regeln, um nicht das gleiche schmähliche Schicksal wie sein Vorgänger Walter Ulbricht zu erleiden. Honecker habe damals nichts davon wissen wollen.

In unserer Sendung war das Thema Erich Honecker erstaunlich schnell abgehakt. 40 Jahre hatte er die Politik der Deutschen Demokratischen Republik geprägt. Er dirigierte den Mauerbau. Vor einigen Tagen war ihm noch gut organisiert zugejubelt worden. Nun verschwand er von der politischen Bildfläche. Keiner schien ihn zu vermissen. Alle wirkten erleichtert. So jedenfalls das Ergebnis unserer Interview-Umfrage in der DDR.

Egon Krenz, den das SED-Zentralkomitee als Honecker-Nachfolger gewählt hatte, kam in ersten Stellungnahmen nicht viel besser weg als Erich Honecker. Für Altbundeskanzler Helmut Schmidt war er nur ein Mann des Übergangs. Pfarrer Rainer Eppelmann erwartete von Krenz nichts anderes als die Fortsetzung der Honecker-Politik. Bischof Gottfried Forck forderte von Krenz Auskunft über die Wahlfälschungen, die er als Vorsitzender der Wahlkommission zu verantworten hatte.

Bärbel Bohley, die als unsere Gesprächspartnerin im Studio in Adlershof Platz genommen hatte, ging mit Egon Krenz sanft, aber entschieden ins Gericht. Sie beschrieb ihn als ebenso unfähig wie unglaubwürdig. Für sie war nicht hinnehmbar, dass ein Mann wie Krenz, der sich in der Bewertung der Niederschlagung der Studentendemonstrationen auf dem Platz des Himmlischen Friedens wie auch der Wahlfälschung absolut fragwürdig verhalten habe, gleich mit dreifacher Macht ausgestattet wurde: als Generalsekretär der SED, als Vorsitzender des Staatsrates und als Vorsitzender des Nationalen Verteidigungsrates.

Manfred Gerlach, Vorsitzender der liberal-demokratischen Blockpartei und bislang Stellvertreter Honeckers im Staatsrat, sah den Wechsel Honecker – Krenz entschieden milder als Bärbel Bohley. „Ein Schritt in die richtige Richtung", bekundete er. Daraufhin ging die Bürgerrechtlerin im Studio auf deutlichen Abstand zu ihm. Für Bohley war klar, dass es nicht mehr bei der führenden Rolle der SED, wie sie in Artikel 1 der DDR-Verfassung festgeschrieben war, bleiben konnte. Gerlach wollte hingegen der SED die Position eines „Primus inter Pares" einräumen, was Bohley mit sichtlichem Widerwillen zur Kenntnis nahm.

Ab sofort! Unverzüglich!

Am 9. November 1989 sollte ich eigentlich in Warschau sein. WDR und SFB hatten den Auftrag, für die ARD über den Staatsbesuch von Bundeskanzler Helmut Kohl in Polen zu berichten. Ulrich Deppendorf war bereits mit dem WDR-Team vor Ort, ebenso Jürgen Engert mit seiner SFB-Mannschaft. Irgendetwas hielt mich zurück, hinterherzureisen. In meinem Büro hatte ich mir das Programm des WDR-Fernsehens aufschalten lassen. Mit Ulrich Deppendorf vereinbarte ich, einen Tag später nachzukommen. Aus meiner Sicht waren genügend kompetente Berichterstatter vor Ort. Im Gegenzug wollte ich die Kollegen in Warschau über die Entwicklung in Ost-Berlin auf dem Laufenden halten.

Am Frühabend, gegen 18.00 Uhr, wurde es richtig spannend. Die neue SED-Führung war dabei, ihr modernes Verständnis von Politik zu demonstrieren. Nach den Sitzungen der Parteigremien sollten die Journalisten umgehend über die Beschlüsse informiert werden. Als Interpret wurde mit Günter Schabowski, der ehemalige Chefredakteur des Parteiorgans Neues Deutschland, in das Internationale Pressezentrum an der Mohrenstraße entsandt. Schabowski, seit geraumer Zeit Chef des mächtigen SED-Bezirks Berlin, gab sich betont selbstgewiss, zeigte sich aber im entscheidenden Augenblick seiner Aufgabe nicht gewachsen – was die Welt verändern sollte.

In der ersten Dreiviertelstunde konnte ich Deppendorf nichts von Bedeutung mitteilen. Dann fragte in der Pressekonferenz ein Korrespondent nach dem neuen Reisegesetz. Schabowski geriet ins Schwimmen. Er gab sich weiter den Anschein von Souveränität, aber allen war klar, dass er nicht im Stoff war, bis er schließlich in seinem Zettelwirrwarr völlig unterging. Von dem, was Schabowski vor sich hinnuschelte, verstand ich nur, dass Anträge auf Privatreisen künftig kurzfristig genehmigt würden. An den Gesichtern der Journalisten sah ich, dass sie auch nicht ganz verstanden hatten, was ihnen Schabowski verkündete. Einzig auf die Frage, wann die Regelung in Kraft treten solle, gab es eine klare Antwort: „Ab sofort! Unverzüglich!" Die *Tagesschau* fasste Schabowskis Pressekonferenz in dem zutreffenden Satz zusammen: „Die DDR öffnet ihre Grenzen."

Am späteren Abend eröffnete Hanns Joachim Friedrichs die ARD-*Tagesthemen* mit Sätzen, die das Ende der DDR einleiteten: „Die DDR hat dem Druck nachgegeben. Der Reiseverkehr in Richtung Westen ist frei. Dieser 9. November ist ein historischer Tag. Die DDR hat mitgeteilt, dass ihre Grenzen für jedermann geöffnet sind. Die Tore in der Mauer stehen weit offen."

Die Nachricht von der Maueröffnung erreichte umgehend Bundeskanzler Helmut Kohl in Polen. Er wusste, an diesem historischen Tag musste er in Berlin sein. Er reagierte sofort. In einer Pressekonferenz, die von der ARD live übertragen wurde, teilte er die Unterbrechung seines Staatsbesuchs in Polen mit. Mit ihm begab sich der gesamte westdeutsche Pressetross Richtung Deutschland. Wie mir Ulrich Deppendorf mitteilte, kämpfte sich Jürgen Engert auf dem Landweg nach Berlin durch. Wir trafen uns am nächsten Morgen in Engerts Büro im SFB-Gebäude an der Masurenallee, und richteten uns auf eine Berichterstattung rund um die Uhr ein.

Jürgen Engert übernahm den West-Berliner Teil, während ich mich in Ost-Berlin umschaute. Ich begab mich zu meinem früheren Stamm-Grenzübergang an der Heinrich Heine-Straße. Zehntausende glückselige Menschen kamen mir entgegen. Sie riefen mir zu, ich sei auf dem falschen Trip. Nicht nach Osten, sondern nach Westen sollte ich mich wenden. Die Passkontrolleure hatten resigniert ihre Arbeit eingestellt. Im dichten Gedränge entdeckte ich eine mir vertraute Gestalt. Es war Lew Kopelew, auch er unterwegs in Richtung Ost. „Wohin des Weges?", fragte ich ihn. „Zum Dorotheenstädtischen Friedhof, zum Grab von Bertolt Brecht und anschließend zu Christa und Gerhard Wolf", rief er mir zu.

Als er am Vorabend von der Maueröffnung gehört hatte, hielt es den alten Knaben nicht mehr in Köln. Mit dem ersten Flugzeug machte er sich auf den Weg nach Berlin. In der Hast des Aufbruchs hatte er seinen Pass vergessen. An diesem Tag bescherte ihm das Malheur keine Probleme. Er kam ohne Kontrolle in die DDR hinein und auch ohne Kontrolle aus der DDR hinaus.

Mein Kamerateam und ich wandten uns nach Westen Richtung Potsdamer Platz, wo ein Segment aus der Mauer gehoben werden sollte, um einen zusätzlichen Grenzübergang zu schaffen. Von einer Erhebung beobachteten wir die Arbeiten. Wir sahen Bilder, wie sie in einem Hollywoodfilm nicht dramatischer inszeniert werden konnten. Die Mauer war von westlicher Seite von Hunderten Schaulustigen geentert worden. Cordt Schnibben vom *SPIEGEL* gesellte sich zu uns. Gemeinsam machten wir uns später auf eine Erkundungstour durch Ost-Berlin. Auf der Ostseite der Mauer stellten sich Einheiten der DDR-Grenztruppen in Dreierreihen auf, um den zu erwartenden Ansturm aufzufangen und zu kanalisieren. Passkontrolleure mit Bauchläden bauten sich auf, um die Besucher aus dem Westen ordnungsgemäß zu erfassen. Als das Betonsegment aus der Mauer gehoben wurde, gab es kein Halten mehr. Tausende Menschen rauschten wie entfesselt durch die Mauerlücke. Wie eine Springflut überrollten sie die Grenztruppen. Die Passkontrolleure mit ihren Bauchläden blieben ohne Kundschaft.

Jürgen Engert hatte inzwischen Posten auf der Westseite des Brandenburger Tores bezogen. Ich versorgte sein Team mit dem Bildmaterial, das wir in Ost-Berlin gedreht hatten. Engert befragte mich zu meinen Beobachtungen, die ich auf unserem

Streifzug durch Ost-Berlin gemacht hatte. Inzwischen war es früher Nachmittag geworden. Es begann zu dunkeln. Dass die Bürgerinnen und Bürger der DDR vor lauter Freude über den unerwarteten Fall der Mauer, den sie mit ihrer Hartnäckigkeit selbst herbeigeführt hatten, völlig aus dem Häuschen waren, hatten wir hinreichend dokumentiert.

Aber in welcher Stimmung war die neue Führung des SED-Regimes, dem über Nacht der unverrückbar erscheinende Antifaschistische Schutzwall abhandengekommen war? Wir zogen zum Haus am Werderschen Markt, der Machtzentrale der Deutschen Demokratischen Republik, dem Hauptquartier des Zentralkomitees der Sozialistischen Einheitspartei Deutschlands.

Besuch in der Festung ZK

Das wuchtige Gebäude, ein Bauwerk aus der Nazizeit, erschien mir noch düsterer als sonst. Bisher war es abgesichert wie eine Festung. Doch diesmal konnten wir völlig unbehelligt an das Haus herantreten. Noch am Vortag hätten sich Sicherheitskräfte auf uns gestürzt, wenn wir es gewagt hätten, uns dem ZK auf hundert Meter zu nähern. Neugierig wie im Zoo betrachteten wir einen einsamen Wachsoldaten des Stasi-Regiments Feliks Dzierzynski. Mit seinen Schaftstiefeln und Reiterhosen erinnerte er Cordt Schnibben an einen vergessenen Soldaten der Nazi-Wehrmacht. Über die breite Eingangstreppe begaben sich Funktionäre und Mitarbeiter des ZK in den Feierabend. Graugesichtig und gebeugt erschienen sie uns, als ob sie ihren Lebenssinn verloren hätten. Obwohl wir mit unserem Kamerateam alles andere als unauffällig wirkten, hinderte uns niemand daran, die Eingangshalle der SED-Machtzentrale zu betreten.

Der erste Eindruck war enttäuschend. Das Innere des repräsentativen Hauses machte einen verwohnten, leicht verwahrlosten Eindruck. Flure und Treppenhaus waren nur mangelhaft beleuchtet, weil in den Lampen viele Birnen ihren Geist aufgegeben hatten. Die Teppichläufer wirkten abgewetzt. Wir begaben uns in den ersten Stock und kamen am Büro des Generalsekretärs vorbei. Wir hielten einen Augenblick inne, denn hier hatte bis vor wenigen Tagen Erich Honecker als allmächtiger Parteichef residiert. Cordt Schnibben witterte frische Farbe. „Egon Krenz lässt den alten Mief entfernen." Die Tür war verschlossen.

Wir zogen weiter. Am Ende des Flurs fiel Licht aus der offenen Tür eines Büros. Wir waren beim Genossen Günter Schabowski angelangt. Eine muntere Sekretärin begrüßte uns, als seien wir alltägliche Gäste. Ja, der Genosse Schabowski sei da, aber bei der Arbeit, erklärte sie, ließ uns aber einen Blick ins geräumige Arbeitszimmer ihres Chefs werfen. Schabowski saß am Ende eines langen Konferenztisches, wieder inmitten von einem Wust von Papieren. Abgekämpft sah er aus. Wir stellten uns vor. ARD und *SPIEGEL*. Für das Politbüromitglied Schabowski Medienmacht genug, um sich stören zu lassen. Ich bat um ein Interview. „Nicht jetzt!", wehrte Schabowski ab, „aber nach 20:00 Uhr", was ich gleich akzeptierte.

Wir zogen uns zurück, wieder zu Jürgen Engert, der auf der Westseite des Brandenburger Tores seit Stunden Bericht auf Bericht ankündigte und nebenher noch Interviews führte, auch mit mir, um für den späteren Abend ein Interview mit dem Mann anzukündigen, dessen fahrige Auskünfte zum ungeplanten Mauerfall geführt hatten. Der Medienauftrieb vor dem Brandenburger Tor war gigantisch. Die Straße des 17. Juni war mit Übertragungswagen von Sendern aus aller Welt vollgestopft.

Die Kollegen der großen amerikanischen Sender ABC, CBS und NBC wollten von mir wissen, ob und wann Deutschland wiedervereinigt würde. Wiedervereinigung? Der Gedanke war mir überhaupt nicht gekommen. Der unerwartete und gewaltfreie Mauerfall überragte alles. Alle weiteren Überlegungen wirkten dagegen unbedeutend.

Wir marschierten wieder ab zum Werderschen Markt. Schabowski hatte Wort gehalten und war im ZK geblieben, das inzwischen weitgehend verlassen wirkte. Wir setzten uns gleich zum Interview hin. Schabowski gab sich wieder die Aura weltmännischer Selbstsicherheit, die ihm am Vortag zum Verhängnis geworden war. Unser Gespräch war harmloser. War er auf der Pressekonferenz mit der Frage nach dem neuen Reisegesetz auf dem falschen Fuß erwischt worden? „Keineswegs!", betonte der ZK-Mann. Von Unklarheit wollte er nichts wissen. Alles sei wohlüberlegt gewesen. Fehler der Vergangenheit räumte er freimütig ein, unterstrich aber gleichzeitig den unbedingten Willen zur Erneuerung. „Ist Egon Krenz der richtige Mann dafür?" „Ja!", erklärte Schabowski mit fester Stimme. Dass er als Chefredakteur des NEUEN DEUTSCHLANDS den Personenkult um Erich Honecker fleißig mitbetrieben hatte, gestand er mit gewinnender Selbstironie ein. Betont locker, mit Berliner Dialekt und Charme, stand Günter Schabowski Rede und Antwort. Das Interview wurde noch vor Mitternacht ausgestrahlt, ohne dem Publikum erheblichen Erkenntnisgewinn zu bringen.

Interessanter war, was unsere Korrespondenten aus den Hauptstädten der Siegermächte berichteten. In Moskau hatte es bemerkenswert lange gedauert, bis offiziell auf die Ereignisse in Berlin reagiert wurde. Der Kreml habe darauf hingewiesen, dass die DDR weiter Mitglied des Militärbündnisses Warschauer Pakt bleibe, ließ uns Korrespondent Gerd Ruge wissen. Ansonsten wurde wenig zur Zukunft Deutschlands gesagt.

In den Hauptstädten der westlichen Alliierten ging man da weiter. In London, Paris und Washington wurde fleißig über die Wiedervereinigung der Deutschen gesprochen. Nicht immer mit Sympathie, vor allem nicht in London, wo mit Bedacht der abfällige Begriff „Viertes Reich" in den Diskussionsumlauf gebracht wurde. In der DDR gaben noch die Bürgerrechtler den Ton an. Sie wandten sich entschieden gegen die Vorstellung, dass die DDR der BRD als Konkursmasse einverleibt würde. Doch das sollte sich ändern, wie ich kurz darauf in Leipzig erlebte.

19. November 1989 Schlagabtausch in Leipzig

Nach dem Fall der Mauer stellte sich die Frage: Welche Zukunft streben die Menschen in der DDR an? Das fragten wir uns in der ARD auch und suchten die Antwort in Leipzig. Seit der Montagsdemonstration am 9. Oktober, mit der sich die couragierten Bürgerinnen und Bürger von Leipzig dem Willkürregime der SED erfolgreich entgegenstellten, war Leipzig in beiden deutschen Staaten zum Inbegriff des zivilen Widerstands und des entschlossenen Veränderungswillens geworden.

In der Debatte über die Wiedervereinigung, die inzwischen in Westdeutschland intensiv geführt wurde, wollten wir die Meinung der DDR-Bevölkerung nicht untergehen lassen. Wir baten das DDR-Fernsehen um Amtshilfe. Eine Produzentin des DFF brachte das Kunststück fertig, am 19. November 1989 in Leipzig Bürgerrechtler aller Schattierungen und Vertreter der immer noch existierenden sozialistischen Staatsmacht zu einer großen Aussprache zusammenzubringen. Als Publikum wurden einige Dutzend Leipziger Bürgerinnen und Bürger eingeladen, die sich in die Auseinandersetzungen aktiv einbringen konnten und dies auch taten.

Erstaunlicherweise akzeptierten alle die Moderation durch vier Wessis. Neben mir waren das WDR-Kulturchef Hansjürgen Rosenbauer sowie die Journalistinnen Elke Hockerts-Werner vom WDR und Lea Rosh vom NDR. Wir saßen weit verteilt in der großen Halle und wurden offenbar wie friedenstiftende Blauhelme wahrgenommen, deren Mitwirkung trotz aller Emotionalität zu einem sachlichen Miteinander führte. Alle fühlten sich beteiligt, weil Elke Hockerts-Werner und Lea Rosh die Interventionen der Bürgerinnen und Bürgerinnen fortwährend in die brodelnde Debatte einspeisten.

Die Wandelhalle des Neuen Rathauses war bis zum letzten Platz gefüllt. Die Menschen saßen dicht an dicht, was die Hochspannung noch steigerte. Es gab viel aufzuarbeiten. 40 Jahre DDR, den Machtmissbrauch der SED, die Willfährigkeit der Blockparteien und die menschenverachtende Willkür der Stasi. Nun ging es um die Zukunft. Die Vertreter der SED hinterließen nicht den Eindruck, als ob sie ihre bisherige Machtposition freiwillig an neue Kräfte abtreten wollten. Sie machten geltend, dass sie durch persönlichen Einsatz Schlimmeres verhindert hätten, was beispielsweise Klaus Höpcke, früher Oberaufseher der Literatur, für sich in Anspruch nahm. Allerdings nahm ihm die aufopfernde Rolle niemand ab.

Ein SED-Bezirkssekretär führte für sich ins Feld, dass er den Aufruf, den der angesehene Chef des Gewandhausorchesters, Kurt Masur, verfasst hatte, gegen die Montagsdemonstration am 9. Oktober keine Gewalt einzusetzen, ohne Zustimmung seiner Parteioberen unterstützt hatte. Er fand hier und da Unterstützung im Publikum, aber die Mehrheit vertrat entschieden die Meinung, dass die SED nach 40 Jahren Machtmissbrauchs kein Vertrauen mehr verdiene und abtreten sollte.

Viel Zeit wurde für die Aufarbeitung der Montagsdemonstration vom 9. Oktober aufgewendet. Deutlich kam heraus, wie es die sozialistische Staatsmacht darauf angelegt hatte, die Einwohnerschaft von Leipzig in Angst und Schrecken zu versetzen, um sie von der Montagsdemonstration abzuhalten.

Kleinere Proteste waren demonstrativ mit erniedrigender Gewalt unterdrückt worden. Gerüchte waren in Umlauf gesetzt worden, gegen die „Konter-Revolution" – so wurden die Leipziger Montagsdemonstrationen von der SED-Spitze gesehen – würde dieses Mal mit aller Härte vorgegangen. Die Krankenhäuser seien bereits mit zusätzlichem Blutplasma versorgt worden. Über die Stadt hatte sich lähmende Angst gelegt.

Seit 1990 begehen wir den 3. Oktober als Nationalfeiertag und „Tag der Deutschen Einheit". Aus berechtigtem Anlass! Am 3. Oktober 1990 erklärte die Volkskammer den Beitritt der DDR zum Geltungsbereich der Bundesrepublik Deutschland gemäß Artikel 23 des Grundgesetzes. Mit 294:62 Stimmen war das Ergebnis mehr als eindeutig. Und doch erscheint mir heute ein anderes Datum angemessener, als „Tag der Deutschen Einheit" gefeiert zu werden. Der 9. Oktober!

Mit der Montagsdemonstration am 9. Oktober 1989 setzten sich die Teilnehmer der friedlichen Revolution in der DDR über das Stasi-Regime der SED hinweg, als Zehntausende Bürgerinnen und Bürger in Leipzig unter Lebensgefahr für das Recht auf politische Selbstbestimmung auf die Straße gingen. Ohne diesen vorbildlichen Willensakt wäre es schwerlich schon ein Jahr später zur Deutschen Einheit gekommen.

Die Menschen, die sich damals im Spätherbst 1989 in Leipzig trotz aller Drohungen der Staatsmacht zum Friedensgebet in die Kirchen und anschließend zur Montagsdemonstration begaben, mussten angesichts der bewaffneten Sicherheitskräfte aus Kampfgruppen, Volkspolizei und Stasi damit rechnen, ihr Eintreten für politische Selbstbestimmung mit dem Leben zu bezahlen. Hoffnung schöpften sie aus dem in den Kirchen verlesenen Aufruf von Kurt Masur, der von prominenten Leipziger Bürgern mitunterschrieben wurde, darunter auch SED-Bezirkssekretären.

Stimmte es, wurde im Neuen Rathaus gefragt, dass der Aufruf den Segen der SED-Führung hatte, vertreten durch Egon Krenz? Egon Krenz habe sich gemeldet, als die Demonstration bereits unterwegs war, berichtete ein SED-Bezirkssekretär. Zu diesem Zeitpunkt sei die Gefahr bereits abgewendet worden, dass die Staatsmacht unter Einsatz von Schusswaffen gegen die Demonstranten vorgehen würde. Im Neuen Rathaus wurde kein gutes Wort über den Honecker-Nachfolger Krenz verloren.

Von ihm seien die notwendigen Änderungen nicht zu erwarten. So gegensätzlich die Meinungen waren, zum Schluss waren sich alle – ob Bürgerrechtler oder SED-Funktionäre – überraschend einig. Sie wollten keine Wiedervereinigung. Sie wollten kein zwölftes Bundesland der BRD werden. Vorrangig sei, die vollständige Selbstbestimmung zu erreichen, um in guter Nachbarschaft zur Bundesrepublik Deutschland auf eigenem Weg ein moderner, weithin respektierter Staat zu werden.

Die Aussprache im Neuen Rathaus zu Leipzig wurde unter dem vielsagenden Allerweltstitel „DDR wohin?" über die Dritten Programme der ARD ausgestrahlt, wegen ihrer Monsterlänge von fast drei Stunden aber in zwei Partien. Über Satellit konnte sie auch in der DDR empfangen werden. Das war am Sonntag, dem 19. November. Das Kontrastprogramm sollten wir bereits am nächsten Tag bei der Montagsdemonstration vom 20. November 1989 erleben. Am Nachmittag begab ich mich mit Hansjürgen Rosenbauer zum Friedensgebet in die Nikolaikirche. Pfarrer Christian Führer freute sich über unser Interesse. Anschließend ging er mit uns zur Montagsdemonstration, zu der sich die Bürger nebenan versammelten.

Wir erwarteten, die gleiche Stimmung anzutreffen wie am Abend vorher im Neuen Rathaus, was sich schnell als Irrtum herausstellte. In den Reden war nicht vom Kampf um das politische Selbstbestimmungsrecht die Rede, auch nicht von einem eigenen Weg. Gefordert wurde die Wiedervereinigung. Gepriesen wurden der Wohlstand und die D-Mark der Bundesrepublik Deutschland.

Passend zu den Reden wehten frische Bundesfahnen über der riesigen Menschenmenge. Auf den Transparenten hieß es nicht wie auf den vorherigen Montagsdemonstrationen „Wir sind das Volk", sondern „Wir sind ein Volk". Das Ganze wirkte gut orchestriert. Irgendwer hatte effizient Regie geführt. Die Bürgerrechtler waren es sicher nicht.

„Wir wollen keine Versuchskaninchen sein. Die Wiedervereinigung mit Westdeutschland garantiert uns eine gesicherte Zukunft", erklärten die Redner. Immer unter Beifall. Eine junge Frau wurde wütend ausgepfiffen, als sie rief: „Wir haben doch bislang alles allein geschafft. Warum gehen wir nicht unseren eigenen Weg weiter?"

Pfarrer Führer hörte die Reden. Er war bedient, drehte sich um und verließ uns wortlos. Uns war klar, die Bürgerrechtler und bisherigen Wortführer der friedlichen Revolution in der DDR hatten ausgedient. Nun übernahmen andere die Regie.

Die Ansichten des Egon Krenz

Hansjürgen Rosenbauer und ich ließen es uns nicht nehmen, mit den Demonstranten eine Runde um den Leipziger Ring zu marschieren, vorbei am Bezirkshauptquartier des Staatsicherheitsdienstes, wo nicht mit Schmähungen gegen die verhasste Stasi gespart wurde. „Braune Bande", „Ihr seid das Letzte", „Stasi in den Tagebau".

Eine Runde reichte uns. Wir fühlten unsere Anwesenheit missverstanden. Ständig liefen wir unter einer Bundesfahne oder einem Transparent her mit der Aufschrift „Wir sind ein Volk", als seien wir Werber der Wiedervereinigung aus dem Westen.

Als ich ins Hotel zurückkehrte, fand ich eine Nachricht meiner Redaktion vor. Ich solle mich im Büro des Generalsekretärs des Zentralkomitees der SED melden, was ich am nächsten Morgen auch tat. Mir war klar, es ging um ein Interview mit Egon Krenz.

Günter Schabowski hatte wieder Wort gehalten und offensichtlich Egon Krenz überredet, unter den Dutzenden Interviewanfragen aus aller Welt den Antrag der ARD mit dem Interviewpartner Pleitgen auszuwählen.

Mit meinem Anruf traf ich im Büro des Generalsekretärs auf eine aufgekratzte Sekretärin, die gleich loszwitscherte: „Herr Pleitgen, der Genosse Schabowski hat uns Ihren Wunsch übermittelt, einen großen Fischzug zu machen."

Ich konnte mich nicht erinnern, mich bei Schwabowski so ausgedrückt zu haben, widersprach aber nicht, wunderte mich indes über die lockere Stimmung unter Krenz im Zentralkomitee. „Der Genosse Krenz ist bereit", fuhr die Sekretärin fort, „sich zu einem Gespräch mit Ihnen zu treffen. Können Sie übermorgen vormittags bei uns im Haus am Werderschen Markt vorbeikommen?" Ich konnte.

Abb.: Egon Krenz, Fritz Pleitgen

Der Auftritt im Westfernsehen bot Egon Krenz die Chance, sich den Deutschen in Ost und West als großer Erneuerer zu präsentieren, dachte ich. Entsprechend getrimmt würden Schabowski und Genossen ihren neuen Parteichef in das Interview schicken, so meine Einschätzung. Ich sollte mich irren.

Um mich auf das Treffen mit dem SED-Parteichef und Staatsratsvorsitzenden vorzubereiten, setzte ich mich am Vorabend mit unserem DDR-Korrespondenten Horst Hano zusammen. Da wir uns längere Zeit nicht gesehen hatten, sprachen wir mehr dem Nordhäuser Doppelkorn zu, als uns über Egon Krenz auszutauschen.

Als ich mich am nächsten Morgen im Büro des SED-Generalsekretärs einfand, war mein Kamerateam bereits dabei, das Mobiliar für das Interview umzustellen. Kurze Zeit später erschien Egon Krenz. Er bat mich beiseite und vertraute mir an, dass von unserem Interview für ihn viel abhinge. Ich glaubte ihm das gerne und wich seiner Frage nicht aus, was ich ihm raten könnte. „Sagen Sie immer die Wahrheit. Das kommt beim Publikum am besten an." Den Zusatz, für seine Bürgerinnen und Bürger sei das ein erstmaliges Erlebnis, verkniff ich mir. Die Wahrheit zu sagen, habe er sowieso vor, versicherte mir Krenz. Schnell stellte sich heraus, dass er sich damit deutlich überschätzte.

Vor mir saß ein Mann, der nicht von Wahrheitsliebe beseelt war, sondern von dem Gedanken, sich von einem Westkorrespondenten nicht kleinkriegen zu lassen, was ich gar nicht vorhatte. Mit Stentorstimme wimmelte Krenz alles ab, was ihm kritisch erschien, ob es um die Fälschungen bei den Kommunalwahlen oder um seine verständnisvollen Aussagen zur blutigen Niederschlagung der Studentenproteste auf dem Platz des Himmlischen Friedens in Peking ging.

Die kruden Ansichten des Egon Krenz mussten zu Nachfragen führen, die unser Gesprächsklima nicht aufhellten. Es entwickelte sich ein zähes Hin und Her von Fragen, von denen das

Publikum nichts hatte – weder im Osten noch im Westen.

Krenz hatte nichts im Gepäck, nur den kategorischen Imperativ der SED: „Keine Fehlerdiskussion!" Seine Genossen hatten ihn offensichtlich völlig unvorbereitet in das Interview mit dem Klassenfeind ziehen lassen.

Was jahrzehntelang unmöglich war, erklärte Krenz kurzerhand zur Selbstverständlichkeit. „Freier Reiseverkehr ist eine Grundfreiheit." Zur Zukunft vertrat der SED-Parteichef klare Ansichten. Es werde noch lange zwei deutsche Staaten geben. Die DDR sei nur als sozialistisches und souveränes Land vorstellbar, und selbstverständlich sei das Volk der Souverän des Staates DDR.

Mit diesen Feststellungen sah sich Krenz im Konsens mit der DDR-Bevölkerung. „Und die Stasi?" Krenz fühlte sich verpflichtet, Schild und Schwert seiner Partei zu verteidigen. Der Staatssicherheitsdienst habe alles gegeben, den Frieden zu sichern.

Krenz sparte nicht mit Empfehlungen. Die Vergangenheit solle man ruhen lassen, die notwendigen Schlussfolgerungen seien gezogen worden. Er selbst habe eine reine Weste. Nun gelte es, den Blick zur Erneuerung des Sozialismus in die Zukunft zu richten.

Auf die Frage, ob die SED nicht wie die Kommunistische Arbeiterpartei in Polen abtreten sollte, hatte Krenz eine deutliche Antwort parat. „Abtreten? Wir wollen auftreten."

Später warf er mir vor, das Interview unfair geführt zu haben. Ich selbst hatte hingegen das Gefühl, nicht hart genug nachgefasst zu haben. Entscheidend waren die Aussagen von Krenz, mit denen er bei der Bevölkerung und selbst in der eigenen Partei nicht gut ankam. Kurze Zeit danach war die Amtszeit des Egon Krenz Geschichte. Mein Mitleid hielt sich in Grenzen. Mir wollte nicht in den Kopf, wie dieser Mann ein für ihn so wichtiges Interview so unvorbereitet vermasseln konnte. Seine Genossen in der Führung haben ihn nicht daran gehindert. Mit Absicht?

Das Symbol der Teilung wird zum Symbol der Einheit

Es regnete. Es regnete ohne Unterlass, als ob sich ein Monsun über Berlin entladen wollte. Trotzdem herrschte eine Stimmung der Glückseligkeit, wie ich sie in diesem Ausmaß nicht wieder erlebt habe. Es war der 22. Dezember 1989. Gleich sollte das Brandenburger Tor, über dem noch die DDR-Fahne wehte, geöffnet werden. Zehntausende Menschen hatten sich auf beiden Seiten des wuchtigen Bauwerks versammelt, um den historischen Augenblick zu erleben, mit dem wohl keiner von ihnen zu seinen Lebzeiten gerechnet hatte.

Auf der Westseite standen sie bis tief in die Straße des 17. Juni. Auf der Ostseite war die breite Allee Unter den Linden bis zur Spree voll gepackt mit Menschen, die geduldig auf die Öffnung des Brandenburger Tors warteten, um durch eine der beiden geöffneten Fußgängerpassagen auf die andere Seite zu gelangen. Ich stand auf einer Pressetribüne mitten auf dem Pariser Platz. Da sich direkt hinter dem Brandenburger Tor die Staatsgrenze der DDR befand, waren die neuen Übergänge mit „Einreise" und „Ausreise" gekennzeichnet worden, worauf bald niemand mehr achten sollte.

Obwohl ich mit einem Regenschirm bewaffnet war, lief mir ständig Wasser in den Kragen und in die Schuhe. Wohlige Wärme verbreitete es nicht, störte aber auch nicht. Dafür war zu viel Adrenalin im Spiel. Fernsehsender aus allen Kontinenten übertrugen das Ereignis live. Für die ARD waren Jürgen Engert und ich die Kommentatoren. Wir hatten für die gesamte Wendezeit die Kräfte unserer Sender WDR und SFB zusammengespannt. Mit Roland Jahn, der 1983 zwangsausgewiesen worden war, und Joachim Trenkner vom Sender Freies Berlin sowie Ulrich Deppendorf und Heribert Schwan verfügten wir über ein starkes

Team, das viel Erfahrung in deutsch-deutschen Angelegenheiten besaß, was der Berichterstattung für die ARD zugute kam. Jedenfalls waren wir der Konkurrenz – ob national oder international – oft voraus. Nur nicht am 9. November. Da standen wir vorübergehend am falschen Grenzübergang.

Nach dem Mauerfall am 9. November fielen in kurzer Zeit viele weitere Mauern, auch zwischen uns und dem DDR-Fernsehen. Nachdem wir uns jahrelang geflissentlich übersehen hatten, entwickelte sich nun sehr schnell ein kollegiales Miteinander. Zur Feier des außergewöhnlichen Ereignisses übernahm der DFF streckenweise unsere Übertragung vom Brandenburger Tor. Im Gegenzug luden wir die Kollegen aus Adlershof ein, als Reporter an unserer Übertragung mitzuwirken. Beim Publikum kam die Geste gut an. Es stellte keinen Unterschied in der journalistischen Darstellung und Bewertung fest. Wir selbst waren gerührt von unserem Stück vorgezogener Deutscher Einheit.

Auf der Westseite des Brandenburger Tors war Jürgen Engert in seinem Element. Er ließ uns und das Publikum an seinem reichen geschichtlichen Wissen teilhaben. So erfuhren wir alles Wesentliche über das Brandenburger Tor und seinen Baumeister Carl Gottfried Langhans, über die Quadriga und ihren Schöpfer Johann Gottfried Schadow. Selbst über das von Karl Friedrich Schinkel geschaffene Eiserne Kreuz, das wir nicht sehen konnten, weil es zwecks Renovierung aus dem Eichenkranz entfernt worden war, wurden wir von Engert aufgeklärt. Anschließend arbeitete sich der SFB-Chefredakteur durch die Menschenmassen, befragte Bürgerinnen und Bürger aus Ost und West nach ihren Erfahrungen mit der Mauer, was zu einem Kapitel bewegender Zeitgeschichte führte.

Ramponiert war die Zeitgeschichte, die mich auf dem Pariser Platz umgab. Die im Krieg zerstörten Gebäude, die den Platz einfassten, befanden sich in einem beklagenswerten Zustand, insbesondere das Adlon. Die ausgebrannte Ruine des Hotels wartete auf bessere Zeiten, die bald beginnen sollten. Von der heutigen Eleganz, die der Pariser Platz ausstrahlt, war am Tag der Öffnung des Brandenburger Tors nichts zu ahnen.

Noch hatten die vier Siegermächte das Sagen über die Bundesrepublik, die DDR und Berlin. Die westlichen Alliierten hatten ihre Stadtkommandanten zum Brandenburger Tor geschickt, auch die Briten, deren Premierministerin Magaret Thatcher mit Argwohn verfolgte, wie sich der westdeutsche Bundeskanzler beharrlich an die Deutsche Einheit heranarbeitete. Am Brandenburger Tor trugen die Briten mit ihrem Soldatenorchester zur fröhlichen Stimmung bei. „Das ist die Berliner Luft" spielten sie, als Bundeskanzler Helmut Kohl an der Westseite des Brandenburger Tors ankam. In seinem Gefolge waren die früheren Bundespräsidenten Walter Scheel und Karl Carstens mitgekommen. Bundesaußenminister Hans-Dietrich Genscher hatte sich vorher im Alleingang unter die Besucher gemischt.

Den sowjetischen Botschafter konnten wir unter den Gästen nicht entdecken. Wie wir vermuteten, war es nicht der strömende Regen, der Moskaus Mann vom Kommen abgehalten hatte. Noch galt das eiserne Njet des Kremls zur Wiedervereinigung der Deutschen. Was sich hier abspielte, stand unter scharfer Beobachtung nicht nur der Siegermächte, sondern aller unserer Nachbarn in Europa. Der Mann, auf den sich die Blicke der Welt richteten, war Helmut Kohl. Als er auf der Ostseite des Brandenburger Tors ankam, wurde er von einem Jubelsturm begrüßt. „Helmut! Helmut!"-Rufe empfingen den westdeutschen Bundeskanzler, den DDR-Ministerpräsident Hans Modrow mit einem symbolischen Handschlag willkommen geheißen hatte.

Helmut Kohl dreht die Stimmung

„Wie schnell sich die Verhältnisse ändern können!", ging mir durch den Kopf, als ich die Szene betrachtete. Am Tag nach der Maueröffnung war Kohl auf der Kundgebung am Schöneberger Rathaus gnadenlos ausgepfiffen worden. Nun war er der Mann der Stunde. Er hatte seit dem Mauerfall die Mehrheit der Deutschen in beiden Staaten für seinen Kurs der Wiedervereinigung gewonnen. Um dieses Ziel zu erreichen, brauchte er noch die Zustimmung der Siegermächte USA, Sowjetunion, Großbritannien und Frankreich.

Es war eine wesentlich schwierigere Aufgabe, als die Stimmung in Deutschland zu drehen. Kohls härtester Gegner auf dem Weg zur Deutschen Einheit war die deutsche Vergangenheit. Um die Wiedervereinigung der Deutschen zu erreichen, musste er sich auch die Unterstützung der Völker Europas erarbeiten, die von Nazideutschland im Zweiten Weltkrieg überfallen und deren Länder verwüstet worden waren. Millionen Menschen hatten darüber ihr Leben verloren.

Am 22. Dezember 1989 war das Ziel Deutsche Einheit jedenfalls noch in weiter Ferne, als die Menschen am Brandenburger Tor dem westdeutschen Bundeskanzler in kollektiver Euphorie zujubelten, während der DDR-Ministerpräsident an seiner Seite kaum wahrgenommen wurde. Doch Hans Modrow hatte die Hoffnung nicht aufgegeben, seinen Staat DDR noch retten zu können. Er sprach von einer sich erneuernden DDR und der Verpflichtung, sich am Bau des gemeinsamen Hauses zu beteiligen. Das klang nicht nach Aufgabe.

Das deutsch-deutsche Duo Kohl/Modrow konnte nicht ungleicher sein. Wer wie hier am Brandenburger Tor den Hünen Helmut und den schmalen Hans nebeneinander sah, konnte sich vorstellen, wer Koch und wer Kellner war. Die beiden Regierungschefs verkörperten mit ihrer äußeren Erscheinung die Machtverhältnisse im noch geteilten Deutschland. Auf der einen Seite die kraftvolle Bundesrepublik mit ihrer verlockend starken Währung D-Mark, auf der anderen Seite die politisch, wirtschaftlich und finanziell abgebrannte DDR. Auf alle Fälle hatte Hans Modrow bei aller Redlichkeit, die ihm selbst die Bürgerrechtlerin Bärbel Bohley nachsagte, einen schweren Stand. Dass der Bundeskanzler mit der Deutschen Einheit vor Augen besonders mitfühlend mit dem Ministerpräsidenten der DDR umging, konnte ich mir nur schwer vorstellen.

Für beide Seiten stand viel auf dem Spiel, im Grunde alles. Deutsche Einheit stand gegen den Untergang der DDR. Das Endspiel hatte bereits in den Wochen nach dem Mauerfall begonnen. Helmut Kohl hatte es zur Überraschung aller im In- und Ausland mit einem Zehn-Punkte-Programm bereits eröffnet, das er am 28. November im Bundestag vorstellte. Obwohl es ein behutsamer Stufenplan war, der die Vereinigung der beiden deutschen Staaten vielleicht nach vier, fünf Jahren herbeiführen konnte, war die Ablehnung in Moskau, Paris, London und auch in der DDR vehement. Allein aus Washington kam von US-Präsident Georg Bush senior volle Zustimmung.

Für Kohl war die ablehnende Reaktion eine wichtige Erfahrung, die er für seine weitere Kampagne nutzte. Er war gewarnt. Er musste noch vorsichtiger vorgehen, um Paris und London für die Wiedervereinigung der Deutschen zu gewinnen. Wenige Wochen später musste er in Dresden beweisen, was er aus seinem Test mit dem Zehn-Punkte-Programm gelernt hatte.

Am 19. Dezember feierten vor den Trümmern der Frauenkirche Zehntausende Menschen den Regierungschef aus Bonn, als sei er bereits ihr Bundeskanzler. Helmut Kohl schaute auf erstaunlich viele bundesdeutsche Fahnen und Losungen, die „Deutschland, einig Vaterland" forderten.

Für Modrow, der seinen Bonner Kollegen in seine Heimatstadt eingeladen hatte, war es ein bitteres Erlebnis, seine Bürgerinnen und Bürger scharenweise von der Fahne gehen zu sehen. Kohl hatte sich auf seine Rede vorbereitet. Dass daraus ein Balanceakt wurde, wie er Politikern selten abverlangt wird, kam für ihn überraschend. Er durfte die aufgewühlten Menschen nicht weiter aufputschen, um Provokationen, die international nicht gut ankamen, zu vermeiden. Er durfte die Erwartungen der Menschen nicht enttäuschen, und er durfte die Siegermächte nicht brüskieren. Schon mit der Anrede „Liebe Landsleute!" war er auf dem richtigen Kurs. Um die Kontrolle über die Emotionen zu behalten, fügte er hinzu: „Hier sind Hunderte Journalisten aus Europa. Wir wollen ihnen zeigen, was eine friedliche Kundgebung ist."

Mit dem Versprechen „Wir lassen unsere Landsleute in der DDR nicht im Stich" hatte er erreicht, was die Menschen an der Frauenkirche hören wollten. Möglicherweise war es Kohls wichtigste Rede, die er in seiner Karriere gehalten hat. „Fabelhaft!", fand selbst ein kühler Beobachter wie Jürgen Engert.

Nachdem dieser Balanceakt gelungen war (auch aus dem Ausland gab es keine Kritik), war er für die Öffnung des Brandenburger Tors bestens gerüstet.

Der Bundeskanzler hatte die Tonlage gefunden, um sich an enthusiastische Menschenmassen zu wenden. Er mahnte Geduld und Augenmaß an sowie die Respektierung der Interessen anderer Völker. Er vermied Begriffe wie „Wiedervereinigung" oder „Deutsche Einheit", sprach stattdessen viel von Zukunft, von einer gemeinsamen Zukunft der Deutschen. Für die Nachbarländer fand er beruhigende Worte. „Von diesem Platz geht die Botschaft der DDR und der Bundesrepublik Deutschland aus: Wir wollen Frieden, wir wollen Freiheit. Wir wollen unseren Beitrag für Frieden und Freiheit in Europa und der Welt leisten."

Die Klarstellung war durchaus angebracht. Eine betonte Friedensrolle hatte das Brandenburger Tor in der Vergangenheit nicht gespielt. Es war zu Ruhm und Ehre der Preußen gebaut worden, die ihre Friedenspolitik bekanntlich bevorzugt mit militärischen Mitteln betrieben hatten. König Friedrich Wilhelm II. hatte sich zu dem klassizistischen Triumphtor inspirieren lassen, nachdem es ihm 1787 gelungen war, durch den Einmarsch seiner Truppen einen Konflikt in der Republik der Vereinigten Niederlande gewaltsam zu befrieden, was Preußen politisch in Europa auf gleiche Augenhöhe mit Frankreich und Großbritannien brachte. Davon kündet auch die Siegesgöttin Viktoria, die in ihrem Quadriga-Streitwagen einen überragenden Platz auf dem Tor einnimmt.

Auf solche Feinheiten der Geschichte einzugehen, wäre in diesen Stunden der Glückseligkeit kaum verstanden worden. 28 Jahre war das Brandenburger Tor Symbol des Kalten Krieges und der Teilung gewesen. Jetzt sollte alles dafür getan werden, dass es zum Symbol des Friedens und der Einheit nicht nur Deutschlands, sondern auch Europas wurde. Die Glückseligkeit der Menschen am Brandenburger Tor hielt trotz des ungemütlichen Wetters unerschütterlich an. Sie schauten auf ein Jahr 1989 zurück, das ihr Leben auf wundersame Weise verändert hatte. „So kann es weitergehen!", werden sich vermutlich die meisten gewünscht haben.

Mercedes oder Trabbi

Viel Zeit zum Ausruhen und Trocknen blieb nicht. Wir hatten noch eine abendliche Zusammenfassung zu liefern. Für diesen Auftritt hatte sich Jürgen einen besonderen Gag einfallen lassen. Um die krasse Unterschiedlichkeit der beiden deutschen Staaten zu charakterisieren, die sich allen Widerständen zum Trotz auf den Weg zur Einheit machten, sollten wir beide im Trabbi bzw. Mercedes Cabrio am Brandenburger Tor vorfahren. Beide Autos galten als Symbole unserer noch getrennten Republiken.

Zwischen Engert und mir gab es ein freundschaftliches Gezerre, wer das Privileg haben sollte, den Zweitakter aus Zwickau zu fahren. Um zum Zuge zu kommen, behauptete Engert wahrheitswidrig, dass ich zu ungelenk sei, um mit meiner Kör-

Abb.: Fritz Pleitgen und Jürgen Engert mit Trabbi und Mercedes vor dem geöffneten Brandenburger Tor, 22. Dezember 1989

perlänge in den Trabbi hinein- und wieder herauszukommen. Vor Fernsehkameras mache sich das nicht gut. Dabei habe ich während meiner Korrespondentenzeit in der DDR jede Gelegenheit genutzt, um das Kultauto zu fahren, und gestaunt, wie viel Platz ich in dem Kleinwagen fand. Um den Trabbi gab es viele liebevolle Geschichten. Zum Beispiel die: Angeblich war der Trabant, so sein bürgerlicher Name, das geräuschärmste Auto der Welt, weil man sich als Fahrer mit den Knien die Ohren zuhalten konnte.

Als wir am Brandenburger Tor vorfuhren, waren wir sofort von Hunderten Schaulustigen umgeben. Wir schilderten uns gegenseitig die Vorzüge unserer Ausnahmegefährte und ließen noch einmal den Tag Revue passieren, mit Stellungnahmen aus Moskau, Paris, London und Washington. Die Menschen aus Ost- und West-Berlin, die wir befragten, waren nicht mehr so besinnungslos vor Freude wie am 9. November, als sie die Maueröffnung an der Bornholmer Straße erzwungen hatten und aus Freude über ihren Triumph nur noch „Unfassbar!" und „Wahnsinn!" rufen konnten. Nun, sieben Wochen später schilderten sie, wie sie lernten, mit den neuen Möglichkeiten in der Stadt zu leben und sich bei vollem Verstand auszumalen, dass noch mehr Verbesserungen in der Zukunft zu erwarten seien.

Nachspiel

Ein Jahr später erhielt ich in meinem Büro in Köln Post. Mit einem Foto von einem Baby und einigen Zeilen. Mir wurde mitgeteilt, dass ich zu einer fruchtbaren Verbindung beigetragen hatte. Am 22. Dezember 1989 hatte sich eine junge Frau aus Ost-Berlin auf den Weg zur Öffnung des Brandenburger Tors gemacht. Der Tag habe ihr so viel Freude bereitet, dass sie bis zum Abend ausgehalten habe. Als sie die beiden Autos im Fernsehlicht gesehen habe, habe sie sich am Mercedes zu den anderen Zuschauern gesellt. Da es wieder anfing zu regnen, habe ihr ein junger Mann aus West-Berlin angeboten, unter seinem Schirm Schutz zu suchen. Daraus sei ein langer Abend geworden. Nun seien sie ein Ehepaar, das mit einem kräftigen Baby beschenkt worden sei. Ob das Kind am 22. Dezember 1989 in die Welt gesetzt wurde, war den Zeilen nicht zu entnehmen. Aber ich war mit meiner indirekten Geburtshelferrolle sehr zufrieden.

1990 Sturm auf die Stasi

Am 15. Januar 1990 flog ich mit Ulrich Deppendorf von Köln nach Berlin. Wir waren auf dem Weg zum DDR-Fernsehen. In Adlershof wollten wir mit Generalintendant Hans Bentzien und seinen leitenden Mitarbeitern über eine Zusammenarbeit bei den ersten freien Wahlen in der DDR sprechen, die vom Mai auf den 18. März vorgezogen wurden. Wir waren nicht die Einzigen, die auf diese Idee gekommen waren. Auch ZDF und RTL bemühten sich um die Ost-Berliner. Aus gutem Grund! Die Datenübermittlung von Umfrageergebnissen erforderten verlässliche technische Verbindungen.

Das fragile Telefonnetz der DDR bot diese Sicherheit nicht, wie mir Ulrich Deppendorf erklärte. Er musste es wissen. In Wahlsendungen war er unser Mann, der die Prognosen und Hochrechnungen des Wahlforschungsinstituts Infratest Dimap präsentierte und interpretierte. Wie sich herumgesprochen hatte, verfügte der Deutsche Fernsehfunk (DFF) über stabile Leitungen. Natürlich hieß es in den damals aufgeregten Zeiten, dies seien ursprünglich Stasi-Leitungen gewesen. Nun galt es, den DFF und sein Telefonnetz für uns zu gewinnen. Ganz ist uns das damals nicht gelungen, wenn ich mich richtig erinnere. Die Kollegen vom DFF hielten sich auch bei unseren Konkurrenten im Spiel. Immerhin konnten wir Adlershof mit einer Absichtserklärung verlassen.

Auf dem Rückweg hörten wir im Radio von einer kleinen Demonstration vor dem Hauptquartier des Staatssicherheitsdienstes, zu der das Neue Forum aufgerufen hatte. Ich entschied mich spontan, unseren Rückflug nach Köln erst einmal sausen zu lassen und stattdessen in die Normannenstraße zu fahren. Als wir dort ankamen, stellten wir fest, dass die Demonstration gar nicht so klein war. DDR-Ministerpräsident Hans Modrow, unterstützt von Bürgerrechtlern, ermahnte über Flüstertüte mit gesetzten Worten die allmählich wütender werdende Menge, nicht über die Stränge zu schlagen. Die Leute hörten tatsächlich auf den Regierungschef und zogen sich ein Stück vom Eingangstor des Stasi-Areals zurück.

Gemessen an Demonstrationen im West-Berliner Kreuzberg, die ich früher gelegentlich zu durchqueren hatte, war die Kundgebung vor der Stasi-Festung ein gesitteter Protest, auch im Vergleich zu den Auseinandersetzungen, die sich die Fans des Fußballklubs „Eisern Union" früher mit der Staatsmacht geliefert hatten. Zu meiner Verwunderung vernahm ich später, dass die Regierung Modrow und auch Vertreter des Bürgerkomitees das DDR-Fernsehen während der Demonstration vor dem Stasi-Hauptquartier dazu gebracht hatten, das Programm mit dramatischen Aufrufen zu unterbrechen, in denen die Bürgerinnen und Bürger aufgefordert wurden, Ruhe und Besonnenheit zu wahren. Andernfalls sei die Demokratie in Gefahr, die soeben errungen worden sei. Ich fand die Reaktion hysterisch.

Währenddessen skandierte die Menge in der Normannenstraße: „Stasi raus, es ist aus!" und sang mit Hingabe: „Stasi in den Tagebau!" Wenn jemand wie beim Kohl-Besuch in Dresden den Gassenhauer „So ein Tag, so wunderschön wie heute" angestimmt hätte, hätten sich vermutlich alle Demonstranten angeschlossen. Endlich konnte man der verhassten Stasi, deren Willkür man 40 Jahre hilflos ausgeliefert war, tüchtig einheizen. Das reichte den meisten, die sich hier versammelt hatten. So einen Tag hatte man sich lange gewünscht.

Nachdem die Bevölkerungen von Erfurt und Leipzig die MfS-Bezirkszentralen schon 1989 gestürmt hatten, war die Zentrale des Staatssicherheitsdienstes der DDR meines Erachtens für eine gleiche Abreibung längst fällig. Der ewige Chef Erich Mielke hatte zurücktreten müssen, verschiedene Nachfolger konnten sich auch nicht halten, das MfS erhielt den neuen Namen „Amt für nationale Sicherheit", dem der berühmte Berliner Volksmund umgehend die furchterregende Abkürzung „Nasi" verpasste. Mielke saß mit Erich Honecker in Untersuchungshaft. Modrow und die Bürgerrechtler hatten in Hast eine Sitzung des Runden Tischs verlassen, als sie die Nachricht von der Demonstration in der Normannenstraße erreichte.

Als neuer Regierungschef hatte Modrow seinen Beauftragten Sauer interessante Zahlen über das Ministerium für Staatssicherheit der DDR vortragen lassen. Einige davon waren per Radio bis zur Demonstration vor dem MfS gedrungen und sorgten für zusätzlichen Zorn unter den Demonstranten. Von einem gewaltigen Waffenlager hatte der Regierungsbeauftragte berichtet. Pistolen, Revolver, Maschinenpistolen, Karabiner, leichte und schwere Maschinengewehre, Panzerfäuste. „Man sollte mal nachschauen, wo das Zeug lagert", war zu hören. Das klang für die Bürgerrechtler, die sich alles andere als Waffen in der Hand der Demonstranten wünschten, alarmierend. Aber eine solche Gefahr ging nach meinem Eindruck von dieser Menge nicht aus. Die Menschen, die sich vor der Stasi-Zentrale versammelt hatten, gingen nicht aufs Ganze.

Das Auftauchen von Deppendorf und mir wirkte sich auf die Demo belebend aus. Wir waren erkannt worden. „Jetzt ist auch noch das Westfernsehen da, nun muss was passieren." Tatsächlich ging einige Minuten später das Tor auf. Die Demonstranten strömten in die bislang hermetisch abgeriegelte Zentrale des DDR-Geheimdienstes. Wir strömten mit. Statt in einer geheimnisvollen Unterwelt landeten wir erst einmal in der Kantine. Aufregendes gab es hier nicht zu entdecken. Bis auf den Speiseplan! „Räucherlachs und Krabben" verzeichnete das Angebot. Die Reaktionen waren gemischt. „Hätten wir auch gerne gehabt." „Dafür wären wir trotzdem nicht zur Stasi gegangen." Die Stimmung entspannte sich, als quer über die Tafel die überzeugende Alternative „Wasser und Brot" geschrieben wurde.

Mich beschlich das unbehagliche Gefühl, dass wir bewusst fehlgeleitet wurden und die Stasi selbst beim Sturm ihrer Festung noch aus dem Untergrund heimlich Regie führte. Während die Demonstranten ziellos durch den geräumigen Komplex irrten, waren in einigen Gebäuden MfS-Leute emsig dabei, Spuren ihrer üblen Tätigkeit zu vernichten, wie später herauskam. Ich konnte mir nicht vorstellen, dass die Stasi ihr Hauptquartier widerstandslos den Bürgerrechtlern und dem Volk überließ. Vermutlich hatte die Nasi, so mein Verdacht, unter die Demonstranten auch ihre Leute gemischt, die für Irreführungen und Provokationen sorgen sollten.

Auf eigene Faust fanden wir Zugang zu Räumen mit Akten. Eine Reihe von Demonstranten schlossen sich uns an. Viele waren auf der Suche nach ihrer Akte, was selbstverständlich aussichtslos war. Viel Belangloses wurde aufgespürt. Propagandabroschüren, misshandelte Fotos von Breschnew und Honecker, während sich ein Portrait von Gorbatschow unberührt wie eine Ikone behauptete. Eine Dankesbekundung wurde dem Sowjetführer auch zuteil.

Einige Räume sahen in der Tat nach Umsturz aus. Eingetretene Schränke und zerbrochene Fensterscheiben, aus denen Parteilektüre flog. Papiere bedeckten den Boden. Dennoch hatte ich nie das Gefühl, dass die Hausbesetzung aus dem Ruder lief. Bürgerrechtler und Volkspolizisten sorgten schnell für Ordnung, indem sie Scherben und Müll zusammenfegten. Akten wie auch Bücher wurden wieder eingeräumt.

Waren es zornige Bürger oder Stasi-Provokateure, die sich an den Akten vergriffen? Bürgerrechtler flehten darum, keine Zerstörungen anzurichten. Sie fanden Gehör. Inzwischen hatten wir das Kamerateam unseres DDR-Studios an unserer Seite. Von den Kollegen erfuhren wir, dass Jürgen Engert eine Sondersendung vorbereitete und von mir einen Augenzeugenbericht erwartete. Ich begab mich über die Invalidenstraße Richtung Sender Freies

Berlin, wo ich gleich ins Studio geführt wurde, während meine Kollegen Ulrich Deppendorf und Erhard Thomas in aller Hast einen Bericht über unseren Ausflug in die Stasi-Zentrale zusammenschnitten. Der Beitrag erreichte die Sendung in allerletzter Minute. Ich konnte den Bericht nur noch live kommentieren. Die Bilder zeigten mehr Verwüstung, als ich selbst gesehen hatte. Der Kameramann war noch in anderen Räumen gewesen. Dennoch stellte ich im Gespräch mit Jürgen Engert den Demonstranten ein gutes Zeugnis aus. Bei allem berechtigten Zorn auf die Stasi, von der die Bevölkerung 40 Jahre lang selbstherrlich und willkürlich getriezt worden war, war von diesen Demonstranten nach meinem Eindruck nie eine ausufernde Randale zu befürchten. In keinem anderen Land wäre die Besetzung einer verabscheuten Institution so ordentlich abgelaufen wie in der DDR, resümierte ich.

Nach der Sendung fuhren Deppendorf und ich noch einmal in die Normannenstraße. Wir kamen gerade noch rechtzeitig. Die Bürgerrechtler waren dabei, das Feld zu räumen. Es war ihnen gelungen, auch die hartnäckigsten Demonstranten zu überreden, die Stasi-Gebäude zu verlassen. Die Leute vom Neuen Forum waren erleichtert. Sie hatten zu der Demonstration aufgerufen. Es wurde zeitweise turbulent, aber insgesamt war der Sturm auf die Stasi besonnen über die Bühne gegangen. Die friedliche Revolution hatte ein weiteres historisches Datum geschaffen. Der 15. Januar 1990 war der Tag, an dem sich das Volk der DDR endgültig von der Krake Staatssicherheitsdienst befreite.

Ulrich Deppendorf und ich fuhren zufrieden ins Hotel. Als wir in die Kissen sanken, konnten wir nach einem historischen Ereignis wie Goethe sagen: „Wir sind dabei gewesen." Anders als bei Valmy ohne großes Getöse. Nur ein bisschen stürmisch, insgesamt aber friedlich. Das hatte der Sturm auf die Stasi-Festung am 15. Januar 1990 in Berlin- Lichtenberg der Kanonade von Valmy vom 20. September 1792 voraus.

Freie Wahlen: Das erste und das letzte Mal

Um die ersten freien Wahlen in der DDR vom 18. März 1990 gab es in der ARD ein Riesentheater. Mit Jürgen Engert und mir in den Hauptrollen. Als Schurken! Uns wurde vorgeworfen, wir hätten uns über den grandiosen Wahlsieg der CDU und der von ihr angeführten Allianz für Deutschland herabsetzend gezeigt und unser Missbehagen über den Wahlausgang durch Worte, Mimik und Interviews unverhohlen zum Ausdruck gebracht. Die Verdächtigung kam nicht von ungefähr. Die ARD-Chefredakteursrunde teilte sich damals in Journalisten mit konservativer Weltsicht und jene, die sich zu den Progressiven zählte. Engert und ich wurden dem zweiten Lager zugerechnet, wogegen wir nichts hatten.

Dass wir beide die deutsche Einheit zu unserer Domäne gemacht hatten, lag an unseren beruflichen Biografien und an unserer Zuständigkeit für das ARD-Studio DDR, bei mir außerdem noch für das ARD-Studio Moskau. Die Konstellation hatte also ihre Berechtigung, gefiel aber nicht allen.

Den Vorwurf der Parteilichkeit ließen wir nicht auf uns sitzen. Wir schauten uns noch einmal an, was wir am Wahlabend und am Tag danach an Programmen angeboten hatten. Wir konnten kein Fehlverhalten entdecken, was wir nicht für uns behielten. Die Auseinandersetzung weitete sich aus. Sie wurde zum Fall für die Direktoren, für die Intendanten ebenfalls. Als sich auch noch die Gremien zu Wort meldeten, sah sich der Programmdirektor Deutsches Fernsehen, Dietrich Schwarzkopf, veranlasst, Engert und mich zur Konferenz der Fernsehdirektoren einzubestellen. Nach nochmaliger Ansicht der Sendung sahen wir uns außerstande, nicht begangene Fehler einzuräumen, was die Direktoren nicht für uns einnahm. Die Sitzung endete mit einem klaren Unentschieden und der Konsequenz, dass andere Sender mit der Berichterstattung über den Fortgang der Deutschen Einheit beauftragt wurden. Unsere Kritiker hatten, wie wir zugeben mussten, ihr Ziel erreicht.

Nach 30 Jahren hatte ich nun Gelegenheit, unsere Sendung vom 18. März 1990 noch einmal in Ruhe anzuschauen. Auch heute kann ich nichts von dem entdecken, was uns damals vorgeworfen wurde. Was ich sehe, ist eine abwechslungsreiche, sehenswerte Sendung, die über fünfeinhalb Stunden konzentriert und mit gebotenem Abstand zu allen Parteien moderiert wurde. Ich rief Jürgen Engert an, um ihm meine Entdeckung mitzuteilen. „Wir sind rehabilitiert." Engert hörte es gerne. „War ne Intrige. Schwamm drüber!"

Es hatte für Helmut Kohl und seine Pläne zur Deutschen Einheit zu Beginn des Wahlkampfs nicht gut ausgesehen. Bei den Umfragen lag die SPD klar in Front. Der Ost-CDU hing der Ruch an, als Blockpartei jahrzehntelang willfähriger Partner der SED gewesen zu sein. Der Bundeskanzler reagierte entschieden. Er fuhr sein stärkstes Geschütz auf. Sich selbst! Er stellte sich voll und ganz hinter die schwächelnde Ost-CDU und die von ihr angeführten Allianz für Deutschland, mit dem Demokratischen Aufbau (DA) und der Deutschen Sozialen Union (DSU) als Partner. Kohl ließ sich auch nicht beirren, als dem verbündeten Demokratischen Aufbau ein böses Missgeschick widerfuhr. Dem DA-Vorsitzenden Wolfgang Schnur wurde nachgewiesen, dass er der Stasi einige Jahre als inoffizieller Mitarbeiter gedient hatte.

Sechs Auftritte absolvierte Kohl in der DDR. Zu seinen Kundgebungen kamen eine Million Menschen. Der Bundeskanzler versorgte sie mit drei klaren Botschaften. Schnelle Einführung der D-Mark, schneller Abschluss einer Währungs- und Sozialunion zwischen den beiden deutschen Staaten sowie die schnelle Vollendung der deutschen Einheit. Das war, was die Menschen in der DDR hören wollten, und nicht Bedenken, wie sie von der SPD geäußert wurden, mochten sie noch so berechtigt sein. Das Blatt begann sich zu wenden. Dennoch lagen die Sozialdemokraten vor der Wahl noch deutlich vorne.

Ein Volk genießt sein Wahlrecht

Der riesige Parkplatz vor dem Palast der Republik glich am 18. März 1990 einem Heerlager. Sender aus aller Welt hatten ihre Übertragungswagen und Bodenstationen aufgefahren. Der Palast der Republik war zu einem internationalen Medienzentrum umgerüstet worden, womit er zum Ende seiner Tage endlich eine sinnvolle Bestimmung gefunden hatte, bevor er später abgerissen wurde, um dem Humboldt Forum Platz zu machen.

ARD, ZDF und DDR-Fernsehen hatten ihre Wahlstudios im Palast der Republik einträchtig nebeneinander eingerichtet, um die sich allerhand Prominenz aus der DDR, der Bundesrepublik Deutschland und beiden Teilen Berlins versammelte. Man tauschte sich darüber aus, wie rasant sich die politischen Verhältnisse seit dem 7. Oktober verändert hatten. Hier wurde im letzten Herbst noch der 40. Jahrestag der DDR begangen. Jetzt, nur fünf Monate danach, war dasselbe Gebäude Schauplatz der ersten freien Wahlen in diesem Staat. Dazwischen lagen Honecker-Sturz, Öffnung des Brandenburger Tors und Entmachtung der allmächtigen und allgegenwärtigen Stasi. Und alles hatte sich friedlich vollzogen. Vergeblich wurden ähnliche Beispiele in der Weltgeschichte gesucht.

Für die Wahlsendung legten wir die Teams von SFB und WDR zusammen. Die redaktionelle „Oberspielleitung" übernahm WDR-Inlandschef Werner Filmer. Er besaß nicht nur viel Erfahrung, sondern auch die notwendige Autorität, um eine aus vielen Elementen bestehende Sendung gut komponiert und geordnet durch einen langen Abend zu steuern.

Wieder ging es um ein historisches Ereignis. Das kannten wir schon, aber dieses Mal war es eine besondere Herausforderung: die erste gesamtdeutsche Sendung! Es durfte nichts schiefgehen.

Das galt insbesondere für unseren Hauptpartner. Das Meinungsforschungsinstitut Infas betrat in der DDR Neuland. Würden die Leitungen die vielen Daten sicher transportieren? Wie würde sich die Bevölkerung bei den Umfragen verhalten? Würde sie ehrlich Auskunft über ihr Wahlverhalten geben oder sich ausgehorcht fühlen? Die Stasizeit war noch nicht lange vorbei.

Unser Aufgebot war nicht klein, nach unserem Eindruck fast von olympischer Größe. Gut ein Dutzend Reporterinnen und Reporter hatten wir ausgeschickt, um uns über das Wahlgeschehen in den Regionen zwischen Erfurt und Rostock zu informieren, selbst bei der Nationalen Volksarmee hatten wir Quartier bezogen. Im Wahlstudio stand uns Tagesthemenmoderator Hanns Joachim Friedrichs zur Seite. Er hatte im Spreerestaurant einen Pressetreff eingerichtet, um Prominente aus Politik, Gesellschaft, Kultur und Wissenschaft zu ihren Eindrücken über diese historische Wahl zu befragen. Außerdem fungierte Heribert Fassbender als Libero, um mit Sportberichten einzuspringen, falls sich Lücken auftun sollten.

Die Sendung begann mit einem Gong, auf den ein programmlicher Paukenschlag folgte.

Ulrich Deppendorf präsentierte die Infas-Prognose. Sie sagte einen klaren Wahlsieg der CDU voraus und eine ebenso eindeutige Niederlage der bis zuletzt favorisierten Sozialdemokraten, hinter denen die SED-Nachfolgepartei PDS als überraschend starker Dritter ins Ziel kam. Zahlen lieferte Deppendorf auch: 40 Prozent für die CDU, 21 Prozent für die SPD, 15 Prozent für die PDS und 7 Prozent für die DSU. Die Wahlbeteiligung lag bei sensationellen 93,4 Prozent.

Damit wir bei der Verkündung des sensationellen Wahlausgangs nicht aus allen Wolken fielen, hatte uns Deppendorf kurz vor Sendebeginn vorsorglich das Ergebnis der Prognose mitgeteilt. Im ersten Augenblick fürchteten wir, dass technische Fehler zu dem unerwarteten Resultat geführt hatten. Zu dieser

Abb.: Wahlabend, Berichterstattung der ARD, 18. März 1990

Annahme hatten wir einen konkreten Grund. Unmittelbar vor der Sendung hatte ein kurzzeitiger Blackout die Infas-Leitungen zusammenbrechen lassen, wofür ein sorgloser Elektriker der DDR-Post gesorgt hatte. „Und welche Zahlen hat das ZDF?", fragten Engert und ich. „Ähnliche wie wir!" Deppendorfs Nachricht beruhigte uns schlagartig. Wir würden uns nicht allein blamieren, falls sich die Vorhersagen als falsch erweisen sollten.

Mit dieser fragwürdigen Gewissheit gingen wir ins Rennen. Mit stoischen Mienen verkündeten wir die Botschaft des Tages: „Sensationeller Wahlsieg für die CDU und die Allianz für Deutschland, schwere Niederlage für die SPD, überraschend gutes Ergebnis für die PDS. Allianz für Deutschland kurz vor der absoluten Mehrheit." Wir fügten noch hinzu, dass dieses Mal keine Wahlbeteiligung von 99,7 Prozent – wie bei der letzten Volkskammerwahl – zu erwarten gewesen war und dass die Honeckers nicht gewählt hatten.

Unser „Oberspielleiter" Filmer ließ den Parteienvertretern etwas Zeit, um die überraschenden Ergebnisse zu verarbeiten und startete erst einmal einen Stafettenlauf von Süd nach Nord quer durch die DDR. Überall unverhohlene Überraschung! Selbst Lothar de Maizière, Vorsitzender der CDU-Ost, konnte sein Glück kaum fassen, als er vor der Presse erschien. Das Ergebnis sei sensationell. Er habe nicht mit einem solchen Sieg gerechnet.

Bei der SPD herrschte tiefe Enttäuschung. Für Steffen Reiche war nicht eine DDR-Partei gewählt worden, sondern die Bundesregierung und Helmut Kohl, der Mann mit dem Geld. Dass der berechtigte Wunsch nach gleichen Lebensverhältnissen wie in der Bundesrepublik und nach der D-Mark bei ihrer Entscheidung für die CDU den Ausschlag gegeben hatten, verschwiegen die Wähler nicht, die von unseren Reportern in Leipzig befragt wurden. Im Palast der Republik hatte Wolf Biermann nebenbei einen neuen Vorschlag für eine Nationalhymne. Dieses Mal nicht Brechts Wiegenlied, sondern „D-Mark, D-Mark über alles".

Weit härter als die SPD wurden die Bürgerrechtler, die mit ihren mutigen Protesten das Ende des SED-Regimes eingeleitet hatten, vom Wahlergebnis getroffen. Für ihre Parteien fielen nur ein paar Brosamen ab. Obwohl sie nur wenige Prozentpunkte gewannen, gaben sie sich gelassen. Als Jens Reich (Neues Forum) gefragt wurde, wie es sich anfühle, vom Hoffnungsträger zur Splittergruppe deklassiert zu werden, lachte er fröhlich. Splittergruppe seien sie schon immer gewesen. „Ich fühle mich bestens. Wir haben frei wählen können. Unsere Kinder dürfen ins Ausland reisen. Ich kann mich mit Ihnen aus dem Westen unterhalten, ohne dass mich anschließend zwei Herren packen und mitnehmen. Wir haben viel erreicht. Das ist Grund zur Freude." Ähnlich entspannt gab sich Marianne Birthler, die mit der „Initiative Frieden Menschenrechte" sehr früh öffentlich in Opposition zum SED-Regime gegangen war. Vom Wahlergebnis zeigte sie sich nicht entmutigt. Nun werde sie im Parlament hörbare Opposition betreiben, was sie auch tat.

Keine Begräbnisstimmung herrschte bei der PDS. Ihre Führungsleute Gregor Gysi und Hans Modrow gaben auf die gepfefferten Fragen unseres Reporters Klaus Bednarz locker Auskunft. Mit dem Wahlergebnis waren sie zufrieden. Es sei ein verdienter Lohn für entschiedene Aufräumungsarbeit. Die Wählerinnen und Wähler hätten offensichtlich erkannt, dass die PDS eine neue Partei sei. Hans Modrow wünschte sich eine schnelle Regierungsbildung, um sein Amt als Ministerpräsident möglichst bald abzugeben und sich auf seine Aufgabe als Abgeordneter der Volkskammer zu konzentrieren. Gefragt, was er von der Wiedervereinigung halte, erklärte Gysi, das „Wieder" würde er streichen. Die Zeiten des Deutschen Reichs sollten nicht wiederkehren. Für die Vereinigung der Deutschen wäre er indes zu haben. Von Gorbatschow habe er zum Wahlausgang einen Gruß erhalten, bestätigte er.

Beim Pressetreff mit Hanns Joachim Friedrichs war Heiner Geißler voll des Lobes über die Strategie der CDU. Als ich mir jetzt nach 30 Jahren das Gespräch ansah, fiel mir ein, dass sich auch bei uns im Westen die politischen Verhältnisse schnell verändern können. Im September 1989 war die CDU kurz davor, Helmut Kohl nach einer Serie von Niederlagen bei Landtagswahlen zu stürzen. Obwohl er gesundheitlich schwer angeschlagen war, wehrte sich Kohl mit Bravour gegen den Putschversuch auf dem Parteitag in Bremen. Die sich überstürzenden Ereignisse in Osteuropa wusste er anschließend für sich und sein Land zu nutzen. Nun stand er vor dem großen Triumph seiner politischen Karriere und unser Land vor der Deutschen Einheit, mit der niemand zu seinen Lebzeiten gerechnet hatte.

Das Ausland meldete sich früh zu Wort. Zuerst die Polen. Erstaunlich wohlwollend. Man freue sich, dass die Demokratie in der Mitte Europas mit dieser freien Wahl eine weitere Stärkung erfahren habe und sei glücklich, zu diesem Prozess mit der Solidarność-Bewegung erste Hilfe geleistet zu haben. In Prag äußerte sich Václav Havel gelassen auf die Frage, ob ein vereintes Deutschland das Miteinander der Völker in Europa erschweren könnte. Havel sah dieses Problem nicht. Er stand vor einer Reise nach Frankreich und Großbritannien, wo er sich mit Präsident Mitterrand und Premierministerin Thatcher treffen sollte. Eine weitere wundersame Geschichte jener Jahre. Kürzlich noch unnachsichtig verfolgter Dissident und jetzt auf Augenhöhe mit den Großen der internationalen Politik. „Das Große bleibt groß nicht, und klein nicht das Kleine."

Auch die ersten Stimmen aus den Hauptstädten der westlichen Siegermächte waren positiv. Die Franzosen seien mehrheitlich für das Streben der Deutschen nach Wiedervereinigung, wusste unser Korrespondent zu berichten. Im Gespräch mit Ulrich Wickert mahnte der frühere Außenminister Jean-François Poncet indes an, weitere Schritte zur Deutschen Einheit erst mit den Verbündeten zu beraten. Überdies solle Bundeskanzler Kohl die deutsche Währungsunion möglichst mit der europäischen synchronisieren. Zwingend erforderlich sei eine baldige Anerkennung der Oder-Neiße-Grenze. Ähnlich mahnend, was das Tempo der deutschen Einheit angeht, waren die Kommentare aus London. An der Themse wurde unverblümt von einer „Dampfwalzenpolitik" Helmut Kohls gesprochen. Hier war noch viel Arbeit zu leisten, um die Zustimmung Old Albions zur Deutschen Einheit zu bekommen.

Ein bisschen früh war es wegen der Zeitverschiebung, am Wahlabend eine Stellungnahme aus Washington zu erhalten. Doch zu befürchten hatten wir nichts. Die Position von Präsident George Bush senior war klar. Er hatte seinen Freund Helmut Kohl und dessen Pläne zur Deutschen Einheit von Anfang an entschieden unterstützt. Den Ausgang der Wahl in der DDR zugunsten der CDU würde Bush sicher nicht kritisch sehen.

In die Stimmen aus dem Ausland mischte die Regie Analysen von Ulrich Deppendorf, der mit überzeugenden Infas-Zahlen bei der Stimmvergabe ein starkes Süd-Nord-Gefälle aufdeckte. Die einstmals roten Hochburgen Sachsen und Thüringen hatten sich mit überwältigender Mehrheit für die CDU und Helmut Kohl entschieden, während in Berlin (Ost) die CDU hinter SPD und PDS ins Ziel kam.

Europarat und Europäisches Parlament hatten inzwischen gemeldet, dass die ersten freien Wahlen in der DDR sauber und transparent über die Bühne gegangen seien. Dazu hatten wir einen anrührenden Beitrag aus einem Wahllokal in Berlin-Marzahn auf Lager. Die Wählerinnen und Wähler hätten geradezu andächtig ihre Stimmen abgegeben, berichtete die Reporterin. Zur Stimmauszählung waren die Bürgerinnen und Bürger wieder erschienen. Einer großen Familie gleich verfolgten sie, wie die versiegelten Wahlboxen geöffnet und geleert wurden. Bei jedem Stimmzettel wurde laut vorgelesen, welche Partei gewählt worden war, sodass das Publikum mitzählen konnte. Am Ende lagen SPD und PDS vorne, was in einer Köpenicker Kneipe, in die wir gleichzeitig geschaltet hatten, mit Pfiffen bedacht wurde. Aus Leipzig meldete sich unser Korrespondent Claus Richter. Er saß mit dem Chef des Gewandhausorchesters, Kurt Masur, und Superintendent Friedrich Magirius zusammen. Beide waren wesentlich an der legendären Montagsdemonstration vom 9. Oktober 1989 beteiligt gewesen. Kurt Masur mit seinem Aufruf „Keine Gewalt!" und Magirius als einer der Mitorganisatoren. Im Gespräch mit Richter äußerte sich Masur zufrieden darüber, dass die friedliche Revolution nichts von ihrer Dynamik verloren habe. Nach einer romantischen Phase, dem Traum von Freiheit, folge jetzt der Traum vom Wohlstand. Der weltberühmte Dirigent pflichtete Magirius bei, als der daran erinnerte, dass als eine Kernforderung der ersten Montagsdemonstrationen gerufen wurde: „Neues Forum zulassen!" Und nun sei das Neue Forum bei den ersten freien Wahlen völlig ins Abseits geraten. Masur und Magirius wünschten sich, dass die Ideen der Bürgerrechtler in der künftigen Politik weiterlebten.

Ähnlich äußerte sich beim Pressetreff von Hanns Joachim Friedrichs die Schauspielerin Angelica Domröse. Sie hatte die DDR verlassen, obwohl sie dort von der Bevölkerung hoch verehrt wurde, wohingegen sie vom SED-Regime mit übelsten Methoden schikaniert worden war. Angelika Domröse war im Vorjahr am 4. November bei der großen Demonstration auf dem Alexanderplatz dabei gewesen.

Die Kundgebung war gegen den Willen des Regimes von den Schauspielern und Mitarbeitern der Ost-Berliner Theater organisiert worden. Danach hatte Angelica Domröse die Hoffnung, eine neue Zeit könne anbrechen für eine selbstbewusste und selbstbestimmte Republik als interessante Alternative zur Bundesrepublik Deutschland. Und nun erlebte sie bei den ersten freien Wahlen, dass die Menschen beiseitegeschoben wurden, die die Wende ermöglicht hatten. Angelica Domröse war empört.

Der Schriftsteller Stefan Heym war härter gesotten. Auch er war am Wahlabend beim Pressetreff, auch er hatte auf dem Alexanderplatz gesprochen. Was er sagte, fand viel Beifall. „Es ist, als habe einer die Fenster aufgestoßen. Nach all den Jahren der Stagnation – der geistigen, wirtschaftlichen, politischen – den Jahren von Dumpfheit und Mief, Phrasengewäsch und bürokratischer Willkür, von amtlicher Blindheit und Taubheit. Einer schrieb mir – und der Mann hat recht. Wir haben in diesen letzten Wochen unsere Sprachlosigkeit überwunden und sind jetzt dabei, den aufrechten Gang zu erlernen." Auch Heym war enttäuscht vom Wahlausgang. Als Realist zog er für sich das Fazit des Tages: „Das war's mit der DDR. Zukunft hat sie nur noch als Fußnote der Geschichte."

Der westdeutsche Theaterregisseur Jürgen Flimm brachte in der Friedrichs-Runde einen ganz anderen Aspekt ins Gespräch. Er hatte sich von den frischen Ideen, die von der friedlichen Revolution freigesetzt wurden, Durchzug für die bürgerliche Gesellschaft der Bundesrepublik Deutschland erhofft. Stattdessen erlebe er nun den Einmarsch schwarzer Riesen in der DDR.

Nach gebotener Wartezeit ging Bundeskanzler Helmut Kohl in Bonn vor die Presse. Ganz Weltstaatsmann versagte er sich jeden Anschein von Triumph. Er dankte dem amerikanischen Präsidenten George Bush, der immer ein starker Rückhalt für Deutschland gewesen sei, und er dankte auch dem sowjetischen Präsidenten Gorbatschow, dessen Reformprogramm Perestroika der friedlichen Revolution in der DDR ganz wesentlich zum Erfolg verholfen habe, und den mutigen Menschen in der DDR, die den Durchbruch zur Wende der Verhältnisse in Deutschland schafften. Sie könnten sich auf seine Zusagen verlassen. Tatsächlich hat Kohl seine drei wichtigsten Versprechen innerhalb von einem halben Jahr eingehalten. Im Gegenzug bat er die DDR-Bevölkerung, zu Hause zu bleiben und von dort aus am Aufbau „unseres schönen Landes" tatkräftig mitzuwirken. Von diesem Rat konnten sich die Menschen auf unserer nächsten Station schwerlich angesprochen fühlen. Aus Marxwalde meldete sich Erhard Thomas. Er hatte den Wahlausgang mit Piloten eines Jagdfliegergeschwaders der NVA erlebt. Hochstimmung herrschte bei den Soldaten nicht. Ihre Zukunft war völlig ungewiss. Ob sie bereit seien, auch in der Bundeswehr zu dienen, fragte Thomas. Sie seien loyal, war die pauschale Antwort. „Ich fliege dahin, wohin ich befohlen werde", meinte einer der MIG-Piloten. Der Jüngste in der Runde vertrat eine beachtlich weitsichtige Ansicht. Er sah wenig Zukunft beim Militär, dafür umso mehr bei der zivilen Luftfahrt. Nach seiner Meinung war mit einer Auflösung der NATO und des Warschauer Paktes zu rechnen, an deren Stelle würde eine Sicherheitspartnerschaft von Ost und West in Europa treten.

Es ging in der Sendung Schlag auf Schlag. Ulrich Deppendorf schaltete sich immer wieder mit neuen Hochrechnungen und Analysen ein. An den Zahlen änderte sich erstaunlich wenig. Die CDU-Werte schwankten zwischen 42 und 36 Prozent, sie pegelten sich schließlich auf die prognostizierten 40 Prozent ein. Bei der SPD bewegten sich die Zahlen kaum, während die PDS noch leicht zulegte.

Eine Premiere hatte unsere Sendung zu bieten. Zum ersten Mal trat eine Berliner Runde zusammen, befragt von Journalisten der ARD, des ZDF und des Deutschen Fernsehfunks. Den Fragen stellten sich die Vorsitzenden der Parteien, die in die ersten freien Wahlen der DDR gegangen waren. Obwohl die Allianz für Deutschland fast die absolute Mehrheit erreicht hatte, sprach sich Lothar de Maizière als Wahlsieger angesichts der schwierigen Aufgaben, die zu lösen seien, für eine breite Koalition aus, möglichst unter Teilnahme von SPD und Liberalen, die es auf 5 Prozent gebracht hatten. De Maizière verkündete zudem, diese

Wahlen seien nicht nur die ersten, sondern auch die letzten gewesen.

Der SPD-Vorsitzende Ibrahim Böhme legte sich in der Koalitionsfrage nicht fest, aber lange müsse man auf eine Entscheidung der SPD nicht warten, vertröstete er die Journalisten und das Publikum. Am nächsten Morgen tage der Parteivorstand, und dann sei mit einem klaren Votum zu rechnen. Ibrahim Böhmes Tage als Parteivorsitzender waren gezählt. Bald ereilte ihn das gleiche Schicksal, das vorher bereits den Vorsitzenden des Demokratischen Aufbaus Wolfgang Schnur getroffen hatte. Böhme wurde eine Tätigkeit als IM des Staatssicherheitsdienstes nachgewiesen.

Eine Bonner Runde gab es auch, in der es kontroverser zuging als in der vorsichtig geführten Debatte der Berliner Runde. In Bonn hatten sich Helmut Kohl als Vorsitzender der CDU, Hans-Jochen Vogel als Vorsitzender der SPD, Theo Waigel als Vorsitzender der CSU und Ralf Fücks als Vertreter der Grünen den Fragen der Journalisten von ARD, ZDF und DFF gestellt. Für die FDP wurde später aus dem Palast der Republik Otto Graf Lambsdorff zugeschaltet.

Feuer in die Diskussion hatte Ralf Fücks gebracht, als er Kohl, Vogel und Waigel vorwarf, mit ihrem Engagement den Wahlkampf in der DDR verfälscht zu haben. Den Wahlen dort sei die Autonomie genommen worden. Es werde sich im Übrigen erweisen müssen, was aus den vielen Versprechen würde, die der DDR-Bevölkerung insbesondere von den Wahlsiegern gegeben wurden.

Helmut Kohl, der sich an diesem Tag verdächtig milde gab, fuhr nun aus der Haut. Man sei nicht heimlich in der DDR unterwegs gewesen, der Wunsch, sich in dem Wahlkampf zu engagieren, sei ausdrücklich aus der DDR gekommen. Was versprochen wurde, werde auch gehalten. Entsprechende Pläne seien längst in Arbeit. Theo Waigel steuerte noch die Information bei, dass die deutsche Einheit durch die Zuwächse im Bruttosozialprodukt der kommenden Jahre finanziert werden könnte. Eine Überforderung der beiden deutschen Staaten sei nicht zu befürchten.

Ganz daneben war das Argument von Ralf Fücks allerdings nicht. Nach Infas-Angaben holten die von ihren westdeutschen Partnern unterstützten DDR-Parteien drei Viertel der Stimmen. Gegen diese Geld- und Personalmacht hatten die anderen Parteien, insbesondere die, die den Bürgerrechtlern nahestanden, nichts zu bestellen.

Der Wahlabend hatte mit der Prognose von Ulrich Deppendorf begonnen. Nach dem ersten hatte er auch das letzte Wort, mit der Verkündung des Endergebnisses. Es hatte sich gegenüber der Prognose kaum verändert. Die DDR hatte sich als Wahl-Neuland bestens behauptet. Die Leitungen hielten dem Andrang der Daten stand, die DDR-Bürgerinnen und Bürger hatten – ohne Stasitrauma – aufrichtig Auskunft gegeben.

Der beste Tag der deutschen Geschichte

Im Frühsommer 1990 richtete sich unser Augenmerk zunehmend auf die Sowjetunion. Während Bundeskanzler Kohl seinem Ziel „Deutsche Einheit" näherrückte, geriet Michail Gorbatschow in besorgniserregende Nöte. Am meisten zu schaffen machte ihm der Präsident der Russländischen Föderation, Boris Jelzin, der unaufhaltsam auf mehr Unabhängigkeit von der sowjetischen Zentralmacht drängte. Gorbatschow wurde zwar im Westen als Erneuerer gefeiert, aber im eigenen Land hatte er bei der Bevölkerung jeglichen Kredit und Respekt verloren. Die Versorgungslage war unerträglich schlecht. Es roch nach Aufruhr. Die baltischen und kaukasischen Republiken strebten die Trennung von Moskau an.

Nun stand auch noch der Parteitag der Kommunistischen Partei der Sowjetunion an, auf dem Gorbatschow mit hartem Widerstand seiner parteilichen Gegner zu rechnen hatte. Ausgang offen!

Für Mitte Juli hatten Gorbatschow und Helmut Kohl ein Treffen in Moskau verabredet, von dem die deutsche Seite die offizielle und endgültige Zustimmung zur Deutschen Einheit erhoffte. Die westlichen Siegermächte hatten sich schon dazu bereit erklärt. Der amerikanische Präsident George Bush senior sofort, der französische Präsident Mitterrand nach einigem Zögern, bei Großbritanniens Premierministerin Thatcher dauerte es deutlich länger.

Von Kohls Moskaureise hing nun die deutsche Zukunft ab. Die Erwartungen waren hoch. Entsprechend groß war der Pressetross, der den Bundeskanzler und Bundesaußenminister Genscher zu den Gesprächen begleitete. Während des Fluges nach Moskau mischte sich Helmut Kohl unter die Journalisten.

Er gab sich überaus vorsichtig. Er wisse nicht, in welcher Verfassung Gorbatschow sei. Der sowjetische Präsident habe soeben wie sein Außenminister Schewardnadse einen äußerst strapaziösen Parteitag hinter sich gebracht, auf dem sich beide erst nach erbitterten Debatten mit ihren Kontrahenten durchsetzen konnten.

In Moskau ging ich meine eigenen Wege. Mit unserem Studioleiter Gerd Ruge hatte ich mir die Arbeit aufgeteilt. Er war ständiges Mitglied des Reporterpools, der zu den Gesprächen Kohl/Gorbatschow zugelassen war. Das gab mir Zeit, Valentin Falin aufzusuchen. Ich kannte ihn schon seit meiner Moskauer Korrespondentenzeit. Damals war er mir aufgefallen, weil er sich gelegentlich nicht scheute, abweichende Meinungen zu seinem strengen Chef Andrej Gromyko zu äußern.

Falin, eine schlanke, elegante Erscheinung, stammte aus Leningrad, das heute wieder Sankt Petersburg heißt. Obwohl seine Stadt unter der Belagerung der Nazi-Wehrmacht furchtbar gelitten hatte, war er ein Freund der Deutschen, nicht zuletzt der Westdeutschen, allerdings kein Freund der NATO und der Vereinigten Staaten von Amerika. Seine Abteilung im Außenministerium war zuständig für die deutschsprachigen Länder. Später wurde er Botschafter der Sowjetunion in Bonn. In dieser Zeit trug er durch seine vertrauensvolle Zusammenarbeit mit Egon Bahr und Willy Brandt wesentlich dazu bei, dass die Bonner Ostpolitik zu einem Erfolg wurde, insbesondere im Verhältnis zu Moskau.

Falin war auch für mich ein wichtiger und vor allen Dingen hilfsbereiter Gesprächspartner. Er hat mir sehr geholfen, als Moskaukorrespondent aus meinen Zensurbedingungen herauszukommen. Seine Aufsässigkeit gegenüber dem Stalinisten Gromyko führte dazu, dass Falin für einige Zeit in der Versenkung verschwand. Gorbatschow hingegen wusste seine Kenntnisse zu schätzen und machte ihn zu seinem außenpolitischen Berater.

In dieser Eigenschaft traf ich ihn 1987 beim amerikanisch-sowjetischen Gipfeltreffen zwischen Ronald Reagan und Michail Gorbatschow in Reykjavik wieder. Damals beeindruckte mich, dass alles zutraf, was er mir über den Fortgang der Abrüstungsgespräche zwischen den beiden Supermächten anvertraut hatte. Obwohl es nach der vorzeitigen Abreise der US-Delegation aus Reykjavik nicht danach ausgesehen hatte, sprach Falin von Fortschritten und hatte mich damit richtig informiert.

Nun suchte ich ihn in seinem Büro im Hauptquartier der damals noch führenden kommunistischen Partei der Sowjetunion (KPdSU) am Alten Platz in Moskau unweit des Kremls auf. Ich fragte ihn, mit welchem Ergebnis Helmut Kohl und Hans-Dietrich Genscher, die zur gleichen Zeit mit Sowjetführer Gorbatschow ein Spitzentreffen im Spiridonow-Palast hatten, rechnen konnten. Falin kam ohne Umschweife zur Sache. Helmut Kohl würde die Deutsche Einheit bekommen. Die Sache sei ausdiskutiert, auch auf sowjetischer Seite. Allerdings bliebe es beim „Nein" Moskaus, was die Mitgliedschaft des vereinten Deutschlands zur NATO anginge. Der sonst so zurückhaltende Diplomat wurde emotional. Hunderttausende sowjetische Soldaten seien nicht gefallen, um Deutschland zum Mitglied einer Militärallianz zu machen, die der Sowjetunion feindlich gegenüberstehe.

Nachdem ich in Reykjavik erlebt hatte, wie richtig Falin die Position des Kremls beschrieben hatte, musste ich annehmen, dass Helmut Kohl in der Frage „NATO-Mitgliedschaft" ein entschiedenes „Njet" Gorbatschows hören würde. Mit dieser Annahme im Gepäck schloss ich mich der deutschen Pressegruppe an, die nach Südrussland flog, wo Gorbatschow den deutschen Gästen seine Heimat zeigen wollte.

In Pjatigorsk herrschten hochsommerliche Temperaturen. Wir gerieten ins Schwitzen, insbesondere der schwergewichtige Helmut Kohl schien sich in Schweiß aufzulösen. Dagegen wirkte der angeblich strapazierte Gorbatschow im dunklen Anzug und weißen

Hemd frisch und glatt wie aus dem Ei gepellt. Ich fragte Helmut Kohl, wie es gelaufen sei. „Fragen Sie Gorbatschow!", forderte er mich auf. „Der Bundeskanzler wird zufrieden sein", war die Auskunft des Sowjetführers. Zu Nachfragen kam ich nicht mehr.

Schelesnowodsk ist eine malerisch gelegene Kleinstadt im Nordkaukasus. Die Geschichte des Kurorts hat viel mit den Deutschen zu tun, im Guten wie im Schlechten. Das Städtchen verdankt seine Existenz Friedrich Joseph Haass. Der Arzt aus Münstereifel entdeckte hier in den Bergen im Jahre 1810 verschiedene Heilwasser, deren Wirkung er wissenschaftlich untersuchte und gut verständlich beschrieb. Im Zweiten Weltkrieg wurde Schelesnowodsk von Truppen der Deutschen Wehrmacht besetzt und auf dem Rückzug in schweren Kämpfen mit der Roten Armee gänzlich zerstört.

Am 16. Juli 1990 brach in Schelesnowodsk der vermutlich beste Tag der deutschen Geschichte an. In einer Pressekonferenz gab der Russe Gorbatschow als Präsident der Sowjetunion nach seinen Gesprächen mit Bundeskanzler Helmut Kohl offiziell den Weg zur Deutschen Einheit frei. Das war allgemein erwartet worden. Sensationell war hingegen, dass Gorbatschow mit der neugewonnenen Souveränität dem vereinten Deutschland zugleich das Recht einräumte, seine Bündniswahl nach eigenem Ermessen zu treffen. Das hieß konkret, Moskau stellte sich der deutschen Mitgliedschaft in der NATO nicht in den Weg. Überdies wurde der zügige Abzug aller Sowjettruppen von deutschem Territorium in Aussicht gestellt.

Ich befand mich in der Nähe, in Schelesnowodsk. Kohl und Gorbatschow hatten sich am Ufer des Flusses Podkumok niedergelassen, der aus den Kaukasus-Bergen stürzte. Als ich die Bilder betrachtete, befürchtete ich, Kohl müsse mithilfe einer Hebebühne aus seinem riskanten Platz am Steilhang befreit werden. Doch er schaffte es ohne Hilfe. Er war damals allerdings noch nicht von der massigen Gestalt, die wir in Erinnerung haben.

Was in Schelesnowodsk betont sachlich verkündet wurde, sollte die Welt verändern. Die Verabredung im Kaukasus beschleunigte den Zusammenbruch des Sowjetimperiums und die Auflösung der Supermacht Sowjetunion, aber auch das politische Ende von Michail Gorbatschow. Was er zugesagt hatte, wurde im eigenen Land von der Mehrheit der Bevölkerung und vor allem innerhalb des kommunistischen Machtapparats als Verrat betrachtet. Trotzdem erfüllte die Russische Föderation als Rechtsnachfolgerin der Sowjetunion getreulich die Vereinbarungen von Schelesnowodsk.

Nach den Bergen kommen die Mühen der Ebene. Tut mir leid! Brechts vielzitierte Metapher ist an dieser Stelle unumgänglich. Die Absprachen, die Michail Gorbatschow und Helmut Kohl in den Bergen des Kaukasus getroffen hatten, lösten eine beispiellose Emsigkeit in den Amtsstuben der Regierungen aus. Hunderte, ja tausende Fragen tauchten auf, die in den Jahrzehnten der Konfrontation des Kalten Kriegs nie angepackt wurden, weil es keine Verständigung unter den Siegermächten gab und deshalb ein gemeinsamer Friedensvertrag nicht möglich war.

Nun gab es die erforderliche Verständigung unter den Siegermächten und die Aussicht auf die Zustimmung zur Deutschen Einheit. Aber erst einmal mussten die liegengebliebenen Fragen gemeinsam beantwortet werden. Das erforderte harte und zähe Arbeit, meist juristischer Natur. Ein Abkommen musste geschaffen werden, das die Qualität eines Friedensvertrages hatte. Das passende Format wurde gefunden. Es lautete „Zwei plus Vier". Die „Zwei" stand für die beiden deutschen Staaten, die „Vier" für die Siegermächte.

Doch nicht nur die vier Siegermächte hatten mit Nazideutschland im Krieg gelegen. Fünfundsechzig andere ehemalige Kriegsgegner verfolgten mit Spannung die „Zwei plus Vier"-Verhandlungen, von denen einige Staaten Entschädigungen für das Leid und die Verwüstung ihrer Länder erwarteten.

Gigantische Reparationsforderungen hingen wie eine dunkle Wolke über den Gesprächen. Die Summe der Forderungen hätte das vereinte Deutschland auf viele Jahre in die Knie gezwungen. Dieser Wunsch bestand nicht. Der angestrebte Vertrag sollte kein zweites Versailles werden. Angesichts der globalen Vernetzung wollte und brauchte die internationale Staatengemeinschaft ein wirtschaftlich gesundes und politisch intaktes Deutschland.

Die Verhandlungen gingen mit einem erstaunlichen Tempo voran. Die Diplomaten, vornehmlich Juristen, lösten in kürzester Zeit Problem auf Problem. In Paris und London verfolgten die Regierungen die rapide Entwicklung am Verhandlungstisch mit Unbehagen. Man hatte mit der Deutschen Einheit in weiter Zukunft gerechnet. Nun kam sie mit erstaunlicher Geschwindigkeit, was insbesondere der britischen Premierministerin Margaret Thatcher überhaupt nicht gefiel. Wie unsere Reporter berichteten, ließ sie in den Verhandlungen über ihre Delegation immer wieder Forderungen einbringen, von denen sie annehmen konnte, dass sie bei anderen Siegermächten auf hinhaltenden Widerstand stießen. So forderte die britische Regierung für die NATO das Recht, in Ostdeutschland Manöver durchführen zu dürfen, was von den Sowjets entschieden abgelehnt wurde.

In solchen Fällen konnte sich die deutsche Seite darauf verlassen, dass der amerikanische Außenminister James Baker Möglichkeiten fand, die hemmenden Klippen zu umschiffen.

Für uns Journalisten war die Entschlossenheit der beteiligten Verhandlungsteilnehmer zu spüren, sich nicht aufhalten zu lassen und etwas zu schaffen, was vorher für unmöglich gehalten wurde. In diesem Geist wurden auch banale Probleme traktiert.

Die neue Volkskammer in Ost-Berlin hatte das Symbol der DDR „Hammer, Zirkel und Ährenkranz" kurzerhand abgeschafft. Als es darum ging, bei den „Zwei-plus-Vier-Verhandlungen" zusätzlich eine vertragliche Regelung für die Bodenreform auf dem bisherigen DDR-Gebiet zu finden, tauchte bei der Unterzeichnung ein unerwartetes Problem auf Für die Unterschrift von DDR-Ministerpräsident Lothar de Maizière fehlte ein amtliches Siegel, auf das die sowjetische Delegation indes strikt beharrte, sonst sei das Dokument ungültig. Zum Glück wurde nach massivem Suchen in der Moskauer DDR-Botschaft ein alter Stempel gefunden. De Maizière konnte unterschreiben. Die Erleichterung war allgemein.

Das „Zwei-plus-Vier-Abkommen" wurde am 12. September 1990 im düsteren Moskauer Hotel Oktjabrskaja von den Außenministern der USA, der Sowjetunion, Frankreichs und Großbritanniens sowie der DDR und Bundesrepublik Deutschland unterschrieben. Das Abkommen wurde später in das Unesco-Programm „Memory of the World" als Meisterwerk der Diplomatie aufgenommen. Es gilt zu Recht als „Weltdokumentenerbe".

Innige Abneigung: Helmut Kohl und die Presse

Mein Verhältnis zu Helmut Kohl war nicht immer ungetrübt. Schon sehr früh hatte mein Ruf beim Bundeskanzler Helmut Kohl seinen Tiefpunkt erreicht. Als USA-Korrespondent hatte ich die Stirn besessen, ausführlich darüber zu berichten, dass der Kongress in Washington und die amerikanischen Medien eine Idee, von der sich Helmut Kohl sehr viel versprochen hatte, überhaupt nicht gut fanden.

Für den Staatsbesuch von US-Präsident Ronald Reagan 1985 hatte er sich eine Friedensgeste ausgedacht, die bei einer anderen Gelegenheit weltweit großen Eindruck gemacht hatte. Hand in Hand hatte er zusammen mit dem französischen Staatspräsidenten François Mitterrand auf dem Schlachtfeld von Verdun der Opfer des Ersten Weltkrieges gedacht. Etwas Ähnliches wollte er gerne wiederholen.

Nach den Vorstellungen von Helmut Kohl sollten sich der amerikanische Präsident und der deutsche Bundeskanzler auf dem Friedhof in Bitburg, auf dem deutsche und amerikanische Soldaten zur letzten Ruhe gebettet worden waren, die Hand zur Versöhnung reichen. Gegen die Idee gab es zunächst keine Einwände, bis amerikanische Journalisten entdeckten, dass sich auf dem Friedhof in Bitburg auch Gräber von SS-Angehörigen befanden.

Die SS galt in den USA als die Inkarnation der Nazi-Verbrechen. Für die Amerikaner bekam die Versöhnungsgeste dadurch einen anderen Charakter. Sie konnte als Akt der Vergebung von Nazi-Gräueltaten missverstanden werden. Das Treffen kam zustande, weil US-Präsident Ronald Reagan trotz heftiger Widerstände im eigenen Land seinen Freund Helmut Kohl nicht sitzenlassen wollte. Aber die gute Presse war futsch und ich bei

Helmut Kohl völlig unten durch. Für einen Journalisten damals ein normales Schicksal!

„Helmut Kohl und die Presse", das war ein besonderes Kapitel. Von gegenseitiger Zuneigung und Achtung war das Verhältnis nicht geprägt. Das galt für einen großen Teil unserer Zunft. Als Helmut Kohl von der rheinland-pfälzischen Landespolitik in die Bundespolitik wechselte, widerfuhr ihm von den Medien wenig Schmeichelhaftes. Als „Birne" wurde er bezeichnet, Karikaturisten zeichneten ihn mit Vorliebe mit dieser Kopfform. Sein Familienname wurde gerne zu Abfälligkeiten benutzt, um ihn als Provinzler darzustellen. Helmut Kohl war nicht der Typ, der sich still leidend zurückzog. Er ging in die Gegenoffensive. Mit Hohn und Unterstellungen setzte er sich gegen Kritiker zur Wehr, die ihm aus seiner Sicht zu Unrecht zu Leibe gerückt waren. Zunehmend nahm er auch sachliche Kritik persönlich.

Da sich die Redaktionen unseres Senders traditionell verpflichtet fühlen, Regierenden kritisch auf die Finger zu schauen, kam es in Hörfunk und Fernsehen häufig zu Sendungen, die Bundeskanzler Helmut Kohl äußerstes Missbehagen bereiteten. Reaktionen, zum Teil heftig, blieben nicht aus. Als Chefredakteur, später als Hörfunkdirektor und erst recht als Intendant hatte ich die Ehre, Antworten auf die telefonisch oder schriftlich erfolgten Beschwerden aus dem Bundeskanzleramt zu verfassen, die meinen Ruf beim Kanzler eher negativ als positiv festigten.

Für ihn hatte ich nicht nur einen Makel, sondern gleich drei: In seinen Augen war ich ein Linker, ein Sozi, und ich kam vom WDR, den er noch unerträglicher fand als den *SPIEGEL*, was damals etwas heißen wollte. An unserem Sender schätze er nach seinen Worten eigentlich nur die Sendung „Tiere suchen ein Zuhause". Dennoch kam es zu einer Annäherung. Dabei half eine Reihe von Interviews, in denen es um Landtagswahlen, die Deutsche Einheit und den ersten Irak-Krieg ging. Damals passierte viel auf einmal.

Fernsehinterviews mit Helmut Kohl waren journalistisch eine besondere Herausforderung. Frei nach dem Motto „er oder ich" konnten sie auf dem Bildschirm in „Überlebenskämpfe" ausarten.

Vor der Kamera war Bundeskanzler Kohl, um es milde auszudrücken, ein sperriger Gesprächspartner. Ständig auf dem Sprung zur Gegenattacke. Er fiel gerne ins Wort, um zu verunsichern. War das Interview vorbei, entpuppte er sich als entspannter, angenehmer Gesprächspartner, der gerne den Historiker herauskehrte. Er freute sich diebisch, wenn man sich wie ich unter den mehr als ein Dutzend Reichskanzlern der Weimarer Republik aus seiner Sicht nicht ausreichend auskannte. Solche Fehlleistungen bestätigten augenscheinlich seinen Verdacht, dass wir Journalisten ein ziemlich ungebildeter Haufen waren.

Telefondiplomatie

Als ehemaliger Moskau-Korrespondent interessierte mich besonders sein Verhältnis zu Gorbatschow, der meiner Meinung nach im eigenen Land auf der Kippe stand. Helmut Kohl mochte mein Urteil nicht bestätigen. Er spreche häufig mit dem Mann im Kreml. Gorbatschow mache dabei jedes Mal einen stabilen Eindruck. Ich zeigte mein Interesse, ein solches Gespräch mal in Bild und Ton aufzunehmen. „Warum nicht!", meinte der Bundeskanzler zu meinem Erstaunen.

Ich bat Gerd Ruge, unseren Studioleiter in Moskau, von Gorbatschow die Zustimmung einzuholen, das Telefonat mit Kohl im Kreml aufzuzeichnen. Gorbatschow war einverstanden. In Bonn passte nur noch der Kameramann in die enge Dolmetscherbox. Ich blieb außen vor, was mich nicht enttäuschte. Mir war ja der Scoop gewiss, demnächst unser Publikum zum Augen- und Ohrenzeugen weltpolitischen Handelns werden zu lassen. Ich hatte mich zu früh gefreut.

Wieder einmal bewahrheitete sich das alte Sprichwort, man soll das Fell des Bären erst verteilen, wenn er erlegt ist. Unsere Kameraleute in Bonn und Moskau flogen aus den engen Telefon-Kästen, als es interessant wurde. Als ich die Aufnahmen aus Bonn mit denen aus Moskau zusammenfügte, blieb nur ein Fragment übrig, das eher wie eine Witznummer wirkte und nicht wie ein ernsthaftes politisches Gespräch.

Nach der ausgedehnten Begrüßung von orientalischer Herzlichkeit erkundigte sich Helmut Kohl bei Michail Gorbatschow nach dem Wohlbefinden von Gattin Raissa. Es ginge ihr gut, versicherte der Sowjetführer dem deutschen Bundeskanzler und bat seinerseits den lieben Chelmut, seine Ehefrau Channelore zu grüßen, ausdrücklich auch von Raissa. Der Deutsche wie der

Abb.: Fritz Pleitgen im Gespräch mit Bundeskanzler Helmut Kohl

Russe erinnerten sich voll Wärme an ihre letzte Begegnung und ihre Gespräche, die sie gemeinsam mit ihren Ehefrauen geführt hatten. Was übrig blieb, war bei weitem nicht das, was ich erhofft hatte. Als ich das Stück zur Sendung freigab, war mir nicht ganz wohl, aber von Seiten des Bundeskanzleramtes gab es keinen Ärger. Das Publikum reagierte anders, als ich es erwartet hatte. Weniger mit Hohn, sondern überwiegend mit Sympathie für den menschlich warmen Umgang, den es so von führenden Politikern nicht erwartet hatte.

Wir kamen uns so nahe, dass mir der Bundeskanzler das Geheimnis seines kleinen Notizbuchs verriet. In dem abgegriffenen Büchlein hatte er alle Telefonnummern notiert, die ihm wichtig erschienen und die er über die Jahre gesammelt hatte, nicht nur von Regierungs- und Staatschefs, sondern auch von einfachen Leuten, wie Ortsvereins- und Kreisvorsitzenden seiner Partei. Jeden Morgen pflege er zwei oder drei von ihnen anzurufen. Nach seiner Schilderung glaubten die meisten Angerufenen zunächst an einen Scherz, bis sie erfreut feststellten, dass es tatsächlich der Bundeskanzler war, der sich für sie interessierte. „Diese Leute", versicherte mir Kohl, „stehen fest an meiner Seite." Auf dem Parteitag in Bremen, auf dem gegen ihn geputscht wurde, sollte sich das bestätigen. Seine Gegner hatten keine Chance.

Gespräch über Deutschland:
Helmut Kohl und Willy Brandt

Im Sommer 1990 schwamm Helmut Kohl auf einer Welle des Erfolges. Es gelang ihm alles. Die Deutsche Einheit stand vor der Tür. Der Einigungsvertrag war ausgehandelt, das „Zwei-plus-Vier-Abkommen" ebenfalls. In seiner Hochstimmung war er bereit, sich mit mir und Altbundeskanzler Willy Brandt zu einem Gespräch über Deutschland zusammenzusetzen. Als Termin wurde der 30. September 1990 festgelegt. Das Gespräch sollte im Palais Schaumburg stattfinden, das in der jüngeren deutschen Geschichte – von 1949 bis 1976 als Dienstsitz des Bundeskanzleramts – eine zentrale Rolle gespielt hatte. Von hier aus hatte Konrad Adenauer die Westintegration der Bundesrepublik Deutschland betrieben, später hatte Willy Brandt hier seine Ostpolitik durchgekämpft. Bundeskanzler Helmut Kohl hatte beides auf seine Weise fortgesetzt.

Vor mir saßen zwei Autoritäten in Sachen Deutschland, die sich in vielen Punkten einig waren. Der Sozialdemokrat Willy Brandt war mit seinen Ansichten dem konservativen Bundeskanzler Kohl näher als seinem Parteivorsitzenden und Nachfolger Oskar Lafontaine, der den Prozess der Deutschen Einheit mit mehr Skepsis beurteilte – was sich aus der Rückschau als nicht unberechtigt erwies. Von den Wänden lugten die Fotos von Konrad Adenauer und Winston Churchill über die Schulter von Helmut Kohl. Unser Regisseur hatte die beiden Großen der Zeitgeschichte gewissermaßen als Gäste in das Bild unseres Gesprächs über Deutschland und Europa komponiert. Mit seiner Nachdenklichkeit setzte Brandt in seiner ersten Antwort den ruhigen Ton für das gesamte Gespräch.

Frage: In wenigen Tagen soll die Deutsche Einheit mit dem Beitritt der Deutschen Demokratischen Republik zur Bundesrepublik Deutschland vollendet werden. Wie soll dieses Land aussehen? Soll es eine erweiterte Bundesrepublik oder eine neue deutsche Republik sein?

Helmut Kohl: *Natürlich ist ein Stück Bundesrepublik und ein Stück DDR dabei. Aber es ist mehr als das Zusammenfügen von 62 Millionen plus 17 Millionen Menschen. Wir haben eine gemeinsame Geschichte. Wir haben eine gemeinsame Tradition, eine gemeinsame Muttersprache und eine gemeinsame Kulturlandschaft, die ich für besonders wichtig halte, weil sie das am meisten verbindende Glied auch im Zeitraum der Trennung war. Die Welt hat sich verändert. Das wiedervereinigte Deutschland ist weit mehr als in der bisherigen deutschen Geschichte eingebettet in Europa. Es ist ein wesentlicher Bestandteil Europas. Die Tatsache, wie diese Einigung zustande kommt, ist ein völliges Novum in der Geschichte. Nie gab es einen Vorgang in der modernen Menschheitsgeschichte, in dem die Einigung eines Landes mit der Zustimmung aller Nachbarn ohne Krieg, ohne blutige Revolution, ohne Tote, ohne Leid in einer so ungewöhnlich friedlichen Weise erfolgte. Das ist der Grundakkord für die Zukunft des wiedervereinigten Deutschlands. Dieses Deutschland wird europäischer sein als in der Vergangenheit. Es gibt kein Zurück zum Nationalstaat des 19. Jahrhunderts. Wir sind Deutsche und Europäer. Das ist das Wichtigste.*

Frage: Herr Brandt, in Ihren Erklärungen vor der Wende haben Sie den Eindruck erweckt, als wenn das Streben nach einem vereinten Deutschland nicht mehr Ihre erste Priorität sei. Nun ist die Deutsche Einheit da, vor der europäischen. Tun wir vereinigten Deutschen uns dadurch schwerer? Tun sich unsere Nachbarn dadurch mit uns schwerer?

Willy Brandt: *Das ist ein Missverständnis. Ich bin rundum zufrieden, diesen Punkt erreicht zu haben, an dem wir stehen. Ich sage wie der Bundeskanzler: Es ist eine gewaltige Sache, dass nicht gekrönte Häupter, sondern diesmal das Volk entschieden hat. Nicht Einigungskriege, wie wir sie in der Geschichte gekannt haben. Bei uns und anderswo. Nicht Bürgerkriege, sondern eine friedfertige, freiheitliche Umwälzung hat bei uns stattgefunden. Natürlich befördert durch das, was in Osteuropa und in Russland vor sich gegangen ist und noch im Gange ist.*

Dass nun die Deutsche Einheit rascher läuft als die europäische sollte uns Ansporn sein, daran mitzuwirken, damit das größere Europa entsteht, die europäische Friedensordnung, die sich ständig erweiternde europäische Gemeinschaft. Und dass die europäische Mitwirkung für andere Teile der Welt gestärkt wird.

Frage: Sollte Deutschland Makler zwischen Ost und West sein? Sollten wir unsere nationale Souveränität, nachdem wir sie gerade erst gewonnen haben, aufgeben zu Gunsten einer europäischen Ordnung?

Willy Brandt: *Gut, dass Sie nicht schon von der Weltmacht Deutschland gesprochen haben, über die hier und da gemunkelt wird. Vielleicht kommen wir auf dieses Thema noch zurück. Ich finde es fabelhaft, wie unsere Nachbarn alles in allem und auch die beiden halbeuropäischen Großmächte auf die ganze Entwicklung reagiert haben. Die äußere Absicherung des deutschen Einigungsprozesses ist nicht nur rascher, sondern auch reibungsloser vor sich gegangen, als ich es Anfang des Jahres 1990 (vielleicht auch der Bundeskanzler) für wahrscheinlich gehalten habe.*

Trotzdem, das Wort von der kritischen Größe Deutschlands bleibt. Deutschland passte bislang, wenn man so will, von seiner Größe her in die Europäische Gemeinschaft besser hinein. Die Bundesrepublik Deutschland hat ein gleiches Gewicht wie Frankreich und Großbritannien. Jetzt kommt es darauf an, hinreichend deutlich zu machen, dass wir nicht ein Nationalstaat alter Prägung sind, auch wenn wir ein bisschen größer sein werden als andere, größer auch als Frankreich und Großbritannien. Ich glaube, wir können unsere Nachbarn davon überzeugen, dass wir als deutsche Europäer nicht nur für uns, sondern auch für andere eine vorteilhafte Rolle spielen werden.

Ich glaube nicht und befinde mich da in Übereinstimmung mit dem Bundeskanzler, dass eine rasche, schematische Ausweitung der europäischen Gemeinschaft das Richtige wäre. Es sollte laufen über eine Heraufstufung der Assoziierungsverträge, aber mit der Möglichkeit, dass sich Länder wie Polen, die Tschechoslowakei und Ungarn in ein enges, organisches Verhältnis zu einer sich erweiternden europäischen Gemeinschaft begeben.

Dies hat eine gewisse Bedeutung für unsere Landsleute in der bisherigen DDR. Bei allem Widerwillen gegen das kommunistische Regime hat es dort eine Menge Verbindungen gegeben zu unseren Nachbarn im Osten. Ich denke an die Menschen, die durch ihre technischen Berufe eine Menge Verbindungen geknüpft haben. Ich begrüße es, dass einige Leute Russisch sprechen können, andere auch Tschechisch. Aus diesen Erfahrungen kann eine Menge eingebracht werden. Wir müssen uns auf diesen anderen Teil Europas stärker einstellen, selbstverständlich gestützt auf unsere Verankerung im Westen.

Ich finde es gut, wenn nicht nur wir im Westen unsere Erfahrungen einbringen. Dann fühlt es sich nicht so an, als ob sich

der eine dem anderen anschließt. Es muss erst noch zusammenwachsen, was zusammengehört.

Helmut Kohl: *Ich sehe dies auch als eines meiner wichtigsten
Ziele, zum Beispiel in dem jetzt abzuschließenden Vertrag mit
Polen. Darüber habe ich mit Ministerpräsident Mazowiecki ge-
sprochen. Wir müssen darauf achten, die Grenze nicht zu einer
Wohlstandsgrenze werden zu lassen. Das würde die bitteren
Gefühle auf beiden Seiten eher verstärken.*

**Frage: Das Stichwort „Weltmacht" wurde vorhin gebracht. Für den
sowjetischen Außenminister Schewardnadse ist Deutschland der
künftige Riese in Europa. Für andere, auch im Westen, sind wir
unsichere Kantonisten. Überhöhten Erwartungen im Osten stehen
Verpflichtungen im Westen gegenüber. Wie ist das zu meistern?**

Helmut Kohl: *Ja, es gibt Ängste, die aus der Geschichte stam-
men. Nicht nur bei unseren Nachbarn im Osten. Erinnern Sie
sich, wie Länder auch im Westen in der Nazizeit gelitten haben, wie Luxemburg und die Niederlande. Die deutsche Politik
muss darauf Rücksicht nehmen. Im Umgang miteinander müssen wir eine größere Wegstrecke gehen. In 40 Jahren hat es die
Bundesrepublik zu einem geachteten Gemeinwesen geschafft.
Friedlich und hilfreich für andere. Und jetzt müssen wir uns für
Europa einbringen. So beseitigen wir Ängste. Die Welt muss
erkennen, dass bei uns niemand mehr den unseligen Satz auch
nur denkt, am deutschen Wesen soll die Welt genesen. Wir
müssen der Welt zeigen, dass die Deutschen aus der Geschichte
gelernt haben. Diese Chance sollten uns die Nachbarn, Partner
und Freunde geben. Ich halte dieses Problem für lösbar.*

**Frage: Die einen sprechen von Deutschland als Weltmacht, die
anderen von Deutschland als Mitglied im UNO-Sicherheitsrat.**

Willy Brandt: *Was vor uns liegt, ist die Frage, wie wird Europa auf der Weltebene vertreten. Es wird ein Zeitpunkt kommen, wo es nicht automatisch nur durch Großbritannien und Frankreich vertreten werden kann. Europa ist eben mehr als Frankreich, Großbritannien und auch Deutschland. Dann müssten auch Japan und Indien in den Sicherheitsrat. Der europäische Weg ist der einzig Vernünftige. So stark wir wirtschaftlich sein mögen, schaffen wir das nicht allein. Wir müssen das Elend in der Welt zusammen mit anderen bekämpfen, zum Beispiel die Umweltgefahren. Außerdem müssen wir die Rüstungsausgaben, die vor uns liegen, umlenken auf Menschheitsaufgaben, wie Nord-Süd und Umwelt. Ich meine einen Teil der Rüstungsaufgaben. Ich meine das, was netto übrigbleibt, denn natürlich kostet die Umstellung innerhalb des Sicherheitsbereichs auch eine Menge Geld. Das haben wir jetzt bei den Chemiewaffen gesehen.*

Helmut Kohl: *Die Deutschen im Weltsicherheitsrat, das ist wirklich nicht unser Thema. Das kann in absehbarer Zeit sein, nicht morgen und übermorgen. Was Europa angeht, das haben wir schon, Herr Kollege Brandt. Beim Weltwirtschaftsgipfel sitzt die EG sozusagen als Achter mit am Tisch. Wir haben wirklich andere Probleme, als in den Weltsicherheitsrat zu streben. Wir denken darüber nach, wie Europa vertreten werden kann. So kommt fast jeden Tag in der Alltagspolitik irgendein Test auf uns zu. Man muss im Hinterkopf behalten, was der Kollege Brandt eben mit Blick auf die Dritte Welt und die Rüstungskosten gesagt hat. Ohne Prophet zu sein, kann man voraussagen, dass nicht die Daten der militärischen Rüstung entscheidend sein werden, sondern was die Regionen an Wirtschaftskraft und sozialen Leistungen aufbringen. Und was sie* *bereit sind, mit anderen zu teilen, die sich nicht helfen können. Hilfe zur Selbsthilfe.*

Frage: Sind die Deutschen aus Ost und West eigentlich noch kompatibel? Sie haben immerhin 40 Jahre in entgegengesetzten Gesellschaftssystemen gelebt. Jetzt wird von der einen Seite eine sehr selbstbewusste, teils auch selbstgefällige Bevölkerung eingespeist, von der anderen Seite kommt eine irritierte, von Selbstzweifeln geplagte Bevölkerung rein. Wie wird daraus ein Volk?

Willy Brandt: *Hier kommt der Generationsfaktor mit ins Spiel. Die Jüngeren haben sich daran gewöhnt, dass es viel leichter ist, nach Frankreich und Italien zu fahren, während sie keine eigenen Erfahrungen haben mit dem anderen Teil Deutschlands. Das wird sich schnell ändern. Dann kommt das Regionale mit hinein. Regionen werden sich zusammenbinden. Oben bei mir, woher ich komme, werden die Mecklenburger und Holsteiner rascher beieinander sein als andere. Die Hessen und die Thüringer übrigens auch. Das Bundesstaatliche, das Regionale wird eine größere Rolle spielen, allerdings werden sich aus dem Umbruch in der Übergangszeit Belastungen ergeben, mit wirtschaftlichem Zusammenbruch, sozialen Problemen erheblichen Ausmaßes. Wichtig ist, dass wir alles unternehmen, die soziale und wirtschaftliche Benachteiligung in einer überschaubaren Zeit zu überwinden.*

Helmut Kohl: *Die Einheit der Nation hat in den 40 Jahren Trennung trotz aller Belastungen nicht aufgehört. Mein prägendstes Erlebnis war der 19. Dezember, als ich in Dresden war. Als überzeugter Föderalist stimme ich dem zu, was der Kollege Brandt über das Regionale gesagt hat. In Dresden waren nicht nur die deutschen Fahnen da, sondern auch in großer Zahl die sächsische. Wir sind kein Nationalstaat wie Frankreich, sondern die*

Summe von vielen Regionen, Ländern und Landschaften. Der Föderalismus ist drüben nicht untergegangen. Brandenburg, Mecklenburg-Vorpommern, Sachsen, Sachsen-Anhalt und Thüringen sind ein Stück lebendige Wirklichkeit Deutschlands.

Frage: Richtig, zwischen Elbe und Oder ist das Zusammengehörigkeitsgefühl über die 40 Jahre geblieben, während es auf unserer Seite stark verkümmerte. Die Menschen bei uns wussten nicht mehr so recht, wo war Schmalkalden, wo war Schwerin, was ist mit Halle, Händel und Nietzsche und mit Röcken? Das war irgendwie abgeschrieben. Was erwarten Sie von unseren Landsleuten, die nun aus der bald untergehenden DDR herauskommen? Was bringen sie ein in die Deutsche Einheit? Oder haben sie einfach nur Pech gehabt, dass sie 40 Jahre auf der falschen Seite gelebt haben?

Helmut Kohl: Unter dem Druck des Systems zu leben, hat natürlich zu vielen Veränderungen geführt, aber es gibt ein hohes Maß an Ursprünglichkeit. Das Ganze hat eine pionierhafte Chance. Es ist gar keine Frage, dass es vieles gab, was interessant ist und was belebend wirken kann. Ich denke an diejenigen, die rauskommen konnten durch Flucht oder herausgekauft wurden und hier die kulturelle Szene belebt haben.

Frage: Welche Rolle sollte die Reformbewegung spielen, die ja wesentlich dazu beigetragen hat, dass wir jetzt die Deutsche Einheit haben und Sie, Herr Kohl, der erste gesamtdeutsche Bundeskanzler werden?

Helmut Kohl: Mein Wunsch ist es, dass die Parteien, die im Dezember in den Bundestag gewählt werden, offen, sensibel und fähig sind, diese Kräfte aufzunehmen, auch wenn sie zunächst in das bundesrepublikanische Schema überhaupt nicht passen.

Dass man ihnen Anlaufzeiten gibt und Freiräume schafft. Es ist wichtig, diese Gruppe bei uns zu haben.

Frage: Eine Verfassung hat eine starke Integrationskraft. Muss sich nicht die Bevölkerung aus der bald nicht mehr existierenden DDR auch einbringen in eine gemeinsam erarbeitete Verfassung, um sich in einem vereinten Deutschland zu Hause zu fühlen? Nach dem Artikel 146 könnte man sich vorstellen, dass man es nicht bei dem Grundgesetz bewenden lässt, sondern eine gemeinsam erarbeitete Verfassung haben wird.

Willy Brandt: *Ich komme gleich drauf. Es ist kein Zweifel, dass sich viele in der Noch-DDR überrollt fühlen. Das gilt nicht nur für jene, die für eine bestimmte Zeit die Sprecher des Volkes waren. Auch für die anderen wird das ein bisschen viel, und vieles ist verwirrend. Und vielleicht haben wir auch ein bisschen zu unachtsam unsere Parteipolitik nach dort übertragen. Die Menschen, mit denen ich dort gesprochen habe, geben zu, dass das Grundgesetz eine gute Verfassung ist. Es hat sich bei uns in der Bundesrepublik bewährt. Und warum soll es nicht Grundlage der neuen Verfassung sein? Allerdings bin ich der Meinung, dass das Grundgesetz nicht nur an den Stellen, an denen es technisch unumgänglich ist, sondern auch an einigen anderen Stellen ergänzt und überholt wird. Ich bin ein Anhänger derer, die meinen, dass es dann dem Volk zur Abstimmung unterbreitet werden sollte, damit durch diesen Akt das Gewicht derer zwischen Rostock und Plauen ebenso in die Waagschale gelegt wird wie das derer zwischen Flensburg und Passau.*

Frage: Herr Bundeskanzler, wie ist Ihre Meinung dazu?

Helmut Kohl: *Ich habe nicht den geringsten Zweifel, dass die riesige Mehrheit der Bürgerinnen und Bürger in der DDR die*

Auffassung vertritt, dass das Grundgesetz eine sehr gute Ver-
fassung ist. Es ist ja auch die beste Verfassung in der deutschen
Geschichte. Aber nicht nur Deutsche haben dabei eine Rolle ge-
spielt, es gab auch alliierte Einwände, die gar nicht als förder-
lich gedacht waren, sich aber als förderlich in der Geschichte
erwiesen haben. Der gesunde Föderalismus gehört dazu. In der
Sache glaube ich, dass wir das Grundgesetz behalten. Wie ge-
sagt, bei einer Abstimmung in der DDR würde es ein klares
Ergebnis geben. Ich finde es gut, dass man den Menschen in
der DDR, der Noch-DDR, die Chance gibt, das Grundgesetz in
der lebendigen Wirklichkeit zu erleben. Ich bin dagegen, sich
schon jetzt festzulegen. Vor der Volksmeinung habe ich keine
Angst. Jede Wahl ist eine Volksmeinung. In diesem Jahr haben
wir vier Wahlen. Für die Diskussion über eine Verfassungsän-
derung braucht man politische Strukturen. Die Parteien in der
DDR sind da noch nicht so weit.

Frage: Es ist unstrittig, dass eigentlich alle sagen, das Grund-
gesetz soll die Basis sein. Die Verfassungsväter haben es als ein
Provisorium betrachtet. Einiges ist ja schon geändert worden,
insgesamt 35 Mal. Aber es könnten weitere Punkte hineinkom-
men, wie Umweltschutz, Gleichstellung der Frau, Verzicht auf
ABC-Waffen, eventuell auch plebiszitäre Elemente. Die Revolu-
tion in der DDR ist vom Volk getragen worden. Dann sollte man
es auch bei der Verfassung beteiligen. Wäre das etwas, mit dem
Sie einverstanden wären?

Helmut Kohl: *Das Grundgesetz ist die Verfassung der Bundesre-*
publik Deutschland. Ich bin völlig offen für eine Diskussion, in der
unter den gewandelten Verhältnissen unserer Zeit die Verfassung
zu ändern ist, wobei man mit Verfassungsänderungen zögerlich
umgehen sollte. Wenn man über Änderungen des Grundgesetzes
reden will, ist das in Ordnung. Das Thema Umweltschutz sollte

darin aufgenommen werden. Mit dem plebiszitären Zug habe ich angesichts der deutschen Geschichte erhebliche Probleme, plebiszitäre Elemente in unsere Verfassung aufzunehmen, ist sicher kein Mittel, um im Ausland Bedenken abzubauen.

Frage: Es werden sich nicht gleich und gleich miteinander vereinigen. Unsere Landsleute jenseits der Elbe sind nicht nur wirtschaftlich und sozial schlechter dran, sie haben auch noch ihre Vergangenheit zu bewältigen. Wir haben im Westen unseren Datenschutz, dort drüben gibt es aber vom Staatssicherheitsdienst gesammelte Daten intimster Art. Das ist eine gewaltige giftige Sprengladung. Wie ist das Problem zu meistern?

Helmut Kohl: *Da gibt es kein Patentrezept. Dieses Beispiel erwähnen Sie zu Recht. Hier müssen die Menschen aus der DDR das erste Wort haben, auch im vereinten Deutschland. Denn es geht erst einmal um ihr sehr persönliches Erleben. Was die Sache ungeheuer erschwert, sind die gewaltigen verständlichen Emotionen. Keiner möchte erleben, einer Person in einer amtlichen Dienststelle wieder zu begegnen, die ihn früher von Staats wegen schikaniert hatte. Solche Fälle sollten durch Offenlegung verhindert werden. Dabei sollte die Chance zur Aussöhnung gewahrt bleiben. Wir in der Bundesrepublik, die wir 40 Jahre auf der Sonnenseite gelebt haben, sollten nicht mit erhobenem Zeigefinger herumlaufen. In meiner Rede auf dem Parteitag in Hamburg, der demnächst stattfindet, ist das mein schwierigstes Kapitel. Ich werde meinen Freunden aus der Bundesrepublik empfehlen, sich mit Ratschlägen zurückzuhalten. Niemand von uns kann sagen, wie er sich in konkreten Situationen verhalten hätte. Es gab Helden, die man nicht genug preisen kann. Es gab viele, die sich arrangiert haben. Wer will hier einen Stein werfen? Deshalb ist es wichtig: In dieser Frage haben die Menschen in der DDR das erste Wort.*

Willy Brandt: Leute, die wirklich etwas auf dem Kerbholz haben, die muss man an die Hammelbeine nehmen. Im Übrigen muss man aber einer Hexenjagd und Heuchelei widerstehen. Und darauf hinwirken, dass das Volk zusammenfindet. Abraham Lincoln hat gesagt: Ein gespaltenes Haus hat keinen Bestand. Eine friedliche Revolution sollte auch eine generöse sein.

Frage: Ein anderes Thema: Mitteldeutschland oder Ostdeutschland? Wir müssen Farbe bekennen. Im Zwei-plus-Vier-Vertrag und auch im Einigungsvertrag ist die Ostgrenze des vereinten Deutschlands festgeschrieben. Warum sagen wir nicht mit Blick auf die Oder-Neiße-Grenze Ostdeutschland?

Helmut Kohl: *Das würden uns die Leute dort krummnehmen. Hessen und Thüringen sind nicht Ostdeutschland. Wenn Sie in Rom mit dem Papst reden und sagen, dass Krakau in Osteuropa liegt, ist die Audienz beendet. Das ist für ihn Mitteleuropa. Warum sollen wir Begriffe verwenden, die nach meinem Gefühl falsch sind und auch noch Ärgernis erregen?*

Frage: Dennoch finde ich, dass man eindeutig sein muss. Die Grenze im Osten sind jetzt Oder und Neiße.

Willy Brandt: *Das ist endlich klar. Und das ist natürlich der östliche Teil dieses neuen Deutschlands. Dennoch: Der Mecklenburger ist kein Ostdeutscher, sondern ein Norddeutscher. Gut, Vorpommern ist schon ein bisschen anders. Die Vorpommern empfinden sich noch nicht als Teil ein und desselben Bundeslandes.*

Frage: Von wo soll das künftige Deutschland regiert werden? Aus dem rheinischen Bonn oder aus dem preußischen Berlin? Was ist Ihre maßgebliche Meinung, Herr Bundeskanzler?

Helmut Kohl: *Ich verstehe einen Teil der Debatte nicht. Ich finde, das gesamtdeutsche Parlament soll darüber entscheiden. Die Frage ist für mich nicht eilbedürftig. Auf meiner Prioritätenliste steht diese Frage nicht ganz oben. Dass die Frage in Berlin oder Bonn engagierter diskutiert wird als anderswo, respektiere ich. Lassen Sie die Entwicklung in Ruhe weitergehen und dann entscheiden. Das wird im gesamtdeutschen Parlament schon im Januar passieren.*

Willy Brandt: *Ich bin gleicher Meinung. Das muss vernünftig vorbereitet werden. Das sollte nicht eine Parteienangelegenheit werden. Die Fraktionen sollten die Stimmabgabe freigeben. Berlin: Hauptstadt Deutschlands! Wer würde das beklagen? Ein früherer Berliner Bürgermeister schon gar nicht. Nur da muss noch ein bisschen Butter an den Fisch. Das Symbolische reicht nicht. Die Berliner fragen, was gut zu verstehen ist: Was haben wir eigentlich seit dem 9. November 89 verbrochen, dass man uns jetzt nicht mehr will? Ich bin für eine emotionsfreie Diskussion. Was herauskommen wird, heißt entweder Berlin und Bonn oder Bonn und Berlin und nicht Berlin oder Bonn. Ebenso deutlich sage ich: Nur Hauptstadt auf dem Papier und den Bundespräsidenten dahin setzen, funktioniert nicht. Erstens macht er das nicht, und zweitens reicht das nicht.*

Frage: Wie soll denn unser vereintes Deutschland heißen?

Helmut Kohl: *Ich habe kein Problem mit dem Begriff Bundesrepublik Deutschland. Wir sind uns einig, dass es ein Bundesstaat ist. Der Begriff ist eingeführt, und zwar nicht schlecht, sondern sehr gut. Darüber muss man mit den Kolleginnen und Kollegen aus der DDR, die im Parlament sitzen werden, in Ruhe reden. Und nach einiger Zeit wird sich das in eine Richtung entwickeln, von der viele feststellen: Das ist ein guter Begriff.*

Willy Brandt: *Mir würde auch Deutschland reichen. Aber ich kann mit beiden Begriffen leben: Deutschland oder Bundesrepublik Deutschland. Wenn der Bundesrat zustimmen muss, dann läuft es sowieso auf Bundesrepublik Deutschland hinaus.*

Frage: Bund deutscher Länder ist auch in die Diskussion gebracht worden.

Helmut Kohl: *Nein, nein, nein! Das würde meinen schärfsten Protest finden. Dann ist es nicht mehr ein Bundesstaat sondern ein Staatenbund. Für mich völlig undiskutabel.*

Frage: Und welche Nationalhymne wollen wir haben?

Helmut Kohl: *Das Deutschlandlied, das haben die Menschen auf den Straßen der DDR gesungen. Wider Erwarten für viele, aber sie haben es gesungen.*

Frage: Jetzt sind es nur noch wenige Tage bis zur Deutschen Einheit. Und da sitzt ein Mensch in Moskau, aufgenommen von den Russen. Denken Sie manchmal auch an Erich Honecker?

Helmut Kohl: *Natürlich. Ich habe ja mit ihm gesprochen. Das Thema ist natürlich für viele Menschen in der DDR eine besondere Herausforderung. Es geht auch um strafrechtliche Tatbestände. Es kann nicht nach dem Motto gehen: Die Großen lässt man laufen, und die Kleinen hängt man. Aber dieses Thema muss streng rechtsstaatlich angegangen werden. Das ist zwingend.*

Willy Brandt: *Ohne es am Namen Honecker festzumachen, sollten auch humanitäre Erwägungen Berücksichtigung finden.*

Frage: In wenigen Tagen ist die Deutsche Einheit da. Glauben Sie, dass wir vor einer guten Zukunft stehen oder werden wir durch schwierige Jahre gehen?

Helmut Kohl: *Wir gehen durch sehr schwierige Jahre. Das ist ganz klar. Die ökonomisch-wirtschaftlichen Fragen werden viel schneller gelöst werden, als viele glauben. Wenn auch von Region zu Region unterschiedlich. Wir werden in drei bis fünf Jahren Landschaften vor uns sehen, die dem Standard der gesamten Republik entsprechen. Wir werden auch Regionen haben, die zurückgeblieben sind. Das haben wir im Westen auch. Dann gibt es die Frage nach der geistig-moralischen Entwicklung. Wie gehen wir miteinander um? Welches Verständnis haben wir für das Auseinanderleben einerseits und jetzt für die Notwenigkeit, aufeinander zuzugehen? Das wird länger dauern. Das wird schwieriger sein. Meine Prognose mache ich an den jungen Leuten fest: Wenn ich das Leben des Kollegen Brandt und mein eigenes betrachte, dann lebten wir in unseren jüngeren Jahren in einer Zeit, in der man fest damit rechnete, dass irgendwann zu unserer Lebenszeit Krieg sein wird. Heute kann man mit großer Wahrscheinlichkeit jungen Deutschen sagen: Ihr habt zeit eures Lebens die Chance, in Frieden und Freiheit zu leben. Das ist eine Prognose, die man in den letzten 200 Jahren jungen Deutschen und jungen Europäern nicht stellen konnte.*

Willy Brandt: *Von dieser Feststellung bin ich nicht wesentlich entfernt. Was das Ökonomische angeht, glaube ich allerdings, dass es mehr kosten wird, als es den Menschen bisher bewusst gemacht worden ist. Ich glaube, dass in einem halben Jahrzehnt ein wesentlicher Teil der heutigen DDR das modernere Deutschland sein wird. Unsere Firmen werden natürlich, wenn sie investieren, nicht altes Zeug dorthin schleppen, sondern* moderne Technologie. Es wird trotzdem eine schwierige Übergangszeit in sozialer Hinsicht. Im Übrigen sehe ich Probleme von außen auf uns zukommen. Zurzeit sehen wir ja am Golfkonflikt, dass in dem Augenblick, wo der alte Ost-West-Konflikt zu Ende geht, andere Kräfte freigesetzt werden, zerstörerische Kräfte. Ich weiß nicht, wie weit diese Kräfte Europa in Anspruch nehmen. Aber es kann damit leichter umgehen, wenn es noch ein Stück mehr zusammenrückt. Vor ein paar Jahren habe ich geglaubt, die neue Völkerwanderung haben wir im Wesentlichen von Afrika zu erwarten. Und das sei mehr ein Problem unserer französischen, spanischen und italienischen Kollegen. Heute kann ich angesichts der Entwicklung im Osten Europas nicht mehr ausschließen, dass sich dort eine potentielle Völkerwanderung entwickelt. Das könnte uns erhebliche Schwierigkeiten bereiten. Wir sollten alles tun, die Lage dort so zu verbessern, dass die befürchtete neue Völkerwanderung ausbleibt.

Schlusswort: Dies ist ein weiteres großes Kapitel. Das war unser Gespräch über Deutschland mit Bundekanzler Helmut Kohl und Alt-Bundeskanzler Willy Brandt, wenige Tage vor der Deutschen Einheit. Auf Wiedersehen!

Endlich war er da, der Tag der Deutschen Einheit. Ich hatte nicht für möglich gehalten, diesen Tag zu erleben. Den meisten meiner Zeitgenossen ging es ebenso. Nun war dieses epochale Ereignis gekommen, aber es wurde längst nicht von jedem Deutschen begrüßt. Im aufsässigen Berliner Bezirk Kreuzberg formierte sich eine gewaltbereite Demonstration unter der barschen Losung: „Deutschland halt's Maul!" Jürgen Engert, der sich zu einem Interview mit dem Dichter und Schriftsteller Günter Kunert aufgestellt und höflich die Nationalhymne abgewartet hatte, wurde zugerufen: „Scheiß-Deutschland!", was meinen Kollegen zu der Frage animierte: „Warum tun sich viele Deutsche mit dem Begriff Deutschland so schwer?"

Kunert hatte eine plausible Antwort parat. „Der Begriff ist vergangenheitsbelastet. Die Nazis haben ‚Deutschland' als Inbegriff der Aggression und des Massenmordes in Verruf gebracht. Staatlich hörte es auf zu existieren. Von da an hieß es auf der einen Seite ‚Deutsche Demokratische Republik' und andererseits ‚Bundesrepublik Deutschland', wobei meist nur von der Bundesrepublik gesprochen wurde. ‚Deutschland' war tabuisiert und wurde in den Hintergrund gedrängt und in die Vergangenheit abgeschoben."

„Wird sich ein neues Nationalgefühl entwickeln?", wollte Jürgen Engert wissen. „Ja, aber es wird einige Zeit dauern, insbesondere für die bisherigen DDR-Bürger, die plötzlich in einem fremden Land aufwachen und sich erst an Symbole wie die Bundesfahne und das Deutschlandlied gewöhnen müssen." „Ist das vereinigte Deutschland eine Verlängerung der alten Bundesrepublik?" „Nein, der Charakter wird ein anderer. Die Bonner Republik war gemütlich, ein bisschen verschlafen, ein bisschen langweilig. Sie lief wie gut geölt, eine Idylle. Jetzt kommen größere internationale

Herausforderungen auf die neue Bundesrepublik zu."

Günter Kunert gehörte mit seinen Gedichten, Kurzgeschichten, Essays und Satiren zu den wichtigsten deutschen Schriftstellern der Gegenwart. In seinem Gesamtwerk ging es vorwiegend um Deutschland, zunächst während der Teilung und später während der Einheit. Kunert lebte in der DDR. 1976 gehörte er zu den Ersten, die eine Petition gegen die Ausbürgerung von Wolf Biermann unterschrieben hatten. Danach wurde ihm das Leben vom SED-Regime schwer gemacht, was Kunert nicht daran hinderte, sich kritisch zum SED-Regime zu äußern. So lebte er sich beharrlich mit dem sozialistischen Staat auseinander. 1979 kehrte er der DDR den Rücken und ließ sich in der Nähe von Itzehoe nieder.

„Das größte Tierexperiment am Menschen ist beendet. Nun lasst uns das Riesenkadaverlein DDR zu Grabe tragen", schlug der Dichter und Liedermacher Wolf Biermann zur Feier des ersten Nationalfeiertages des vereinten Deutschlands vor. Auf der Elb-Partie am 17. Juni 1987 hatten wir uns persönlich kennengelernt. Damals hatte Wolf Biermann die Wiedervereinigung für das Jahr 2050 vorausgesagt. Wenn Michail Gorbatschow nicht an die Macht gekommen wäre, hätte er sicher Recht behalten. Für die Deutsche Einheit im Jahr 2050 hatte Biermann Brechts „Wiegenlied" als künftige Nationalhymne vorgeschlagen und per Lautsprecher über den drei Meter hohen Zaun in die DDR gesungen. Jetzt stand er mit mir auf einer Bühne zwischen Reichstag und Brandenburger Tor, wo kürzlich noch „unverrückbar" die Mauer gestanden hatte, und er sang sein Lied „Ermutigung", das Andersdenkende in der DDR als ihre Hymne betrachteten.

Du, lass dich nicht verhärten
in dieser harten Zeit,
die allzu hart sind, brechen,
die allzu spitz sind, stechen
und brechen ab sogleich.

Rückblick: Biermann in der DDR

Die Menschen in der DDR sangen Biermanns Lied, wenn sie vom SED-Regime bedrängt wurden. Es endet in der fünften und letzten Strophe mit dem Versprechen „Das Grün bricht aus den Zweigen". Was der Sänger empfahl, lebte er selbst vor. Trotz ständiger Überwachung und Schikanen bewahrte er sich seine Heiterkeit und Gelassenheit. Obwohl ihm öffentliche Auftritte verwehrt waren, verbreiteten sich seine Lieder bis in den letzten Winkel der Republik. Die Bürgerinnen und Bürger freuten sich über Biermanns Frechheiten. Die politische Führung war außer sich vor Zorn.

Da sich der Sänger inzwischen eine internationale Reputation erworben hatte, war es für Honecker und Genossen nicht einfach, Biermann mit rabiaten Methoden zum Schweigen zu bringen. Der Künstler machte keine Kompromisse. Er scheute sich nicht, die Allmächtigen im Politbüro namentlich durch den Kakao zu ziehen. Das Lied, mit dem mir Biermann am meisten imponierte, trug den harmlosen Titel „Populär" und geht so:

„Im Neuen Deutschland finde ich
tagtäglich eure Fressen.
Und trotzdem seid ihr morgen schon
verdorben und vergessen.
Heute sitzt ihr noch im fetten Speck
als dicke deutsche Maden.
Ich konserviere euch als Insekt
im Bernstein der Balladen."

Anschließend knöpfte er sich zwei der hohen Herren besonders vor: Paul Verner, zuständig für die Sicherheitskräfte, darunter auch die Stasi, und Horst Sindermann, zuständig für Propaganda und Agitation und Vorsitzender des DDR-Ministerrats.

Mit wenigen Zeilen lieferte der Sänger die beiden Politiker, deren Porträts bei staatlichen Feierlichkeiten wie Ikonen in Umzügen mitgeführt wurden, dem Gespött der Bevölkerung aus.

„Das ist der ganze Verner Paul,
ein Spatzenhirn mit Löwenmaul.
Der Herr macht es sich selber schwer,
er macht mich populär.

Ach Sindermann, du blinder Mann,
du richtest nur noch Schaden an."

In einem Staat, in dem schon leiseste Kritik mit Gefängnis bedroht wurde, musste Biermann mit härtesten Konsequenzen für seine Attacken auf die oberste Führung rechnen. Das Regime ließ es an Drohungen und gemeingefährlichen Anschlägen nicht fehlen, was Biermann nicht daran hinderte, sich zusammen mit seinem Freund Robert Havemann über das SED-Regime und die Stasi lustig zu machen.

Wie ist es ihm gelungen, den schlimmsten Maßnahmen zu entkommen? „Alles Berechnung! Wenn ein Verkehrsschild mich auffordert, die Geschwindigkeit von 30 km/h nicht zu überschreiten, und ich fahre 50 km/h, dann bekomme ich garantiert ein Strafmandat. Rausche ich mit 250 km/h an dem Schild vorbei, sagt sich die Polizei: Das kann nicht wahr sein. Wenn ich meine Kritik am SED-Regime nur vornehm andeute, dann glauben Honecker und Mielke: Der hat Angst und lässt sich einschüchtern. Wenn ich ohne Hemmungen meine Meinung hinausposaune, dann glauben die: Der hat keine Angst. Wer weiß, was der noch in der Hinterhand hat. Für den müssen wir uns etwas Besonderes einfallen lassen."

Die SED-Oberen haben sich über Biermanns Spottlieder schwarzgeärgert, aber sie wussten auch von der Popularität des kleinen Sängers. Sie haben daher lange auf eine passende Gelegenheit gewartet, um gegen ihn loszuschlagen. Die Chance kam 1976 mit einer Einladung für Biermann in die Bundesrepublik Deutschland. Das SED-Regime ließ die Ausreise zu. Er gab in Köln ein Konzert, das alles bot, was von Biermann erwartet wurde: große Liedkunst und die ungeschminkten Ansichten des Sängers zum SED-Regime.

Das Konzert war vom WDR-Radio live übertragen worden. Das WDR-Fernsehen hatte das Programm für eine spätere Dokumentation über Wolf Biermann aufgezeichnet. Aus diesem Material wurde eine zweistündige Sendung zusammengefasst, die am nächsten Abend vom WDR ausgestrahlt und von der Nordkette der ARD übernommen wurde. Die Dritten Fernsehprogramme konnten technisch nur am Westrand der DDR empfangen werden. Die ARD wurde daraufhin von Anrufern bestürmt, das Konzert für die gesamte Bevölkerung der DDR sichtbar auszustrahlen. Deshalb bot WDR-Fernsehdirektor Werner Höfer der ARD das Konzert zur Sendung im Ersten an.

Inzwischen war über das Konzert bereits in vielen Beiträgen berichtet worden. Wie die Protokolle zeigen, gab es dafür nicht nur Zustimmung aus dem Publikum. Dass sich Biermann während seiner Darbietung zu einem humanen Sozialismus bekannt hatte, ging vielen unserer Landsleute im freien Westen zu weit. Einem bekennenden Sozialisten sollte man keine breite Plattform im Westfernsehen bieten. Die gleiche Meinung vertraten auch einige ARD-Verantwortliche.

Die Stimmung änderte sich erst, als das Politbüro des Zentralkomitees der SED beschloss, Wolf Biermann auszubürgern. Nun war die Mehrheit der Intendanten dafür, das gesamte Konzert im Ersten auszustrahlen, nach der *Tagesschau* und in seiner vollen Länge von über vier Stunden. Der beste Sendeplatz für einen Typen aus dem Osten, der auch noch sozialistisches Gedankengut verbreitet? Das war dem Bayerischen Rundfunk zu viel der Güte. Der Sender legte sich quer. Der große Rest gab nach. Die Ausstrahlung wurde auf 22:25 Uhr verschoben.

Den Menschen in der DDR war das egal. Für diese Sendung schlugen sie sich gerne die Nacht um die Ohren. Es zeichnete sich damals schon ab, dass die Ausbürgerung Biermanns dem SED-Regime keinen Segen brachte. Nachdem sie die Sendung gesehen hatten, sagten sich viele Bürgerinnen und Bürger innerlich vom sozialistischen Staat für immer los. Ein Exodus renommierter Künstler setzte ein, darunter Publikumslieblinge wie Armin Mueller-Stahl, Manfred Krug, Jurek Becker, Angelica Domröse, Jutta Hoffmann, Sarah Kirsch und Katharina Thalbach. Später sollten noch viele andere folgen.

Als die DDR-Führung den Sänger Wolf Biermann ausbürgerte, war ich Korrespondent in Moskau. Die vom Kreml gelenkten Medien sahen wenig bis keine Veranlassung, das sozialistische Bruderregime für sein rabiates Vorgehen gegen einen unbequemen Künstler zu tadeln. Nach Maßstäben des Sowjetstaats war die Ausbürgerung in den Westen kein Akt der Unmenschlichkeit. Die zuständigen Leute im Kreml und im Staatssicherheitsdienst KGB kannten sich aus. Mit Ausbürgerungen hatten sie hinreichend Erfahrung gesammelt, auch im Aussitzen von leidenschaftlichen Protesten aus dem Westen.

Selbst im fernen Moskau bekam ich die Auswirkungen der Biermann-Ausbürgerung zu spüren. Diplomaten und Journalisten aus westlichen Ländern fragten an, ob sie das Konzert in meinem Büro sehen könnten. Ich bestellte daraufhin im WDR Videokassetten. „Die Zusammenfassung oder alles?", fragte mein Produktionsleiter Janusz Wozniak. „Alles!" Das bedeutete vier Stunden Programm.

Janusz Wozniak wusste, was zu tun war. Er packte die sperrigen Kassetten in den nächsten Umzugstransport. Vier Tage später war die Fracht in Moskau. Ich lud zu drei Konzerten in unser Büro am Kutusowski-Prospekt ein. Zuerst die Korrespondenten, dann die Diplomaten und schließlich den weiten Freundeskreis von Lew Kopelew. Warum auch diese Gruppe? Wolf Biermann war mit Lew Kopelew befreundet. Auf einem Moskaubesuch hatte er den Freundeskreis um Kopelew mit seinen Liedern erfreut. Für diese Sowjetmenschen stand Biermann seitdem auf einer Stufe mit dem populären russischen Schauspieler und Liedermacher Wladimir Wyssozki, der die Verehrung von 300 Millionen Sowjetbürgern genoss. Nachdem sie das Konzert in meinem Büro erlebt hatten, fühlten sich Kopelews Freunde in ihrem Urteil bestätigt.

Von Biermann wusste ich bis dahin wenig. Nun hatte ich Gelegenheit, in drei mal vier Stunden mir ein Bild von ihm zu machen. Ich muss gestehen, er hat mich beeindruckt. Elf Jahre hatte er seine Lieder nur im stillen Kämmerlein singen dürfen, da er striktes Auftrittsverbot in der DDR hatte. Nun saß er in der Kölner Sporthalle allein auf einer riesigen Bühne und sollte vor mehr als 6.000 Zuschauerinnen und Zuschauern ein zweistündiges Programm bestreiten.

Angefeuert von der Begeisterung des Publikums ließ er sich von einer Zugabe zur anderen hinreißen. Erst nach vier Stunden machte er Schluss. „Früher musste man mich zum Singen auffordern, heute muss man mich auffordern, mit dem Singen aufzuhören", kommentierte er anschließend seinen Marathonauftritt.

Mich faszinierte, wie ein Mensch, der nie Erfahrungen mit einem großen Publikum sammeln konnte, auf Anhieb über 6.000 Konzertbesucher fest im Griff hatte. Und das über vier Stunden! Mit sicherem Gespür streute er zwischen seine Liedvorträge kleine Geschichten, Witze über die Stasi und ernsthafte Diskussionen mit dem Publikum über Unterschiede der Gesellschaftssysteme in Ost und West. Langweilig wurde es nie. Ein Unterhaltungsprogramm von diesem Format hatte ich noch nicht gesehen.

Zum ersten Mal: Tag der Deutschen Einheit

Sein erzwungenes Leben im Westen hatte Biermanns Sinn für originelle Einfälle nicht getrübt. Aus Anlass des ersten Tages der Deutschen Einheit setzte er sich mit dem *SPIEGEL* zu einem Gespräch an den Schreibtisch von Erich Mielke. Der ehemalige Chef der Staatssicherheit konnte ihm den Platz nicht streitig machen, denn er saß inzwischen im Gefängnis, also dort, wohin er viele unschuldige Menschen gebracht hatte. Ob der Stasi-Boss von der kultivierten Zweckentfremdung seines Dienstmobiliars erfahren hat, entzieht sich meiner Kenntnis.

Wolf Biermann war am 3. Oktober 1990 in Hochstimmung, als er auf der Bühne zwischen Brandenburger Tor und Reichstag agierte. Er schwärmte von den Möglichkeiten der nun vereinten Deutschen, ihre sprichwörtliche Tüchtigkeit in gedeihlichem Sinne auszuspielen, um ein von der internationalen Staatengemeinschaft geschätztes, „gutes Land" zu schaffen. Was er beschrieb, war näher an Brechts Kinderhymne als am „Deutschlandlied".

Biermann ließ es sich nicht nehmen, das Lied vorzutragen, was die Zuschauerinnen und Zuschauer, die unsere Bühne dicht umdrängten, mit lang anhaltendem Beifall quittierten. Dem Fernsehpublikum in Ost und West dürfte der Liedvortrag auch gefallen haben.

„Anmut sparet nicht noch Mühe,
Leidenschaft nicht noch Verstand,
dass ein gutes Deutschland blühe,
wie ein anderes gutes Land.

Und nicht über und nicht unter
andern Völkern wolln wir sein,

von der See bis an die Alpen,
von der Oder bis zum Rhein."

Ich bin heute noch davon überzeugt, dass vielen ehemaligen DDR-Bürgern der Umstieg von „Auferstanden aus Ruinen" zu „Anmut sparet nicht noch Mühe" leichter gefallen wäre als der Wechsel von der Becher-Hymne auf Hoffmann von Fallersleben und sein Deutschlandlied.

„Was für ein Deutschland werden wir nun sein?", fragte ich den Historiker Arnulf Baring. „Ein Mix aus Adenauer und Bismarck!", war seine bündige Antwort. So wurden wir von außen tatsächlich gesehen oder empfunden. Immer wenn es kritisch wurde – ob zur Euro- oder Flüchtlingskrise wie auch zum griechischen Finanzdesaster – sah man Deutschland weniger als loyalen Partner, sondern als penetranten Dominator alter Prägung.

Der erste Tag der Deutschen Einheit wurde mit Stil und Gefühl begangen. Mit kleinen Volksfesten und einem repräsentativen Staatsakt samt großer Weizsäcker-Rede. Der damalige Bundespräsident stellte in seiner Ansprache in der Berliner Philharmonie fest:

„Die Vereinigung Deutschlands ist etwas anderes als die bloße Erweiterung der Bundesrepublik." Diese Klarstellung war auch erforderlich. Denn durch den Beitritt der DDR zur Bundesrepublik Deutschland blieb wenig bis nichts übrig von den „kostbaren Erfahrungen und wichtigen Eigenschaften", die die Menschen der DDR laut Weizsäcker in die Deutsche Einheit einbrachten. Ihnen wurde die alte Bundesrepublik übergestülpt mit Namen, unverändertem Grundgesetz und Hymne.

Um das passende Datum für den Tag der Deutschen Einheit ist 1990 lange und intensiv gerungen worden. Nachdem die DDR-Volkskammer mit großer Mehrheit beschlossen hatte, den Beitritt ihres Staates zur Bundesrepublik Deutschland am

3. Oktober zu vollziehen, entschieden sich die Regierenden auf beiden Seiten für den 3. Oktober als Tag der Deutschen Einheit. Ihre Entscheidung schrieben sie gleich im Einigungsvertrag fest. Das Volk hatte da wenig Mitsprache.

In der damaligen Diskussion um den Tag der Deutschen Einheit hatte ich mich denjenigen angeschlossen, die für den 9. Oktober eintraten. Das war 1989 der Tag, an dem das SED-Regime vor dem Mut und der Entschlossenheit von 70.000 Bürgerinnen und Bürgern auf der Montagsdemonstration in Leipzig die Waffen streckte. Auf dem Weg zur politischen Selbstbestimmung, der schließlich zur Deutschen Einheit führte, hatte die friedliche Revolution ihren entscheidenden Sieg errungen. Im Vergleich zur Montagdemonstration vom 9. Oktober 1989, auf der Zehntausende DDR-Bürger ihr Leben für das Recht auf Freiheit einsetzten, wirkt die Entscheidung der DDR-Volkskammer, der Bundesrepublik Deutschland beizutreten, wie ein Unterwerfungsakt. Deshalb halte ich den 3. Oktober nach wie vor für ein schwaches Datum, das der historischen Leistung der DDR-Bürgerinnen und -Bürger nicht gerecht wird.

„Wir können nur staunen über das vollendete Werk der Deutschen Einheit", erklärte Richard von Weizsäcker. Staunen können wir auch heute noch im Abstand von mehreren Jahrzehnten. Es war der Tat- und Vorstellungskraft von Helmut Kohl zu verdanken, dass dieses Wunderwerk der Politik zustande kam. Der damalige Bundeskanzler nutzte rigoros das Zusammenfallen vieler glücklicher Umstände. Das größte Glück der Deutschen war der Umstand, dass Michail Gorbatschow die Macht in der Sowjetunion übernahm und völlig vom Weg seiner Vorgänger abwich. Der neue Chef im Kreml entließ die Verbündeten der roten Supermacht Sowjetunion aus ihrer beschränkten Souveränität und erlaubte ihnen, ihre Zukunft in freier politischer Selbstbestimmung zu gestalten, was die Polen und Ungarn schnell und entschlossen wahrnahmen.

Die Großzügigkeit Gorbatschows und das Vorbild der Polen und Ungarn ermutigten die Menschen in der DDR, sich gegen Willkür und Unterdrückung zur Wehr zu setzen. Den Aufbegehrenden kam zu Hilfe, dass das SED-Regime durch Alter und Krankheit so geschwächt war, dass es nicht mehr die Kraft besaß, die friedliche Revolution mit der früheren Brutalität zu unterdrücken. Auch scheinbare Kleinigkeiten führten zu epochalen Veränderungen. Die Fahrigkeit Schabowskis bei der Verkündung der neuen Reiseregelung brachte die Mauer zum Einsturz. Kein Mensch hätte das früher für möglich gehalten.

Richard von Weizsäcker fand in seiner Staatsakt-Rede noch viele verständnisvolle Worte für die Menschen in der DDR. Sie hätten weitaus größere Kriegsfolgelasten zu tragen gehabt als ihre Landsleute im Westen. Nun vereinige sich Notstand mit Wohlstand. Der Bundespräsident fand Verständnis dafür, dass die ostdeutschen Bürgerinnen und Bürger, die mit viel Mut das Willkürregime der SED abgeschüttelt hatten, sich nicht gleichzeitig von allen Elementen ihres eigenen Lebens nach der Deutschen Einheit verabschieden wollten, was zu respektieren sei. Weizsäcker forderte alle Deutschen auf, achtungsvoll miteinander umzugehen.

Dem Wunsch des Bundespräsidenten mochten im Westen nicht alle Folge leisten. Immerhin gab es in der untergegangenen DDR auch etwas zu verdienen. Besondere Rücksicht auf die Empfindungen unserer Landsleute in Ostdeutschland haben wir im Westen nicht aufbringen können. Nicht nur die Geschicke der Wirtschaft haben wir mit Hilfe der Treuhand unnachsichtig in die Hand genommen, mit Hingabe haben wir uns auch der Aufarbeitung des Stasi-Unwesens gewidmet, anstatt diese Aufgabe ostdeutschen Bürgerrechtlern zu überlassen.

Dank unserer moralischen Überlegenheit fühlten wir uns im Westen berechtigt, die DDR in Gänze als Unrechtsstaat zu qualifizieren. Mir hätte es gereicht, vom Unrechtsregime der SED zu sprechen, das die Bevölkerung über vier Jahrzehnte mit Willkür schikanierte. Aber hatten wir eine weiße Weste, um selbstsicher über andere zu urteilen? Anfangs sicher nicht! Ich bin alt genug geworden, um mich daran zu erinnern, wie unverbesserliche Nazis unsere Schulen, Gerichte, Konzernleitungen und Behörden bis in die Spitze des Bundeskanzleramtes bevölkerten. Wie es damals um unseren Rechtsstaat bestellt war, hat der Film *Der Staat gegen Fritz Bauer* eindrucksvoll geschildert. Aus biologischen Gründen hat sich der Zustand unseres Rechtsstaats längst zum Besseren geändert. Jetzt im vereinten Deutschland hat der Rechtsstaat seine Bestform erreicht.

Hellsichtig warnte Bundespräsident Richard von Weizsäcker bereits am 3. Oktober 1990 vor einer Gefahr, die heute – 30 Jahre später – unerfreuliche Wirklichkeit geworden ist. „Die Westgrenze der Sowjetunion darf nicht zur Ostgrenze Europas werden", hatte uns Weizsäcker ins Stammbuch geschrieben. Die Sowjetunion gibt es nicht mehr. An ihre Stelle ist Russland bzw. die Russländische Föderation getreten, an deren Westgrenze nun ein tiefer Graben wie ein neuer Eiserner Vorhang Europas Osten von Europas Westen trennt. Dabei hatte alles ganz anders kommen sollen. Vom ewigen Frieden hatten die Völker Europas damals geträumt. Eine gemeinsam erarbeitete Friedensordnung sollte für ein gedeihliches Miteinander in der Zukunft sorgen. Um dies zu erreichen, hatte man sich im November 1990 in Paris versammelt.

1990 Charta von Paris: Eine verpasste Chance

Das neoklassizistische Palais de Chaillot am Trocadéro-Platz in Paris ist ein eindrucksvolles architektonisches Ensemble. Die eigentliche Attraktion ist seine exquisite Lage. Es bietet einen grandiosen Blick auf den Eiffelturm. Hierhin hatte Frankreichs Staatspräsident François Mitterrand die Staats- und Regierungschefs Europas und Nordamerikas zum Auftakt der zweiten Konferenz für Sicherheit und Zusammenarbeit in Europa (KSZE) eingeladen. Sie kamen alle, 34 an der Zahl. Genauso viele wie auf der ersten Konferenz in Helsinki 1975. Neu dabei war Albanien, das sich bis dahin aus dem Geschehen in Europa völlig herausgehalten hatte. Nicht dabei war die DDR, die nicht mehr existierte.

Mit viel pompöser Zeremonie wurde das Ende des Kalten Krieges begangen. Die Teilung Europas war überwunden. Nun sollte eine neue Friedensordnung für den Kontinent vom Ural bis zum Atlantik geschaffen werden. Zum Sommet de Paris (vom 19. bis 21. November 1990) waren die Spitzen der Weltmächte erschienen: der Präsident der USA George Bush senior, der sowjetische Präsident Michail Gorbatschow, der Französische Staatspräsident François Mitterrand, die britische Premierministerin Margaret Thatcher und der Bundeskanzler des vereinten Deutschlands Helmut Kohl.

Der beispiellose Aufmarsch von Weltführern verführte die Presse dazu, den Gipfel von Paris mit dem Wiener Kongress von 1814/15 zu vergleichen, was von François Mitterrand erbost zurückgewiesen wurde. Verständlicherweise! 1814/15 in Wien hatte Frankreich nach Napoleons schmählicher Niederlage in den Befreiungskriegen die Verliererrolle zu spielen; 1990 in Paris war Frankreich nicht nur Gastgeber, sondern auch Siegermacht. Auch sonst stimmte der Vergleich nicht. Auf dem Wiener

Kongress wurde nicht nur zäh verhandelt, sondern es wurden ebenso die Freuden des Lebens genossen. In dieser Hinsicht konnte der Pariser Gipfel nicht mithalten. Die exzessivsten gesellschaftlichen Angebote waren eine Modenschau für die begleitenden Ehefrauen und ein Besuch in Versailles.

Es hatten sich viele politische Stars in Paris eingefunden, aber einer stand besonders im Rampenlicht: Michail Gorbatschow. Der Mann, dessen rigorose Reformpolitik in Europa und der Welt die Jahrzehnte lang festgefahrenen politischen Verhältnisse innerhalb weniger Jahre völlig veränderte, agierte souverän und leutselig auf der Pariser Gipfelbühne. Nichts war Gorbatschow anzumerken von seinen häuslichen Problemen. Sein Riesenreich drohte zu zerfallen, aber der Kremlchef wirkte frisch und unverbraucht wie am ersten Tag seiner Machtübernahme.

Gorbatschow war, was wir im Westen dem stets freundlichen Mann nicht zutrauten, ein erprobter Machtkämpfer sowjetischer Prägung, im orthodoxen wie im freien Stil. Wie unser Moskau-Korrespondent Gerd Ruge berichtete, wehrte Gorbatschow kurz vor dem Pariser Gipfeltreffen mit Entschiedenheit und Raffinesse eine parteiinterne Herausforderung ab und reiste im beruhigenden Bewusstsein an die Seine, seine Position wieder einmal gestärkt zu haben.

Obwohl sie die Gewinner der veränderten Machtverhältnisse in Europa waren, gaben sich Gorbatschows Gesprächspartner im Westen auffallend bescheiden. Nach dem rapiden Machtverlust der Sowjetunion waren nun die USA die unbestrittenen Nummer Eins im weltpolitischen Geschehen. Doch Präsident George Bush senior nahm diese Position für sein Land nicht in Anspruch. Von ihm wurde auf der Konferenz der noble Satz kolportiert: „We are second to none", „Wir sind Zweiter zu Niemandem."

Die Staats- und Regierungschefs hatten ein klares Ziel vor Augen. Sie wollten vollenden, was ihre Stäbe in zahllosen Vorgesprächen auf den Weg gebracht hatten: ein Regelwerk für den Umgang miteinander, die Charta von Paris. Das Abkommen hatte in seinen ersten Sätzen etwas von der literarischen Anmutung der amerikanischen Unabhängigkeitserklärung. „Nun ist die Zeit gekommen, dass sich die jahrzehntelang gehegte Hoffnung unserer Völker erfüllt. Wir bekennen uns zu einer auf Menschenrechten und Grundfreiheiten beruhenden Demokratie, zu Wohlstand durch wirtschaftliche Freiheit und soziale Gerechtigkeit sowie zu gleicher Sicherheit für alle unsere Länder."

Bei allem Gefallen am Wohlklang des Textes fiel mir bei sorgfältigem Durchlesen ein Manko auf. Die Charta von Paris hatte zwar den eindrucksvollen Titel „Ein neues Zeitalter der Demokratie, des Friedens und der Freiheit", aber es fehlte ihr ein konkretes Konzept für die künftige Gestaltung des neuen Europas, was ich unserem Publikum nicht verschwieg. Es gab keine Beschreibung für die künftige Rolle der Sowjetunion in Europa und deren Verhältnis zum Westen. Frankreichs Staatspräsident brachte die Idee einer europäischen Konföderation ins Spiel, Gorbatschow sprach von einem europäischen Sicherheitsrat. Zwei schemenhafte Gebilde. Mehr nicht. Sie tauchten in den Diskussionen nicht weiter auf.

Wohin mit dem sperrigen Partner Sowjetunion? Diese Frage blieb bis zum Schluss der Konferenz ebenso offen wie die Frage, wie weit der Zerfall der einstigen roten Supermacht noch gehen würde. Ansonsten war die Charta von Paris ein wertvolles Vertragswerk, das die Beziehungen unter den Völkern Europas kultiviert regelte. Alle Eventualitäten waren bedacht worden. Für Meinungsverschiedenheiten wurden Mechanismen entwickelt, um Konflikte zu vermeiden. Wir alle wissen, was aus der neuen Friedensordnung für Europa geworden ist. Sie ist völlig entgleist. Ost (Russland) und West (NATO) sind sich spinnefeind, noch schlimmer als zu Zeiten des Kalten Krieges, der in Paris eigentlich feierlich zu Grabe getragen wurde. Immerhin, in der

Schuldfrage ist man sich einig. Es ist die jeweils andere Seite. Russland hat, als Nachfolgestaat der Sowjetunion, die Charta zwar nicht unterschrieben, aber die Rechtsnachfolge des Signatarstaats Sowjetunion angetreten. Eine auf Menschenrechten und Grundfreiheiten beruhende Demokratie hat Russland bislang nicht aufgebaut. Auf der anderen Seite hat der Westen das Prinzip der gleichen Sicherheit für alle Länder mit der Aufstockung der NATO von 16 auf 29 Mitglieder und dem Vorrücken des transatlantischen Militärbündnisses bis an die russische Grenze nicht beachtet.

Auf dem Sommet de Paris ist aus meiner Rückbetrachtung die einzigartige Gelegenheit verpasst worden, eine stabile und dauerhafte Friedensordnung für Europa zu schaffen. Einige wenige Verhandlungstage mehr hätten sich die Staats- und Regierungschefs allerdings leisten müssen, um einen umfassenden Vertrag zustande zu bekommen.

Eine so günstige Konstellation für epochale Beschlüsse wie im November 1990 wird es vermutlich in hundert Jahren und vermutlich auch viel länger nicht mehr geben. Auch damals stand das „window of opportunity" nicht lange offen. Die Kriege im damaligen Jugoslawien und Amerikas Kreuzzug gegen Sadam Husseins Irak lenkten die Aufmerksamkeit des Westens von Europa ab auf andere Schauplätze der internationalen Politik. Russland verlor für den Westen im Laufe der Jahre rapide an Bedeutung und auch Sympathie.

1990 bewies Frankreichs Staatspräsident François Mitterrand mit seiner Terminplanung eine glückliche Hand. Als das Pariser Gipfeltreffen begann, gingen in Wien die Verhandlungen über die Abrüstung konventioneller Streitkräfte zu Ende. Es ging um schwere Offensivwaffen (Panzer, Geschütze, Kampfflugzeuge und Kampfhubschrauber). Die Verhandlungen brachten nach eineinhalbjährigem Ringen ein Ergebnis zustande, das zu Beginn niemand für möglich gehalten hätte.

Der Verlauf der Verhandlungen war typisch für die Zeit der sich überstürzenden Ereignisse. Es begann mit der Bestandsaufnahme der beiden Militärblöcke NATO und Warschauer Pakt. Als der Vertrag über Konventionelle Streitkräfte in Europa 1992 in Kraft trat, gab es das östliche Militärbündnis Warschauer Pakt nicht mehr. Es hatte sich mit ausdrücklicher Zustimmung von Gorbatschows Sowjetunion aufgelöst. Das Ergebnis der Abrüstungsverhandlung wurde auf dem Pariser Gipfeltreffen den Staats- und Regierungschefs vorgelegt. Unterzeichnet wurde es von sechs östlichen und sechzehn westlichen Staaten.

Die Verhandlungsteilnehmer verpflichteten sich mit ihren Unterschriften zur Vernichtung von zehntausenden Panzern, schweren Geschützen, Kampfflugzeugen und Kampfhubschraubern. Aus heutiger Sicht ein unglaubliches Ergebnis, aber es war eben eine unglaubliche Zeit, die insbesondere von dem Russen Michail Gorbatschow geprägt wurde und leider wie ein Strohfeuer viel zu schnell erlosch. Präsident François Mitterrand kassierte jedenfalls die unterschriebenen Urkunden mit sichtlichem Vergnügen ein. Besser konnte sein Sommet de Paris nicht starten.

Hochzufrieden konnte auch Bundeskanzler Helmut Kohl sein. Die Deutsche Einheit fand in der Charta von Paris eine außerordentliche Würdigung. „Die Herstellung der staatlichen Einheit Deutschlands ist ein bedeutsamer Beitrag zu einer dauerhaften und gerechten Friedensordnung für ein geeintes demokratisches Europa."

Aber auch die anderen hohen Gäste wurden in gute Stimmung versetzt. Gastgeber Mitterrand zeigte, was Paris zu bieten hatte. Er hielt uns Berichterstatter wie die Delegationen in ständiger Bewegung. Die Arbeitssitzungen fanden im komfortablen Internationalen Konferenzzentrum an der Avenue Kléber, die Gala-Abendessen im Élysée-Palast und im Schloss von Versailles statt.

Nie zuvor und nie danach habe ich eine internationale Konferenz erlebt, auf der die Teilnehmer so rücksichts- und verständnisvoll miteinander umgingen wie auf dem Pariser Gipfeltreffen im November 1990. Das allgemeine Entgegenkommen erstreckte sich auch auf uns Berichterstatter. Mir wurde erlaubt, mich für die Moderation unserer Live-Sendung mitten auf dem Abendempfang der hohen Herrschaften im Palais de Chaillot aufzubauen. Was ganz praktisch war. Auf diese Weise war es möglich, interessante Gesprächspartner für ein schnelles Interview kurzfristig „abzugreifen".

Soweit es ihm mit seiner hünenhaften Gestalt möglich war, bewegte sich Helmut Kohl bei seinem ersten internationalen Auftreten als Kanzler des größeren Deutschlands auffallend unauffällig im Kreis seiner Kollegen, als wolle er jeden Anschein vermeiden, gleich einen Führungsanspruch zu erheben. Als er beim Abendempfang an unserer Kameraposition vorbeikam, ließ er sich auf ein Gespräch ein. „Was unternimmt der Westen, um Gorbatschow aus seiner prekären Situation zu retten?", wollte ich wissen. Darüber habe er ausführlich mit dem amerikanischen Präsidenten geredet. Die Versorgungslage in der Sowjetunion sei katastrophal. Lebensmittellieferungen seien dringend erforderlich, sonst drohe ein Hungerwinter. Demnächst werde sich eine hochrangige Delegation nach Moskau auf den Weg machen.

„Wie soll die Hilfe ablaufen? Von Staat zu Staat? Oder sind auch Privatinitiativen gefragt?" „Privatinitiativen sind sehr erwünscht. Privates Engagement sorgt für vielfache und anhaltende Beziehungen zwischen unseren Völkern. Daran ist uns sehr gelegen. Nach meiner Vorstellung sollte Gorbatschow als Schirmherr der Hilfsaktion auf sowjetischer Seite fungieren, während ich auf deutscher Seite diese Aufgabe übernehmen könnte. Sollte es zu bürokratischen Hemmnissen kommen – sei es bei der Einfuhr oder der Verteilung der Hilfsgüter – könnten Gorbatschow und ich dafür sorgen, dass die Probleme schnell und gründlich gelöst werden."

Am Rande des Pariser Gipfeltreffens hatte Michail Gorbatschow seine Kollegen um Hilfe gebeten. „Nur wenn das Volk satt wird, ist der Friede gerettet." Sein Land brauche vor allem Lebensmittel und medizinische Unterstützung. Die besorgniserregenden Medienberichte über Versorgungsengpässe in der Sowjetunion und drohende Hungersnot mobilisierten eine überwältigende Hilfsbereitschaft, besonders in Deutschland.

Hilfsaktionen wie ‚Ein Herz für Russland" der Springer-Publikationen *BILD* und *Hör zu* sammelten innerhalb weniger Wochen Spenden (Lebensmittel, Medikamente, medizinische Ausrüstung, Kleidung und Bargeld) im Wert von 50 Millionen D-Mark ein. *BILD* und *Hör zu* waren in dieser Hinsicht sicher Spitzenreiter.

Aber es waren noch zig andere Hilfsaktionen unterwegs, darunter auch die WDF-Initiative „Kinder von Perm", zugunsten einer Kinderkrebsklinik in Perm am Ural. Die Hilfsgüter wurden umgehend über LKW-Konvois und Flugzeuge in die damals noch existierende Sowjetunion transportiert. Die Organisatoren der Hilfsaktionen hatten sehr schnell ein gut funktionierendes Logistik-System aufgebaut.

Die Medien waren voll von Berichten über die Hilfstransporte nach Russland und in die anderen Länder der Sowjetunion, wie die Ukraine und Belarus. Die Hilfe aus Deutschland wurde von den Empfängern dankbar entgegengenommen. Dem Ansehen von Gorbatschow nützte die Aktion eher nicht. Nicht wenige Sowjetbürger, vor allem die Kriegsveteranen, kreideten ihrem Präsidenten die miserable Versorgungslage ihres Landes an. Nun müsse man dankbar dafür sein, vom ehemaligen Kriegsgegner, den man unter größten Opfern besiegt habe, durch den Winter gefüttert zu werden.

Im Gegensatz zu seiner Heimat genoss Gorbatschow bei uns im Westen weiter einen nahezu überirdischen Ruf. Seine politische Selbstlosigkeit war für uns Vorbild. So kamen Menschen, Vereinigungen, Sender und Verlage zusammen, die sich vorher nicht ausstehen konnten. Als die Chefredaktion der *BILD*-Zeitung bei mir anfragte, ob der WDR mit seiner Initiative „Kinder von Perm" nicht der Aktion „Ein Herz für Russland" beitreten wollte, reagierte unser Intendant Friedrich Nowottny positiv und sagte gleich für die ganze ARD zu, deren Vorsitzender er zu diesem Zeitpunkt passenderweise auch noch war. „In einer Zeit, in der Mauern fallen, sollten wir nicht in den ungemütlichen Schützengräben früherer Jahre sitzen bleiben, zumal es um eine gute Sache geht." Nicht alle in unserem großen Haus waren über seine Entscheidung beglückt. Zu lange hatten wir uns mit Springer und seiner *BILD*-Zeitung gegenseitig Saures gegeben.

„Die Kinder von Perm", unsere Mitgift in der Liaison mit *BILD* und *Hör zu*, war vergleichsweise schmal, aber sie erwies sich als langlebig und höchst erfolgreich. Um uns zusätzlich mit Gewicht in die Allianz mit Springer einzubringen, baten wir unseren Unterhaltungsstar Alfred Biolek, eine attraktive Spendengala zu entwickeln. „Wie kommt ein öffentlich-rechtlicher Sender wie der WDR dazu, sich für eine Hilfsaktion zugunsten von Russland zu engagieren?", fragte Biolek mit Hintersinn. Auch darauf hatte Nowottny eine plausible Antwort. Zu den vornehmsten Aufgaben des WDR gehöre es, sich für die Völkerverständigung einzusetzen.

Am 10. Januar 1991 lief die Spendengala „Ein Herz für Russland" ab 21 Uhr vom Stapel. Alles war bestens vorbereitet, der Redaktion war es gelungen über 100 Stars aus der Unterhaltungsszene, Film, Sport, klassischer Musik und Medien zu gewinnen, die die Spendentelefone bedienten. Für schmissige Unterhaltung sorgten russische Künstlerinnen und Künstler und nicht zuletzt der in Ostdeutschland stationierte Chor der GSSD. Das Kürzel stand für „Gruppe der sowjetischen Streitkräfte in Deutschland". Der Chor brachte das Publikum nicht nur mit schwungvollen Volksliedern wie *Kalinka* und *Katjuscha* in Stimmung, sondern auch mit rassigen Kosakentänzen.

Alles war aufs Feinste für eine erfolgreiche Unterhaltungssendung angerichtet.

Nur der Termin und die politische Lage passten nicht zusammen. Ausgerechnet in den Tagen, als wir die Herzen der Deutschen für Russland erwärmen wollten, erinnerte sich Gorbatschow daran, dass er nicht nur Menschenfreund, sondern auch Autokrat sein konnte. Er drohte den Litauern, gegen ihre Unabhängigkeitsbewegung *Sajudis* mit Waffengewalt vorzugehen. Wir mussten uns kritischen Fragen stellen. Nicht zu Unrecht!

Wir wurden gefragt, ob wir noch bei Trost seien, Sowjetsoldaten im Deutschen Fernsehen eine Bühne zu bieten, während deren „Waffenbrüder" gegen baltische Unabhängigkeitsbewegungen in Stellung gebracht würden. Überzeugende Argumente fielen uns nicht ein, bis auf den dünnpfiffigen Kalauer „Besser, die Rotarmisten singen bei uns im Studio in Köln-Bocklemünd, als dass sie in Wilnius einmarschieren." Im Übrigen hofften wir, dass Gorbatschow im letzten Augenblick von seinem Beschluss, sowjetische Sicherheitskräfte nach Litauen zu schicken, abrücken würde.

Die westliche Welt, sonst Gorbatschow sehr zugetan, reagierte mit Empörung, während wir im Laufe der Sendung immer wieder bange Blicke Richtung Wilnius schickten, wo unser Korrespondent Gerd Ruge Stellung bezogen hatte, um uns über den Gang der Dinge zu informieren. Uns war klar, wenn es in Litauen zu Schießereien kommen sollte, müssten wir das Programm sofort abbrechen. Wir hatten Glück, als die Sendung um 23 Uhr zu Ende ging, meldete unser Korrespondent Gerd Ruge aus Wilnius zu unserer Erleichterung: „Bislang keine gewaltsamen Auseinandersetzungen in Litauen!"

Leider blieb es nicht dabei. Es kam zu schlimmen Zusammenstößen. Nur drei Tage später, beim Blutsonntag von Wilnius, verloren 14 litauische Zivilisten ihr Leben, als sie in ihrer Metropole Einrichtungen ihrer Stadt gewaltfrei gegen die sowjetischen

Sicherheitskräfte verteidigten. Die Zahl der Verwundeten ging an die 1.000. Die Entschlossenheit der Bürgerinnen und Bürger von Litauen, für die Unabhängigkeit ihres Landes auch ihr Leben einzusetzen, erzielte die gewünschte Wirkung im Moskauer Kreml, jedenfalls bei Gorbatschow. Er zog die Sicherheitskräfte ab.

Wir waren beruhigt. Trotzdem fragte ich mich, wie kann es passieren, dass ein friedfertiger Politiker wie Gorbatschow gegen seine Überzeugung plötzlich auf militärische Gewalt als Mittel der Politik setzt. Die Erklärung erfuhr ich Jahre später aus seinem Stab, der auch nach seinem Ausscheiden aus der Präsidentschaft bei ihm geblieben war. Hardliner in der sowjetischen Führung hätten Gorbatschow gewarnt, nicht vor der litauischen Unabhängigkeitsbewegung zurückzuweichen, sonst sei es um die ganze Sowjetunion geschehen.

Die völlige Auflösung seines Staates habe Gorbatschow nicht gewollt. Ziele seiner Politik seien die Demokratisierung und Modernisierung der gesamten Sowjetunion gewesen. Diese Ziele habe er mit demokratischen Mitteln erreichen wollen. Nachdem er das brutale Ausmaß der sowjetischen Intervention in Wilnius erkannt habe, habe er gleich den Abzug der Sicherheitskräfte befohlen. Eine Woche später habe er genauso reagiert, als in Riga bei einer Auseinandersetzung um das Innenministerium fünf unbewaffnete Menschen ums Leben kamen. Diese Linie habe er konsequent bis zur Auflösung der Sowjetunion im Dezember 1991 beibehalten.

Nachzutragen ist: Die Sendung „Ein Herz für Russland", um die wir so gezittert hatten, fand einen hohen Zuschauerzuspruch. 25.000 Anrufe wurden registriert und über eine Million D-Mark gespendet. Die Bereitschaft der Deutschen, Russland zu helfen, übertrug sich auch auf Gorbatschow-Nachfolger Boris Jelzin, der gerührt von einem mildtätig beantworteten „Seelenruf" schrieb. Die geleistete Hilfe werde die Freundschaft zwischen dem russischen und dem deutschen Volk festigen.

Genau diese Erfahrung haben wir mit unserer Initiative „Die Kinder von Perm" gemacht. Das kleine Krankenhaus, das wir mit deutschen Spenden bauen konnten, hat sich zu einer leistungsfähigen Klinik mit sehr guten Heilungschancen entwickelt. Als ich 1990 zu ersten Mal über die Millionenstadt Perm und ihre verheerende Versorgungslage berichtete, starben neun von zehn an Krebs erkrankten Kindern, heute werden in der neuen Klinik acht von zehn Kindern geheilt. Das schlichte Haus steht bis heute in enger Beziehung zu deutschen onkologischen Kliniken. Inzwischen sind Jahrzehnte vergangen, sodass einige Jubiläen gefeiert werden konnten, aus deren Anlass Angela Merkel, Frank-Walter Steinmeier und Wladimir Putin das Kinderkrankenhaus Friedrich-Joseph-Haas in ihren Grußbotschaften als Musterbeispiel dafür erwähnten, was Deutsche und Russen leisten können, wenn sie vertrauensvoll miteinander zusammenarbeiten.

1991 Letzte Besucher bei Gorbatschow

Als wir Ende Dezember 1991 zu Michail Gorbatschow in den Kreml fuhren, ahnten wir nicht, dass wir die letzten Gäste des sowjetischen Präsidenten sein sollten. Als Fernseh-Chefredakteur begleitete ich, zusammen mit meinem Hörfunk-Kollegen Manfred Erdenberger, WDR-Intendant Friedrich Nowottny zu einem Besuch unseres Studios in Moskau. Vor unserer Abreise aus Köln hatte ich über den Producer unseres Studios, Igor Butz, um einen Termin bei Michail Gorbatschow gebeten.

Es ging um Hilfe für die Kinderkrebsklinik in Perm. In einer Sondersendung des Ersten hatte ich über die in Not geratene Millionenstadt am Ural berichtet. Als ein Beispiel für die katastrophale Lage hatte ich das völlig heruntergekommene onkologische Kinderkrankenhaus des Gebiets vorgestellt. Wie Perm ging es dem ganzen Land. Es war am Ende. Die Wirtschaft lag am Boden. Die Versorgung der Bevölkerung war zusammengebrochen. Die Wut auf die Führung, insbesondere auf Präsident Gorbatschow, roch nach Aufruhr. Im Sommer war bereits gegen ihn geputscht worden. Die Putschisten waren ein desperater Haufen.

In der unübersichtlichen Lage bezog der damalige Präsident der Sowjetrepublik Russland, Boris Jelzin, eine entschiedene Position. Er brachte die Armee auf seine Seite und stellte sich gegen die Putschisten. Der mit seiner Familie am Schwarzen Meer internierte Gorbatschow kam frei, ohne seine vorher souveräne Stellung im Staat wiederzugewinnen. Der neue starke Mann war Jelzin, der auf die Unabhängigkeit der Sowjetrepubliken und die Auflösung der Sowjetunion drängte. Es war klar, dass er im Machtpoker bessere Karten hatte als der beim Volk und im Apparat der Kommunistischen Partei unbeliebte Gorbatschow.

Abb.: Dezember 1991: Gorbatschow, Erdenberger, Pleitgen, Nowottny im Kreml

Mein Bericht über die verheerenden Verhältnisse in Perm löste eine Welle der Hilfsbereitschaft aus. Insbesondere die Bilder von den krebskranken Kindern führten zu Geld- und Sachspenden. In unserem Sender stapelte sich Spielzeug auf den Fluren. Schließlich musste eine Halle ausgeräumt werden, um all die Stofftiere zu lagern. Wie sollten wir die Sachspenden nach Perm schaffen, und wie sollten wir das Geld einsetzen? All das wollten wir mit Gorbatschow besprechen.

Der Posten am Borowizki-Tor winkte uns nachlässig durch. Kontrollen waren offensichtlich nicht mehr angesagt. Es wirkte, als sei der Präsident bereits abgeschrieben worden. Wir fuhren an Gorbatschows Amtssitz im Senatspalast vor. Das repräsentative Gebäude machte einen heruntergewirtschafteten Eindruck. Innen sah es aus wie vor dem Großreinemachen.

Teppiche und Läufer lagen aufgerollt in den Fluren.

Im Vorzimmer von Michail Gorbatschow herrschte reges Treiben, aber düstere Stimmung. Der Präsident selbst wirkte wohltuend entspannt. Seine innere Festigkeit imponierte uns. Keine Nachlässigkeit im Auftritt. Er war wie immer sorgfältig gekleidet. Anthrazitfarbener Anzug, weißes Hemd, dunkle Krawatte. Er ließ uns wissen, dass er nur 45 Minuten Zeit für uns habe. Anschließend habe er ein Gespräch mit Boris Jelzin. Dies könne das Ende seiner Amtszeit und gleichzeitig das Ende der Sowjetunion bedeuten. „Wie sieht denn Ihre Zukunft aus?", fragten wir. Er wusste es nicht. Gesetzliche Vorgaben, die den Umgang mit Präsidenten regelten, denen das Land abhandengekommen war, gebe es nicht. Dies sei in der Supermacht Sowjetunion nicht vorgesehen gewesen. Trotz der bedrückenden Ungewissheit, die seine Zukunft betraf, gab er sich uns gegenüber als seinen vermutlich letzten, wenn auch unbedeutenden Gästen souverän präsidial.

Selbst zu Scherzen war ihm noch zumute. Unserem Intendanten erklärte er, dessen ethnische Herkunft sei ihm klar. „Wegen meines Namens?", fragte Friedrich Nowottny. „Nein, wegen Ihres slawischen Rundschädels!" Auf diesem Niveau bewegte sich unser Gespräch weiter.

Auf Perm kamen wir gar nicht zu sprechen. In wenigen Minuten würde der einst so mächtige Mann nichts mehr zu sagen haben. Warum sollten wir ihn mit unseren Fragen behelligen?

Höflich begleitete er uns zur Tür. Er wünschte uns alles Gute. Wir erwiderten seine Wünsche mit dem schalen Gefühl, dass sie ihm wenig helfen könnten. Der nächste Besucher stand bereits vor der Tür. Es war Boris Jelzin, mit einem roten Aktenordner unter dem Arm, wie sich Friedrich Nowottny erinnert. Die Moskauer Medien meldeten am Abend geschäftsmäßig, dass die Macht von der Sowjetunion auf die Russländische Föderation und von Gorbatschow auf Jelzin übergegangen war. Unblutig. Immerhin!

Happy End

Brechts totaler Sieg

Ich habe in meinen Texten mehrfach Gedichte und Lieder zitiert, die wie helle Monumente des Widerstands aus politischer Finsternis herausragen. Dazu zähle ich Brechts „Moldaulied", das „Ermutigungslied" von Wolf Biermann, in Russland die „Petersburger Romanze" von Alexander Galitsch und in Amerika „Ain't Gonna Let Nobody Turn Me Around", den Song der Bürgerrechtler. Viele werden sich daran erinnern, dass Präsident Obama dieses Lied während seiner ersten Amtszeit im Weißen Haus singen ließ.

Das Moldaulied schrieb Bertolt Brecht 1943 mit der ewig gültigen Erfahrung: „Das Große bleibt groß nicht und klein nicht das Kleine." Diese Zeile war gegen Adolf Hitler gerichtet. Damals stand der deutsche Diktator auf dem Höhepunkt seiner Macht. Die deutschen Truppen schienen unbesiegbar zu sein. Im Westen standen sie am Atlantik, im Osten an der Wolga, im Norden am Polarkreis, im Süden rollten die deutschen Panzer durch Afrika.

Gegen diese brutale Macht wirkte die Zeile „Das Große bleibt groß nicht und klein nicht das Kleine" wie Blütenstaub im Wind.

Aber nicht lange. Schon ein Jahr später geriet Hitler in die Defensive. Untergang und Vernichtung sollten bald folgen. Brechts Gedicht erlebte – Verzeihung – den totalen Sieg. Es sollte nicht der letzte sein.

Unausweichlich musste ich an Brechts Moldaulied denken, als ich im Dezember 1991 auf dem Roten Platz in Moskau stand. Zusammen mit japanischen Touristen verfolgte ich einen Flaggenwechsel über dem Kreml. Beiläufig, ohne jedes Zeremoniell wurde das rote Banner der Sowjetunion eingeholt und stattdessen die Trikolore der Russländischen Föderation aufgezogen. Still, fast unbemerkt verschwand die rote Supermacht, deren Existenz die Welt jahrzehntelang in Angst und Schrecken versetzt hatte, von der politischen Bildfläche.

„Nichts bleibt, wie es ist", wissen wir von Willy Brandt. Es wechseln die Zeiten. Nicht immer zum Guten! Was Brecht geschrieben hat, gilt nicht nur für Staaten und Personen, sondern auch für Konferenzergebnisse von scheinbarem Ewigkeitswert. Die „Charta von Paris" hatte in den 1990er Jahren in der ganzen Welt größte Hoffnungen auf eine Zukunft des Friedens und des Wohlstands geweckt. Voll ehrlicher Überzeugung proklamierten die Staats- und Regierungschefs Europas und Amerikas eine Ära der Demokratie, des Friedens und der Einheit. Diese Epoche ist leider nur wenige Jahre alt geworden.

Wie ist es nun der Deutschen Einheit ergangen? Welche Bilanz lässt sich nach gut 30 Jahren ziehen? Im Vergleich zu den großen und hektischen Veränderungen, die seitdem in der Welt stattgefunden haben, ist die Deutsche Einheit aus meiner Beobachtung sehr stabil verlaufen. Von Jahr zu Jahr legte sie Schwachstellen ab, und sie ist mit ihrer Entwicklung noch nicht am Ende. Über die 30 Jahre seit der Wiedervereinigung ist viel zusammengewachsen, was zusammengehört. Manchmal mit Ächzen und Schmerzen! Mehr war auf Anhieb nicht zu erwarten. Geschichte geht selten spurlos an einer Gesellschaft vorbei. Spaltungen sind besonders schwer zu überwinden. In meiner Korrespondentenzeit in Amerika habe ich beobachtet, dass der Graben zwischen Nord und Süd weit mehr als 100 Jahre nach dem Sezessionskrieg immer noch nicht überwunden ist. Vor allem auf Seiten des ärmeren Südens ist die andauernde Spaltung zu spüren.

Als Korrespondent in der DDR war es mein Privileg, die ostdeutschen Regionen schon vor der Einheit kennenzulernen.

Diese Chance habe ich mit meinem Kollegen Lutz Lehmann weidlich genutzt, um über das Land zwischen Elbe und Oder, von der Ostsee bis zum Erzgebirge zu berichten. Nach der Deutschen Einheit bin ich in diese Gegenden zurückgekehrt. Ich war erstaunt, wie viel sich in kurzer Zeit verändert hatte. Insbesondere äußerlich! Die früher marode Infrastruktur war auf modernsten Stand gebracht worden; oft besser als im Westen, wenn ich an meine Heimat Ruhrgebiet denke. Die ostdeutschen Städte und Dörfer wurden aufwändig saniert und so vor dem rettungslosen Zerfall bewahrt. Insofern lag Helmut Kohl mit seiner Prognose von den blühenden Landschaften nicht völlig daneben.

Aber wenn man sich mit den Menschen unterhielt, hörte man aus ihren Worten auch sehr viel Enttäuschung. Beklagt wurde, dass die Berufschancen für junge Leute nicht ausreichend seien, weswegen hoffnungsvolle Talente scharenweise in den Westen abwanderten. Häufig mussten Rentner die Familie ernähren, weil die Kinder arbeitslos waren. Ein Zustand, den man zu DDR-Zeiten nur aus dem West-Fernsehen kannte. Als eine schwer erträgliche Demütigung wurde empfunden, dass wichtige Positionen in Behörden und Unternehmen durchweg von Kräften aus dem Westen besetzt wurden. Daran hat sich zu lange nichts geändert.

Zur Wirtschaftsphilosophie der DDR gehörte es, Produktionen zusammenzufassen. Dadurch entstanden riesige Kombinate. Sie arbeiteten selten effizient und brachen nach der Wiedervereinigung prompt zusammen. Dieses Schicksal erlitt auch das Mansfeld-Kombinat – insgesamt mit sagenhaften 42.000 Werktätigen. Tausende von ihnen wurden arbeitslos. Zu DDR-Zeiten waren sie von der Propaganda noch als Helden der sozialistischen Arbeit hochgejubelt worden. Nun flogen sie auf die Straße.

Wie sich Arbeitslosigkeit anfühlt, hat mir damals der ehemalige Schmelzer Heinz Dittmann geschildert. Man habe auf die Herren Genscher und Kohl gebaut. Leider vergeblich. Die Arbeitslosigkeit mache die Menschen krank, klein und unsicher. Man fühle sich überflüssig. Er persönlich würde lieber in der alten Knochenmühle August Bebel unter ungesunden und gefährlichen Bedingungen arbeiten, als ohne Beschäftigung zu sein. Die DDR wünschte er sich dennoch nicht zurück.

Die neue Zeit erfüllte bei Weitem nicht alle Wünsche und Hoffnungen. In Gesprächen mit den Fischern auf Rügen, bei den Holzschnitzern im Erzgebirge oder den Glasbläsern im Thüringer Wald hörte ich Klagen über die Folgen der Globalisierung, über lästige Auflagen der EU und auch über die Zuwanderung von Flüchtlingen. Aber niemand wollte zurück in die alte Zeit.

Ich bin ein Kind des Westens. Am Rhein geboren, in Westfalen aufgewachsen. Auf meinen Reisen durch Ostdeutschland habe ich mich immer wohl gefühlt. Besonders in Görlitz. Die Stadt an der Neiße hat es mir angetan. Sie wirkt auf mich gediegen, gutbürgerlich und international mit ihrer Nähe zu Polen und Tschechien. Sie bietet viel Kultur und ist umgeben von einer einladenden Natur. Das Einzige, womit ich mich nie anfreunden werde, ist die starke Präsenz der AfD samt ihrer Haltung zum vereinten Europa und gegenüber Flüchtlingen; sonst könnte ich mir gut vorstellen, in Görlitz zu leben. Als Chef der Kulturhauptstadt Europas RUHR.2010 habe ich mich gefreut, als mit Chemnitz, dem Geburtsort meines Freundes Stefan Heym, eine ostdeutsche Stadt zur Kulturhauptstadt Europas 2025 gewählt wurde. Zu Recht! Es war die ideenreiche Bewerbung, mit der sich Chemnitz gegen starke Konkurrenz durchsetzte.

Der Staat DDR existierte 40 Jahre. Mit seinem rigorosen Gesellschaftssystem prägte er das Leben seiner Bürgerinnen und Bürger. Ich hatte den Eindruck, dass die penetrante Einflussnahme in das Alltagsleben lange Zeit im Gedächtnis der Bürgerinnen und Bürger festsitzen würde. Es kam anders. Der sozialistische Staat und sein Führungspersonal wurden sehr schnell vergessen.

Auf einer Reportagereise durch Thüringen traf ich nur zehn Jahre nach dem Ende der DDR auf angehende Abiturienten aus Eisenach. Es waren aufgeweckte Jungen und Mädchen. Doch sie mussten passen, als ich sie fragte, was sie über Erich Honecker wüssten. Keine und keiner konnte mit dem ehemaligen Staats- und Parteichef Honecker etwas anfangen. Ich war verblüfft. Mir fielen die Zeilen von Wolf Biermann ein:

„Im „Neuen Deutschland" finde ich tagtäglich Eure Fressen, und trotzdem seid Ihr morgen schon verdorben und vergessen!"

Was der Sänger den Allmächtigen in der DDR bereits 1966 prophezeit hatte, erfüllte sich wie eine Selbstverständlichkeit. „Dies sollte allen Autokraten – ob in Ankara, Minsk und Moskau – zur Warnung dienen", ging mir durch den Sinn, als ich mich von den jungen Leuten verabschiedete.

Die Welt hat sich längst wieder mit Konfrontationen und Problemen aufgeladen. Es sind Konflikte, die uns unlösbar erscheinen. Zudem hat uns das Jahr 2020 eine außergewöhnlich harte Prüfung auferlegt. Von China aus breitete sich ein tödliches Virus über die ganze Welt aus. Millionen Menschen wurden von der Pandemie erfasst. Hunderttausende fanden den Tod.

Besonders hart getroffen wurden Staaten, deren Regierungen weder die intellektuelle noch die charakterliche Fähigkeit besaßen, um gegen das komplexe Infektionsgeschehen wirkungsvoll anzugehen. Die dilettantische Gesundheitspolitik ihres früheren Präsidenten Donald Trump hat die USA mehr Menschenleben gekostet als der Zweite Weltkrieg auf den Schlachtfeldern in Europa und in Asien.

Dass die USA, der mächtigste Staat der Welt, vier Jahre lang von einem psychisch kranken Menschen regiert worden war, wurde zum Ende der Amtszeit von Donald Trump mehr und mehr zur bedrückenden Gewissheit. Als ihm die Mehrheit des amerikanischen Volkes die Wiederwahl verwehrte, weigerte er sich mit schwer erträglicher Sturheit, die glatte Wahlniederlage gegen seinen demokratischen Herausforderer Joe Biden einzugestehen. Das hatte es in der über zweihundertjährigen Geschichte der Vereinigten Staaten von Amerika noch nicht gegeben; was Trump noch im Sinn hatte, allerdings auch nicht. Er wollte das Wahlergebnis revidieren – ob legal oder nicht legal.

Legal waren seine Chancen gleich Null. Die von ihm angerufenen Gerichte wiesen seine haltlosen Vorwürfe des Wahlbetrugs zurück. Auch die zuständigen Stellen seiner eigenen Regierung sahen sich außerstande, Wahlfälschungen zu entdecken. Doch Trump gab nicht auf. Bestärkt durch den Zuspruch seiner Millionen Anhänger, die ihm die Lügengeschichte vom Wahlbetrug abnahmen, verfolgte er einen Plan, der ein weit überdurchschnittliches Potential an krimineller Energie offenbarte. Sein Blick richtete sich auf den 6. Januar 2021. An diesem Tag tagten Abgeordnetenhaus und Senat gemeinsam, um die Ergebnisse der Präsidentenwahl in den einzelnen Bundesstaaten offiziell zu bestätigen.

Es fügte sich aus Sicht von Donald Trump günstig, dass am selben Tag einige Tausend seiner Anhänger in Washington zum „Save America" – Marsch zusammenkamen, direkt vor dem Weißen Haus. Donald Trump ließ es sich nicht nehmen, vor den Demonstranten eine aufrüttelnde Rede zu halten, die es an Niedertracht, Verdrehungen, Lügen und Appellen zum Handeln gegen das politische System nicht fehlen ließ. Die Demonstranten mussten den Eindruck gewinnen, dass ihr verehrter Führer mit ihnen zusammen im Kongress für geordnete Verhältnisse sorgen würde, „to take our country back". Vom Geist vitaler Lynch-

Stimmung erfüllt, machten sie sich auf den Weg zum Kongress auf dem Capitol Hill, während sich Donald Trump ins Weiße Haus begab, um am Fernseher die Wirkung seiner Worte auf die Demonstranten zu genießen. Was ihm geboten wurde, wird für immer zu den dunkelsten Stunden der amerikanischen Geschichte gehören. Die für den Kongress zuständigen Sicherheitskräfte verhielten sich aus meiner Fernsehsicht auffallend zurückhaltend. Die zur Verstärkung angeforderten Einheiten der Nationalgarde ließen auf sich warten. Auch sonst erwies sich die „Rettet Amerika-Aktion" als solide vorbereitet. Die Demonstranten, die mit Gewalt in den Kongress eindrangen, waren mit Plänen der Büros und Sitzungsräume ausgestattet.

Der entfesselte Mob hatte es besonders auf Vize-Präsident Mike Pence als Chef des Senats und auf die Mehrheitsführerin des Abgeordnetenhauses, Nancy Pelosi, abgesehen. Der Republikaner Pence wurde von den Demonstranten als Verräter betrachtet, weil er das Wahlergebnis anerkennen wollte, gegen den Willen seines Chefs Donald Trump. Nancy Pelosi wurde verübelt, dass sie ein weiteres Amtsenthebungsverfahren gegen Trump eingeleitet hatte. Wenn Pence und Pelosi nicht rechtzeitig in Sicherheit gebracht worden wären, hätten sie den Sturm aufs Capitol kaum lebend überstanden. Es waren ohnehin fünf Tote zu beklagen.

Nachdem genügend Sicherheitskräfte eingetroffen waren, konnte der Kongress seine Sitzung fortsetzen. Trotz weiterer Störmanöver republikanischer Parlamentarier wurden Joe Biden als 46. Präsident der USA und Kamala Harris als seine Vizepräsidentin im Amt bestätigt. Die Präsidentschaft von Donald Trump hatte ihr Ende gefunden. Unrühmlich! Krankhaft veranlagt, wie er ist, wird er keinen Frieden geben. Gegen seine Drohungen setzte die 23-jährige Poetin Amanda Gorman bei der Amtseinführung von Joe Biden und Kamala Harris ihre selbstbewusste Botschaft.

„Doch die Morgendämmerung gehört uns,
noch ehe wir es wussten.
Irgendwie schaffen wir es.
Irgendwie haben wir es überstanden
und repräsentieren eine Nation,
die nicht zerbrochen,
sondern einfach nur unvollendet ist."

Die beiden Neuen im Weißen Haus verloren keine Zeit, „Ihre" Vereinigten Staaten von Amerika umgehend in die Weltgemeinschaft zurückzuführen; in das internationale Klimaschutzabkommen ebenso wie in die Weltgesundheitspolitik. Von der ersten Stunde ihrer Amtszeit an ließen sie keinen Zweifel aufkommen, dass das Amerika von Biden und Harris keine Mauern gegen Menschen in Not errichten wird. In den USA werden wieder die Verheißungen gelten, die Emma Lazarus den in New York ankommenden Menschen, die ihr Glück in Amerika suchen, durch die Freiheitsstatue entgegenrufen lässt: „Give me your tired, your poor. Your huddled masses yearning to breathe free."[1] Und warum sollten wir der Generation Harris nicht zutrauen, weitere Berge zu versetzen?

---

[1] Deutsch: „Gebt mir eure Müden, eure Armen, eure Bedrängten mit ihrer Sehnsucht, frei zu sein.", Emma Lazarus, The New Colossus (Der neue Koloss), Sonett, 1883.

Anhang

Dschungelkampf: Stasi gegen Westpresse
Interview mit Roland Jahn, Leiter der Stasiunterlagenbehörde BStU

Frage: Stasi und freie Presse: Wie passte das zusammen?

Roland Jahn: Das passte gar nicht zusammen, weil es zu den Aufgaben der Stasi gehörte, freie Presse zu unterdrücken. In der DDR gab es keine freien Informationen. Der SED-Staat hatte sich ein Informationsmonopol geschaffen. Die Staatssicherheit war dazu da, dieses Informationsmonopol abzusichern, sodass es als unumstrittene Stütze der Diktatur fungieren konnte. Deswegen hat das SED-Regime versucht, innerhalb der DDR jede mögliche Regung an Meinungs- und Pressefreiheit zu unterdrücken, dies auch in Richtung Westpresse, um zu verhindern, dass durch die westlichen Korrespondenten ein Stück Pressefreiheit im sozialistischen Staat etabliert wird.

Frage: Wie hat sich das Ministerium für Staatssicherheit auf die Anwesenheit von Westkorrespondenten in der DDR vorbereitet?

Roland Jahn: Das MfS als Ganzes hat versucht, die Westpresse unter Kontrolle zu bekommen. Verschiedene Abteilungen haben daran mitgearbeitet: Angefangen bei der HVA (der Hauptverwaltung Aufklärung), die mit Agenten im Westen tätig war und dort versuchte, Zeitungen, Rundfunk und Fernsehstationen zu infiltrieren. Dafür war eine spezielle Abteilung „Desinformation" geschaffen worden, um Einfluss auf die Berichterstattung zu nehmen. Eine wichtige Rolle spielte die Spionageabwehr, die den konkreten Auftrag hatte, Journalisten, die als akkreditierte Korrespondenten in der DDR tätig waren, zu „bearbeiten". Dafür wurde extra eine Abteilung gegründet in der Hauptabteilung II, der Spionageabwehr, die sich gezielt

347

mit den Westkorrespondenten beschäftigte, um unbequeme, kritische Berichterstattung zu verhindern.

Frage: Wie war diese Abteilung ausgestattet?

Roland Jahn: Das war eine Abteilung, die die Westkorrespondenten genauestens beobachtete. Für deren Bekämpfung wurden Maßnahmepläne entwickelt. Dabei hat sie die Journalisten samt ihrer Berichterstattung auf Schritt und Tritt verfolgt. Man hat die Berichte, vor allen Dingen von Rundfunk und Fernsehen, die über ARD, ZDF, Deutschlandfunk und RIAS in die DDR hineinstrahlten, aufgezeichnet und detailliert ausgewertet. Das wurde dann die Grundlage für die Arbeit der Stasi. Es wurden Informationshefte für Parteikader erstellt, aber auch Schulungsfilme für MfS-Mitarbeiter, in denen die Aktivitäten der Westkorrespondenten genau analysiert wurden. Man hat sie heimlich fotografiert und gefilmt, wenn sie in der DDR unterwegs waren. Diese Beobachtungsberichte wurden kombiniert mit dem, was an Berichterstattung stattgefunden hat.

Frage: Wie groß war der Aufwand, den die Stasi betrieben hat, um die Westkorrespondenten unter Kontrolle zu bringen?

Roland Jahn: Das ist zahlenmäßig nicht erfasst worden, aber es war schon ein massiver Aufwand. Daran wird deutlich, dass die Machthaber in der DDR die „Westpresse" als eine Riesengefahr gesehen haben. Eine Gefahr, die auch die Stabilität des Staates in Frage stellte. Dadurch, dass die freie Presse allein durch ihre Berichterstattung das Informationsmonopol durchbrach, erhielt die Bevölkerung ein wirklichkeitsnäheres Bild von den Zuständen in der DDR. Als Gefahr für die Sicherheit des Staates DDR sahen das SED-Regime und die Stasi, die Westpresse sei gezielt darauf aus, die „feindlich oppositionellen"

Kräfte im Land zu inspirieren. Dadurch sorge sie dafür, dass personelle Zusammenschlüsse von kritischen Menschen zu „anti-sozialistischen Aktivitäten" angestachelt würden. So die Stasisprache. Die Westpresse gewähre den oppositionellen Kreisen Unterstützung. Durch ihre Berichterstattung mache sie Oppositionelle und deren Handlungen in der DDR-Bevölkerung populär. Die Stasi versuchte, mit allen Mitteln zu verhindern, dass kritische Gruppen in der DDR mit Hilfe der Westpresse unter den Schutz der internationalen Öffentlichkeit gelangten.

Frage: War es für das SED-Regime ein großes Risiko, Westkorrespondenten in der DDR arbeiten zu lassen?

Roland Jahn: *Ja! Manchmal habe ich mich gefragt, warum die DDR die „Westpresse" im eigenen Staat überhaupt zuließ, weil das sehr schnell an die Substanz des sozialistischen Staates ging, nämlich an das für das Regime unverzichtbare Informationsmonopol. Mit der Zulassung der Westkorrespondenten hatte man eine Situation geschaffen, die man eigentlich der eigenen Bevölkerung vorenthalten wollte, nämlich die Erfüllung des demokratischen Grundrechts auf Pressefreiheit. Durch die Presse aus dem westlichen Ausland gelangte doch ein bisschen Pressefreiheit in die DDR. Man war sich dieses Problems bewusst. Als Gegenmaßnahme schuf man ein Instrumentarium, um die Westkorrespondenten unter Kontrolle zu halten. Dafür wurde ein Strafgesetzbuch-Paragraph verabschiedet, der die „Nachrichtenübermittlung" an Westkorrespondenten als Straftat definierte. Wer Informationen weitergab, die geeignet waren, die DDR zu verunglimpfen – so ungefähr lautete der Paragraph –, der machte sich strafbar. Es sind tatsächlich viele Menschen ins Gefängnis gekommen, weil sie Kontakten zur Westpresse nicht ausgewichen waren und Informationen an sie weitergegeben hatten. Das kann ich aus erster Hand bestätigen,* *ich saß deswegen im Gefängnis. Im Ermittlungsverfahren ging es um Nachrichten, die ich weitergegeben hatte und die in die Westpresse gelangt waren.*

Frage: Wie hat Stasichef Mielke persönlich die Berichterstattung der Westpresse gesehen?

Roland Jahn: *Mielke hat die Arbeit der Korrespondenten äußerst kritisch gesehen. Aus seiner Sicht war es nicht akzeptabel, den Westkorrespondenten – wie er es sah – umfassende Arbeitsmöglichkeiten zu gewähren. Er hat immer wieder versucht, diese einzuschränken. Das ist in Protokollen von etlichen Dienstbesprechungen dokumentiert worden, in denen er immer wieder auf die Aktivitäten der Westpresse hingewiesen hat. Er hat auch persönlich versucht, mit seinem Apparat die Westpresse bei ihrer Arbeit zu behindern, und sich regelmäßig einen Überblick verschafft, wie die Westpresse arbeitete. Er wusste auch Bescheid, wenn die Stasi versucht hatte, dagegen vorzugehen.*

Frage: Welche Gefahren drohten aus Sicht des MfS von der Tätigkeit der Westkorrespondenten für die Stabilität oder gar Sicherheit des Staates DDR?

Roland Jahn: *Die „Vertreter des Klassenfeindes", wie die Westpresse auch von Mielke tituliert wurde, waren eine besondere Gefahr, weil sie allein durch die Ausübung ihrer Arbeit an die Machtsubstanz der SED gingen. Deshalb wurden vielerlei Mittel eingesetzt, die Westpresse zu bekämpfen. In den 1960er und Anfang der 1970er Jahre versuchte man, das Hören und Sehen von Westsendern zu unterbinden, indem man die Antennen zerstörte. Das wurde als Methode in den 1970er Jahren schwieriger, weil die DDR sich auf der internationalen Bühne* *profilierte und als demokratischer Staat akzeptiert werden wollte. Daher verlagerte sich das Vorgehen dann auf die Arbeit der Journalisten einerseits und ein Verstärken der verschiedenen Instrumentarien der Propaganda andererseits, aber auch des Strafrechts, mit dem die Informationsgeber für die Westpresse kriminalisiert wurden, um den Informationsfluss zu verhindern.*

Frage: Ist für den Dschungelkampf der Stasi gegen die Westpresse die Durchführungsbestimmung zur Journalistenverordnung drastisch verschärft worden?

Roland Jahn: *Richtig! Man hat versucht, die Arbeitsmöglichkeiten der Journalisten sehr eng einzugrenzen. Es wurde mit strikten Auflagen gearbeitet. Die Korrespondenten durften beispielsweise nicht frei in der DDR umherreisen, sie mussten sich an- und abmelden. Sie durften Interviews nur mit Genehmigung der Behörden führen. Unter diesen Umständen war es äußerst schwierig, ja fast unmöglich, in der Art und Weise zu arbeiten, wie dies beispielsweise in der Bundesrepublik Deutschland normal war. Es war ein beschränktes Arbeiten, aber die Korrespondenten haben sich damit beholfen, dass sie die Bevölkerungen auf beiden Seiten des Eisernen Vorhangs über diese Beschränkungen ständig informierten. So wussten die Menschen in Ost und West Bescheid.*

Frage: War es richtig, dass die Westkorrespondenten trotz der Zensurbedingungen in der DDR geblieben sind? Haben sie sich damit den Bedingungen eines Willkürstaates unterworfen?

Roland Jahn: *Also, ich sehe das aus der Sicht eines Menschen, der damals in der DDR gelebt hat, der also abends seine politischen Informationen aus der Tagesschau bezogen hat.*

Deswegen kann ich nur sagen: Es war enorm wichtig, dass es Westfernsehen für die Menschen in der DDR gab, weil es für uns wirklich die einzige Quelle war, die einigermaßen realistisch berichtet hat, was los war. Wir wussten ja, unter welchen Bedingungen die Westkorrespondenten arbeiten mussten und konnten uns deshalb den zensierten Rest immer denken. Deswegen glaube ich, dass es richtig war, dass die Westkorrespondenten auch unter diesen schwierigen Bedingungen in der DDR geblieben sind. Das war für uns damals auch ein dauerhafter Hoffnungsschimmer, dass sich die Zeiten mal ändern werden. Die Berichterstattung der Westpresse haben wir als Menschen in der DDR gebraucht – als etwas Mutmachendes. Im Übrigen haben wir durch die Westpresse auch etwas darüber erfahren, wie es in anderen Teilen der Republik aussah. Von der DDR-Presse haben wir derartige Informationen nicht erhalten.

Frage: Hat die Berichterstattung der Westkorrespondenten, auch in der DDR, zum Zusammengehörigkeitsgefühl der Deutschen beigetragen?

Roland Jahn: Also, ich denke, dass das Bewusstsein, dass es ein Deutschland gibt, das geteilt ist, dass dieses Bewusstsein durch die Westmedien aufrechterhalten worden ist. Andererseits hat es die DDR-Propaganda geschafft, über die vielen Jahrzehnte hinweg einen Zustand herzustellen, in dem viele sich mit der Teilung abgefunden haben.
Von entscheidender Bedeutung war aber, dass mit dem Erscheinen der Westkorrespondenten in der DDR das Informationsmonopol der SED gebrochen wurde.
Das Informationsmonopol war ein zentraler Stützpfeiler der Diktatur. Dieser Stützpfeiler geriet immer mehr ins Wanken, je mehr Informationen aus der DDR mit Hilfe der Westpresse wieder in die DDR zurückkamen. Dies zeigte sich besonders im

Schicksalsjahr 1989. Als Beispiele nenne ich die Berichte über den Wahlbetrug, über das rapide Anschwellen der Flucht- und Ausreisebewegungen. Dann die Berichte von der Leipziger Messe im Herbst, wo Demonstranten die Anwesenheit der Westkameras nutzten, um ihre Forderungen vorzutragen. Es waren immer Demonstranten nach Leipzig zur Messe gekommen, weil sie dort Westkorrespondenten vermuteten, die ihnen und ihren Forderungen einen gewissen Schutz boten. Aus meiner Sicht haben die Westkorrespondenten auf dem Weg zur friedlichen Revolution in der DDR eine wichtige Rolle gespielt. Um es bildhaft auszudrücken: Die Westpresse hat Löcher in die Mauer geschlagen und so auch zu ihrem Einsturz beigetragen, was schließlich die Deutsche Einheit ermöglichte.

Frage: Das Ministerium für Staatssicherheit der DDR hat einen Kosmos an Geheimdienstunterlagen hinterlassen. Ist die Aufarbeitung dieser Hinterlassenschaft gelungen?

Roland Jahn: *Es sind eine Menge Dokumente von der Staatssicherheit hinterlassen worden. Insgesamt 111 Kilometer allein an Papierunterlagen. Dazu noch Zehntausende Audio- und Videoaufnahmen und Millionen Fotos, die in diesem Archiv zu finden sind. In dieser Hinsicht ist das eine gute Grundlage, um darüber aufzuklären, wie die SED-Diktatur funktioniert hat. Auch aufzuklären darüber, wie eine freie Presse, also die Westpresse, als Feind angesehen worden ist und bekämpft wurde. Und wie die Grundrechte der Menschen, zu denen auch die Pressefreiheit gehört, unterdrückt wurden. Diese Hinterlassenschaft bietet die große Chance, unsere Sinne rechtzeitig für die Verteidigung unserer Grundrechte zu schärfen.*

Frage: Hat die Aufarbeitung in der vereinten Republik zum inneren Frieden und mehr Verständnis füreinander beigetragen?

Roland Jahn: Ich denke schon. Die 30 Jahre, in denen wir die Diktatur in der DDR und die Geschichte des geteilten Deutschlands aufarbeiten, in diesen drei Jahrzehnten ist vieles an Erkenntnissen gewonnen worden, die uns bei der Gestaltung unserer Gesellschaft von heute enorm helfen. Diese Aufarbeitung hat für ein besseres Verständnis gesorgt, was das Leben in der DDR anging. Insofern hat es das Zusammenwachsen von Ost und West in Deutschland erleichtert. Wichtig ist allerdings, nicht zu verallgemeinern. Man muss sich einen differenzierten Blick bewahren und nicht gleich verurteilen. Man muss die Möglichkeiten zum freien Diskurs über Geschichte nutzen. Hierzu hat die Aufarbeitung Gutes beigetragen, auch was den respektvollen Umgang miteinander angeht. So lässt sich erlernen, wie schwierig es war, unter den besonderen Bedingungen des geteilten Deutschlands zu leben.

Frage: Hat die Presse im guten Sinne zur Aufarbeitung dieser speziellen deutschen Geschichte beigetragen?

Roland Jahn: Ich denke schon. Es gab aber auch Fälle, in denen die Presse zu sehr einem gewissen Eifer des Aufdeckens und der Lust an Sensationen erlag. Das hat bisweilen zu Vereinfachungen über das Leben in der Diktatur geführt. Dadurch ist man nicht immer den Menschen und ihrem Leben unter den Bedingungen eines repressiven Regimes gerecht geworden. Aber gleichzeitig ist es gelungen, vielen Menschen ihre Würde zurückzugeben, die unter dem Regime gelitten haben, deren Lebensläufe zerstört wurden, deren Kinder oder Eltern im Gefängnis saßen, deren Söhne oder Töchter an der Mauer erschossen wurden. So hat das Eintreten dieser Männer und Frauen für die Menschenrechte dank der Aufarbeitung der DDR-Geschichte die gebührende Anerkennung gefunden.

Frage: Sind Sie mit der Aufarbeitung durch die Presse generell zufrieden?

Roland Jahn: *Nicht unbedingt! Wichtig ist, sich immer wieder die komplexen Zusammenhänge klarzumachen. Es gibt keine einfachen Wahrheiten. Und erst recht keine Wahrheiten, die sich mit einfachen Überschriften beschreiben lassen. Man muss bei den Akten genau hinschauen, um den Betroffenen gerecht zu werden. Das Schlagwort „IM", das heißt der inoffizielle Mitarbeiter der Staatssicherheit, dieser IM ist erst mal nur ein Schlagwort, eine Überschrift. Aber was dahintersteckt, ist damit nicht hinreichend beschrieben. Wie ist jemand dazu geworden, warum hat er sich auf die Stasi eingelassen und wie ist er dann mit dem Problem umgegangen, auf das er sich eingelassen hat, ob er Freunde verraten hat und: wie ist er in den Jahren nach dem Ende der DDR mit dieser Vergangenheit umgegangen – all diese Fragen fehlen oft in den Artikeln. Deswegen ist es umso wichtiger, dass wir diese Arbeit weitermachen, um ein differenziertes Bild zu schaffen über das, was geschehen ist. Deshalb gilt es, das Ganze in den Blick zu nehmen und nicht beim kleinen inoffiziellen Mitarbeiter stehen zu bleiben. Es gilt insgesamt, die Verantwortlichen für das geschehene Unrecht bei der Staatssicherheit, aber vor allen Dingen auch bei der Partei, bei der SED, zu benennen. Es ist eine Chance zu verstehen: Wie haben die Mechanismen in einer Diktatur funktioniert, und wer trägt für das geschehene Unrecht die Verantwortung?*

Frage: Wie ist nach 30 Jahren die Nachfrage heute?

Roland Jahn: *Es gibt nach wie vor Interesse. Wir hatten letztes Jahr jeden Monat um die 4.000 Anträge allein zur persönlichen Akteneinsicht.*

Frage: Wer interessiert sich noch für die Stasihinterlassenschaft?

Roland Jahn: *Das sind zumeist immer noch Menschen, die die DDR erlebt haben. Das sind Menschen, die jetzt, wenn sie ins Rentenalter kommen, ihr Leben ordnen wollen oder die von ihren Kindern und Enkelkindern gefragt worden sind: Wie war das damals? Diese Menschen nutzen die Akteneinsicht auch als Denkanstoß, als Erinnerung und Auffrischung. Aber es gibt natürlich auch viele, die jetzt, wenn sie ins Rentenalter kommen, ihre Rehabilitierung noch sicherstellen wollen, damit sie dann auch eine gerechte Rente bekommen, wenn sie damals aus politischen Gründen ihren Beruf verloren. Aber was wir immer mehr merken, ist das Interesse auch bei den Angehörigen von Verstorbenen, dass es die Enkelgeneration ist, die jetzt mehr wissen will. Gar nicht mal die Kindergeneration, die noch teilweise selbst involviert war, sondern die Enkelgeneration, die nach dem Ende der DDR geboren wurde, die mit unverstelltem Blick frische Fragen stellt und die auch wissen will: Warum war der Großvater im Gefängnis? Oder: Warum hat er sich auf die Stasi eingelassen? Oder: Warum ist er ein Parteifunktionär geworden? Das sind spannende Fragen, auch für die nachwachsenden Generationen.*

Frage: Ist der Bestand der BSTU allmählich ausgeforscht?

Roland Jahn: *Ein Satz zur Aktennutzung. Neben der persönlichen Akteneinsicht gibt es natürlich zunehmend auch Akteneinsichten von Forschung und Medienvertretern, die noch einmal umfassender versuchen, diese Gesellschaft zu analysieren. Wir haben viele Themen, die auch in die Gegenwart hineinreichen wie Rechtsradikalismus zum Beispiel oder soziale Fragestellungen, bei denen die Akten genutzt werden, um aufzuklären. Und denken Sie an die vielen Jahrestage, zu denen viele*

qualitative hochwertige Dokumentar- oder auch Spielfilme gelaufen sind. Viele der Macher haben sich bei uns im Archiv informiert und damit die Grundlage für ihre Produktionen schaffen.

**Frage: Wie hat das Urteil in Sachen Kohl die Aufarbeitung be-
einflusst?**

Roland Jahn: Es hat rechtliche Klarheit geschaffen, den Schutz
von Betroffenen zu gewährleisten. Es bedeutet, dass nicht jeder
einfach in den Akten von Betroffenen, die von der Stasi überwacht worden sind, wühlen kann. In dem Sinne steht das Urteil in Sachen Kohl für einen verstärkten Datenschutz, für den
Schutz derer, die von der Stasi verfolgt und beobachtet wurden
und hier die Kontrolle über die eigenen Daten behalten sollen.

Der Gegenangriff: Stasi in westdeutschen Funkhäusern

Das Ministerium für Staatssicherheit hat nicht nur in einer breit angelegten Abwehrschlacht alles unternommen, um den Einfluss der Westpresse auf die DDR-Bevölkerung kleinzuhalten. Andererseits hat sie gewissermaßen im Gegenangriff umfangreiche Aktivitäten gestartet, um die westdeutschen Funkhäuser zu unterwandern und die Berichterstattung von ARD und ZDF durch Desinformation zu beeinflussen. Die ARD hat den Forschungsverbund SED-Staat der Freien Universität Berlin beauftragt, eine Studie zur Einflussnahme der Stasi auf den Rundfunk in der Bundesrepublik zu erarbeiten. Projektleiter war Dr. Jochen Staadt.

Interview mit Dr. Jochen Staadt

Frage: Gab es einen Masterplan des DDR-Ministeriums für Staatssicherheit, die ARD und das ZDF durch Unterwanderung anzugreifen?

Jochen Staadt: Das MfS betrachtete die öffentlich-rechtlichen Rundfunkanstalten der Bundesrepublik als zentral gesteuerte Propagandaeinrichtungen des „imperialistischen Klassenfeindes". Die „gegnerischen Funkmedien" verfolgten aus Sicht des MfS das Ziel, die Bürger der DDR gegen die SED aufzuwiegeln, eine Oppositionsbewegung in der DDR zu schaffen und einen Umsturz der sozialistischen Gesellschaftsordnung vorzubereiten. Die Aufgabe des MfS bestand zunächst darin, diese „Angriffe" rechtzeitig zu erkennen, abzuwehren und der SED-Führung laufend Informationen über die Einwirkung westlicher Medien auf die DDR-Bevölkerung zu liefern. Konkret hatte der Staatssicherheitsdienst den Auftrag:

- die Steuerung des öffentlich-rechtlichen Rundfunks durch die Bundesregierung, westliche Geheimdienste und kapitalistische Konzerne zu belegen
- alle technischen Informationen über Funkhäuser zu sammeln
- Verantwortungsträger im Verwaltungs- und Programmbereich sowie Mitarbeiter, die mit der Berichterstattung über die DDR und den Ostblock betraut waren, zu erfassen und möglichst genaue Hintergrundinformationen über diesen Personenkreis zusammenzutragen
- Mitarbeiter von Sendeanstalten für eine direkte Zusammenarbeit mit dem MfS zu gewinnen oder Vertrauensleute des MfS in Funkhäuser einzuschleusen
- Mitarbeiter oder Verantwortungsträger im öffentlich-rechtlichen Rundfunk zu finden, denen Informationen über interne Vorgänge aus Sendeanstalten zu entlocken waren, und diese „abzuschöpfen"
- Einfluss auf die Berichterstattung über die DDR zu nehmen, kritische Sendungen zu behindern oder zu verhindern, positive oder für die DDR nützliche Darstellungen zu unterstützen und zu fördern
- Journalisten und Verantwortungsträger, die Antikommunisten waren, durch politische oder persönliche Verleumdungen in Misskredit zu bringen
- in innenpolitische Auseinandersetzungen im Interesse der SED-Westpolitik einzugreifen und eine dementsprechende Berichterstattung zu fördern
- Desinformationen zu lancieren
- für den Fall des militärischen Zugriffs die Übernahme von Funkhäusern und die Festnahme ihres leitenden Personals zu planen
- bzw. die Sendetätigkeit durch Anschläge gegen Gebäude und Personen zu unterbinden.

Frage: Ist es der Stasi gelungen, die Berichterstattung von ARD und ZDF im Sinne von Ost-Berlin zu beeinflussen oder gar zu steuern?

Jochen Staadt: *Während die politisch Verantwortlichen in der DDR immer wieder die westdeutsche Einmischung in ihre inneren Angelegenheiten als „Diversionsmaßnahmen" kritisierten und zu be- oder verhindern suchten, respektierten SED und MfS die innerdeutsche Grenze nicht, wenn sich ihnen die Möglichkeit bot, die westdeutsche Innenpolitik zu beeinflussen. SED und MfS nutzten bis in die achtziger Jahre diverse Gelegenheiten zur Manipulation der öffentlichen Meinung in Westdeutschland. Das geschah vor allem im Kontext politischer Kampagnen der westdeutschen Linken. In diesem Zusammenhang konnte der Staatssicherheitsdienst auf die öffentlich-rechtlichen Rundfunkanstalten mit ihrer Berichterstattung und Kommentierung der politischen Auseinandersetzungen zwar keinen unmittelbaren Einfluss gewinnen, wohl aber fanden vom MfS lancierte Informationen und Desinformationen auch im öffentlich-rechtlichen Rundfunk ihren Niederschlag.*

Der Staatssicherheitsdienst konnte keinen direkten Einfluss auf Entscheidungsprozesse, Programmplanung, und Personalpolitik der ARD oder einer ihrer Sendeanstalten gewinnen, da er nur über eine sehr geringe Zahl von Agenten in diesen Medien verfügte. Ein offenes Eintreten dieser Personen für die SED-Politik hätte zudem die Erfüllung ihrer geheimdienstlichen Aufgaben erschwert. Eine Einflussnahme auf einzelne Sendungen gelang dem MfS, der SED oder anderen DDR-Institutionen, wenn die Berichterstattung aus der DDR erfolgte, bei den Berichterstattern entsprechende Voraussetzungen zur Annäherung an die inhaltlichen Auflagen seitens der DDR-Instanzen vorlagen und wenn Journalisten im Westen aus eigener Überzeugung zu einer Verwendung der ihnen offen oder verdeckt von

DDR-Seite offerierten Informations- oder Desinformationsangebote bereit waren.

Ein prägender Einfluss des MfS auf das Sendegeschehen in den öffentlich-rechtlichen Rundfunkanstalten ist nicht nachweisbar. Der DDR-Geheimdienst verfügte dazu weder über eine auch nur annähernd zutreffende Analyse des westlichen Mediensystems noch über die personellen Voraussetzungen innerhalb der Sendeanstalten. Seine immer wieder „planmäßig" festgeschriebenen Bemühungen, sich in den elektronischen Medien Westdeutschlands festzusetzen, scheiterten letztlich an dem eigenen schlichten Weltbild und dem theoretischen Unverständnis der pluralen Gesellschaft.

Im Rahmen der gegen die ARD, einzelne ihrer Sendeanstalten und deren Mitarbeiter gerichteten MfS-Tätigkeit kamen in den siebziger und achtziger Jahren eine Vielzahl von Struktureinheiten des Ministeriums für Staatssicherheit zum Einsatz. Dabei trug die Hauptverwaltung Aufklärung (HV A) die zentrale und entscheidende Verantwortung für MfS-Aktivitäten gegen Sendeanstalten und ihre Mitarbeiter im Bundesgebiet, während die Spionageabwehr (HA II des MfS) innerhalb der DDR-Grenzen federführend für die Überwachung von ARD-Korrespondenten und -Mitarbeitern war. Allerdings waren in die MfS-Tätigkeit gegen westliche Medien und ihre Berichterstattung auch viele weitere nachgeordnete MfS-Diensteinheiten auf zentraler, Bezirks- und Kreisebene eingebunden und mit besonderen Aufgaben gegenüber westlichen Journalisten und Sendeanstalten betraut.

Frage: In welchen Bereichen des Programms und der Organisation war die Stasi auch in Westdeutschland erfolgreich?

Jochen Staadt: *Natürlich gab es auch in den elektronischen Medien entsprechende Fehlwahrnehmungen und Einfältigkeiten* *gegenüber dem SED-Regime. Das führte in einer Reihe von Fällen zu einer erstaunlich unkritischen Wiedergabe von DDR-Selbstdarstellungen in westdeutschen Hörfunk- und Fernsehprogrammen. Die Anpassung an die Auflagen der DDR-Instanzen fiel bei einigen ARD-Produktionen, die im Kontext unserer Studie eine Rolle spielten, derart weitgehend aus, dass diese Produktionen ohne weiteres auch im DDR-Fernsehen einen Sendeplatz hätten finden können. In Unterhaltungssendungen des DDR-Fernsehens oder Magazinbeiträgen mit „Ventilfunktion" kamen in den achtziger Jahren zum Beispiel die Mängel bei der Versorgung der DDR-Bevölkerung mit „Waren des alltäglichen Bedarfs" weitaus offener zu Sprache als in mancher westdeutschen Reportage über den Alltag im zweiten deutschen Staat. Eine systematische Aussage zu dieser Frage gehörte weder zur Aufgabenstellung dieser Untersuchung noch wäre sie in der zur Verfügung stehenden Zeit zu leisten gewesen. Einige als Fallbeispiele präsentierte Tiefenschnitte mögen diesen Aspekt eines durchaus prekären journalistischen Verhaltens gegenüber der SED-Diktatur jedoch verdeutlichen. Ohne Zweifel hätte eine ähnlich gelagerte Berichterstattung über das Alltagsleben in einer Diktatur anderer Couleur – etwa aus Spanien zu Lebzeiten General Francos oder aus Chile unter General Pinochet – zu einiger Beunruhigung in- und außerhalb der dafür verantwortlichen Sendeanstalten geführt.*

So entsprach etwa eine klug gefertigte und im SED-Sinne durchaus konstruktive Reportage über das DDR-Berufsbildungswesen dem westdeutschen Zeitgeist von 1976 so sehr, dass der Autor des Dokumentarfilmes, Holger Oehrens, dafür mit dem Jakob-Kaiser-Preis ausgezeichnet wurde. Oehrens war ausweislich seiner Tätigkeit als Redakteur der Zeitschrift konkret allerdings nicht nur ein Mann linker Gesinnung, ihn verbanden zum Zeitpunkt der Dreharbeiten auch inoffizielle Kontakte mit der Abteilung „Aktive Maßnahmen" der MfS-Hauptverwaltung für Westaufklärung. Ob Oehrens' Reportage durch die Förderung der HV A überhaupt erst zustande kam, ist infolge der Vernichtung des Schriftgutes dieser Diensteinheit und der geringen Vertrauenswürdigkeit von Zeitzeugenaussagen früherer Spionageoffiziere kaum mehr nachvollziehbar. Das gilt auch für den zweiten ARD-Beitrag eines inoffiziellen westdeutschen MfS-Mitarbeiters, der im Rahmen unserer Untersuchung für die ARD aufgefunden wurde. Es handelte sich dabei um ein Doppelporträt einer ost- und einer westdeutschen Trabantenstadt, das Heinz Stuckmann alias IM „Dietrich", hauptberuflich Leiter der Kölner Journalistenschule, für die WDR-Redaktion „Deutscher Alltag" im Jahr 1982 angefertigt hat. Darin erschien die Rostocker Trabantenstadt „Lütten Klein" als vorbildliches soziales Wohngebiet, die Köln-Monheimer Siedlung hingegen als sozialer Brennpunkt.

Frage: Mit welchen Mitteln ist es der Stasi gelungen, Mitarbeiter von ARD und ZDF für sich zu gewinnen?

Jochen Staadt: Die ARD-Beiträge der inoffiziellen HVA-Mitarbeiter Holger Oehrens und Heinz Stuckmann blieben in der Gemengelage des deutsch-deutschen Fernsehgeschehens allerdings absolute Ausnahmeerscheinungen. Die inhaltlichen Einwirkungen des MfS auf Sendungen westdeutscher Anstalten verliefen in der Regel auf andere Weise und mit anderen Mitteln. Die dabei erzielte Wirkung beruhte zum großen Teil nicht auf einer Präsenz von MfS-Agenten in den Einrichtungen des öffentlich rechtlichen Rundfunks, sie ergab sich vielmehr aus höchst unterschiedlichen Motivationen einer Reihe von westdeutschen Berichterstattern, die DDR anders sehen zu wollen, als sie tatsächlich war. Westdeutsche Journalisten, die sich bei ihren Recherchen im „anderen Deutschland" von amtlichen „Betreuern" und vorbereiteten DDR-Darstellern ein X für ein U vormachen ließen, taten dies überwiegend selbst- und nur ganz selten fremdbestimmt.

Frage: Was waren die Motive für westdeutsche Bürger, sich als Informanten für die Stasi anwerben zu lassen?

Jochen Staadt: Überzeugung, Geldzahlungen, in wenigen Fällen Erpressung.

Frage: Wie sind diese Fälle aufgedeckt worden, und welche Konsequenzen hatten sie für die Betreffenden?

Jochen Staadt: Viele inoffizielle Mitarbeiter des MfS wurden durch die Öffnung der MfS-Unterlagen und durch Ermittlungen von Staatsanwaltschaften bekannt. Wenn es sich um schwere Spionagetatbestände handelte, leiteten die Ermittlungsorgane Strafverfahren ein. Spione in Regierungsstellen oder in Sicherheitsbehörden wurden zu Haftstrafen verurteilt. Die einfache inoffizielle Tätigkeit für das MfS wurde nicht bestraft. Im Öffentlichen Dienst kam es bei langjähriger Tätigkeit für das MfS zu Entlassungen bzw. wurde solchen Personen ein Beschäftigungsverhältnis verweigert.

Epilog

Fatigue

Ich bekomme die Schicksalsjahre 1989 und 1990 nicht in den Griff. Eigentlich eine leichte Aufgabe! Ich brauche nur in meine Beiträge zu schauen, die ich in den "Wendejahren" für das Erste produziert habe. Dann bin ich schon mitten drin im Thema. Trotzdem will mir keine gescheite Zusammenfassung der Ereignisse von damals gelingen. An Stoff mangelt es nicht, aber an Antriebskraft und Konzentration. Seit geraumer Zeit werde ich von bleierner Müdigkeit heimgesucht. Wenn ich mich zum Texten zurückziehe, fallen mir die Augen zu und ich versinke in Tiefschlaf. "Fatigue" nennen die Mediziner das Phänomen; nicht untypisch bei Krebs.

Das Schreiben bereitet keine Freude mehr, sondern wird zur Quälerei. Was ich zusammenstoppele, ist des Lesens nicht wert. Ich fühle mich unter Zeitdruck. Den gesamten Text wollte ich Ende Juli abliefern. Nun vergeht Tag für Tag und ich kriege keine Zeile zustande. Ulrich Deppendorf beruhigt mich. "Lassen Sie sich Zeit! Jetzt diktiert Corona die Termine. An Veranstaltungen wie Buchmessen brauchen Sie sich nicht auszurichten."

Wenn meine Schwermut bis zu Detlef Prinz dringt, schickt mir der Verleger zur Aufmunterung einen zuversichtstrotzenden Blumenstrauß. Ich bin gerührt, komme aber trotzdem nicht weiter. Meine Frau spürt meine Verzweiflung. Sie sorgt sich um meine Gesundheit und rät dringend, mit der Selbstkasteiung aufzuhören. "Ein Buch sollte man nicht auf dem Tiefstpunkt seiner Leistungsfähigkeit schreiben."

Ich spreche mit meiner Lektorin. Kerstin Lücker lässt sich von mir schildern, welche Episoden ich noch schreiben will. Im

Grund sind es nur noch drei: der Truppenabzug der westlichen Siegermächte, der Abzug der russischen Armee, die finstere Kabale der etablierten Parteien, um den linken Bundestagsabgeordneten und Schriftsteller Stefan Heym daran zu hindern, als Alterspräsident die 13. Legislaturperiode des Deutschen Bundestages zu eröffnen. Es wäre ein augenöffnendes Stück, wie führende westdeutsche Politiker mit ihren ostdeutschen Kollegen umspringen. Der viel beschworene respektvolle Umgang ist das nicht.

Die Intrige schlägt fehl. Stefan Heym hält auf der Basis seiner Biografie eine fabelhafte Rede, die dem Deutschen Bundestag eine unerwartete Sternstunde beschert. Die drei Geschichten hätte ich gerne ausführlich erzählt, die Truppenabzüge inklusive. Aber Kerstin Lücker erkennt, dass ich am Ende meiner Kräfte bin. Sie schlägt vor, von weiteren Geschichten abzusehen. Das bisher Geschriebene sei umfangreich und vielfältig genug, um sich ein Bild vom Prozess der Deutschen Einheit aus meiner persönlichen Sicht zu machen. Ich bin mürbe und erhebe keine Einwände. Die Entscheidung ist gefallen. Für mich eine Befreiung! Die Fatigue verfliegt, ich schreibe über Nacht ein Schlusskapitel, das ich später – vor dem Erscheinen des Buchs – noch einmal aktualisiere.

Inzwischen ist aus Ende Juli Anfang November geworden. Corona diktiert immer noch die Termine, die Buchläden sind weitgehend geschlossen. Mein Buchprojekt ist ganz anders gelaufen, als ich es geplant hatte. Eine Lust ist es zum Schluss nicht mehr gewesen, aber trotzdem zur wirkungsvollen Therapie geworden, die mir Prof. Büchler vorhergesagt hatte. Der Zwang zum Schreiben hat mich komplett von meiner Krebserkrankung abgelenkt.

Wie ist es mir sonst nach der Operation ergangen? Ich habe eine Chemotherapie absolviert. Gesundheitlich befinde ich mich in einer passablen Verfassung, was ich vor allem der Fürsorge meiner Frau und unserer vier Kinder zu verdanken habe. Natürlich muss ich mit meinen Kräften haushalten. Ich bin schnell erschöpft. Längeres Reden strengt mich an. Was ich mir zumuten kann, wird vom onkologischen Team um Prof. Hallek von der Uniklinik Köln gesteuert.

Dass ich bis zum Ende meiner Amtszeit als Präsident der Deutschen Krebshilfe durchgehalten habe, war mein Ziel. Zehn Jahre war ich für die von Mildred Scheel 1974 gegründete Einrichtung tätig. Es war eine ehrenvolle und beglückende Aufgabe. Die Solidarität unserer Bevölkerung mit Menschen in Not hat mich tief beeindruckt und mich immer wieder angespornt. Dass für meine Nachfolge mit Anne-Sophie Mutter eine große Lösung gefunden wurde, erfüllt mich mit Freude und auch Dankbarkeit. Mit Ihrem hohen Ansehen als Persönlichkeit und ihrem Ruhm als weltbekannte Künstlerin wird sie der Bürgerbewegung „Deutsche Krebshilfe" Elan und Esprit verleihen. Gute Aussichten nach einer schwierigen Zeit! Ein besseres Ende meiner Tätigkeit für die Deutsche Krebshilfe kann ich mir nicht wünschen.

Personenregister

Impressum

Erste Auflage Mai 2021
© Keyser Verlag
Keysersche Verlagsbuchhandlung GmbH, Berlin
und Verlag Herder GmbH, Freiburg im Breisgau
www.keyser-verlag.com
www.herder.de

Gestaltung: Kern.Design, Berlin
Titelfoto: WDR, Rückseite: WDR-Archiv
Satz: Gordon Martin Mediendesign, Berlin
Gesetzt mit der Harrison Serif Pro
Druck und Bindung: ESM Satz und Grafik GmbH, Berlin
Papier: 90 g Werkdruck, 1,5 faches Volumen

Das Papier stammt aus nachhaltiger Forstwirtschaft.
Printed in Germany

ISBN 978-3-868-860429 Keyser Verlag
ISBN 978-3-451-39053-1 Herder Verlag
ISBN (EPUB): 978-3-451-82434-0